KB113086

버킷리스트 21

이 책을 소중한

_____님에게 선물합니다.

_____드림

• 운명을 바꾸는 종이 위의 기적 •

버킷리스트 21

기획 | 김도사 · 권마담

허　윤 김은정 다이애나 킴
이윤서 박은미 전인덕 박혜주
김민숙 김우창 신디샘 서정미
김종환 허지윤 이은주

위닝북스

꿈을 잊지 않으면
반드시 이루어진다!

하루하루가 지옥같이 고통스러워 세상에서 사라지고 싶었던 적이 있었다. 내 눈을 가린 알 수 없는 무언가가 갈 길을 잃게 했다. 세상이 나를 버렸다고 생각했다. 그렇기에 나도 세상을 버려야겠다고 생각했다. 그렇게 내 방황은 끝이 날 것 같지 않았다. 꿈도 희망도 없었다. 손에 쥐고 있던 게 사라지고 나니 내 세상은 무너져 내렸다. 엎친 데 덮친 격으로 심한 우울증과 공황장애가 나를 집어 삼켰다.

안개 속에서 헤매던 중 내 손을 잡아준 건 '꿈'이라는 한 글자였다. 나는 내 꿈을 다시 찾기로 결심했고 그 길을 묵묵히 걸어갔다. 쉬운 길은 아니었다. 하지만 나는 알고 있었다. 이 길 끝에서 나는 분명 웃을 것이라고. 그렇게 나는 하나하나 내 꿈을 이뤄 나갔고 이제는 뉴욕에서 변호사이자 작가로 희망을 노래하며 살고 있다.

이 책《버킷리스트21》의 저자들은 각기 다른 환경에서 다른 꿈을 가지고 각자의 꿈을 이루기 위해 종이에 그 꿈들을 적어 내려갔다. 그렇게 이 책이 완성되었다. 저자들은 하나씩 자신들의 꿈을 이루고, 또 다른 꿈으로 업데이트하면서 더 큰 꿈을 키워 나가고 있다. 그 어떤 장애물도 이들을 막을 수 없다. 꿈은 이들을 버티게 해 주는 크나큰 힘이다.

지금 당신이 이루고 싶은 꿈이 있다면 종이에 적어 보길 권한다. 한 장은 눈에 잘 보이는 곳에 붙여놓고 다른 한 장은 항상 가지고 다니며 매일 자신에게 상기시키자. 그리고 그 꿈을 이루기 위한 행동을 해 보자. 작은 거라도 좋다. 그렇게 하다 보면 어느 새 꿈이 이루어져 있을 것이다.

'한국책쓰기1인창업코칭협회'의 김태광 대표 코치는 "이미 당신의 꿈이 이루어졌다는 걸 믿고 감사하는 마음으로 살라."라고 말했다. 당신이 원하는 것은 이미 준비되어 있다. 그저 당신은 그걸 믿고 끌어당기기만 하면 된다. 그 여정을 이 책의 저자들과 같이 했으면 한다. 꿈은 잊지 않고만 있다면 반드시 이루어진다!

2019년 11월
다이애나 킴

CONTENTS

PART

1

튼튼한 부의
시스템 구축하고
미래설계센터
건립하기

· 허 윤 ·

허　윤 동기부여가, 강연가, 자기계발 작가

11년간 금융계에서 근무했다. 현재는 유아교육사업을 하고 있으며 '꿈, 사랑, 열정'이라는 주제로 교사들에게 동기부여를 해 주고 있다. 본인의 자리를 찾아가지 못하는 젊은이들과 점점 설 자리를 잃어가는 중·장년층들이 많아지고 있는 요즘, 그들을 위한 인생 멘토 라이프아트기획자로서의 삶을 살아가고 있다. 그것을 바탕으로 쓴 개인저서가 출간될 예정이다.

베스트셀러 작가로서
1년에 1권 출간하기

눈을 감는다. 교보문고 베스트셀러 코너 중앙에 내 책이 꽂혀 있다. 그 책을 뽑아서 읽고 있다. 친구도 이웃도 모두 활짝 웃고 있다. 사인회도 하고, 강연도 하는 나의 신비한 모습이 보인다. 스르르 잠이 깨면, 난 너무 행복하다.

'이 행복감은 사실일까?'

'그래, 사실이야.'

난 이미 예쁜 글들을 적어 나가고 있으니. 정말 사실이야.

초등시절 나의 꿈은 시인이었다. 5학년 글짓기 시간에 적어 낸 시를 보고 "우리 윤이가 쓴 시 정말 멋지구나."라는 담임 선생님의 칭찬에 난 시인이 되고 싶었다. 선생님 덕분에 학교 대표로 시 대회에도 나가고, 상도 받아 오곤 했었다. 지금 생각하면 그 시는 아무 것도 아닌 시일 테다. 그런데 선생님의 한마디에… 난 멋진 시인이었다. 학교를 대표하는, 글짓기 잘하는 학생이었다.

지금 난 아이들을 보면 35년 전의 나의 선생님처럼 꿈을 심어주고 싶다. "와우! 너… 이 글… 노벨상감이야." 이 한마디면 된다.

그러다 중학교, 고등학교 시절을 지나오면서 나의 꿈은 옅어지기 시작했다. 그땐 가정형편에 맞게 학교를 가야 했던 시절이었다. 난 엄마에게 대학을 가겠다는 말을 하지 못했다. 아니, 안 했다. 공부하기 싫다고 말했다. 그것이 진심인 것처럼.

난 많이 철없었지만 엄마가 편안하게 살았으면 좋겠다는 생각을 참 많이 했던 것 같다. 엄마는 아침 7시부터 밤 8시까지 인형공장에서 일하셨다. 잔업이 있는 날이면 더 늦어지셨다. 세탁기가 없던 시절이라 돌아오면 저녁을 챙기고, 늦게까지 빨래를 하시던 엄마 생각이 난다. 엄마가 더 많은 일을 해야 할 것 같아 난 취업을 선택했다.

그런 우리 엄마에게도 꿈은 있었다. 딸만은 공주처럼 키우고 싶다는 엄마의 꿈. 난 엄마의 자랑스러운 딸이었고, 꿈이었다. 그래서 난 지금도 말한다. 난 가난한 집안의 공주였다고. 아주 아주 행복한 공주.

그렇게 난 적성에 맞지 않는 금융계에서 11년 동안 근무하게 되었다. 직장에 다니면서 저녁엔 학교도 가고, 동화 구연, 독서지도자 과정 등등 뭐든지 배우며 살았다. 어릴 적 꿈이 그때부터 꿈틀거렸을까? 난 직장을 탈출할 생각만 했었다. 관두면 될 것을. 하지만 20대엔 그게 쉽지 않았다. 실망하실 엄마도 떠오르고….

결혼을 하고 큰아이가 만삭이 되면서 난 드디어 사직서를 제출했다. 아이를 기다리며 준비했던 과정들이 내게 큰 도움이 되었는지 나는 초등학교 방과 후 독서 강사로 일하게 되었다.

그땐 방과 후가 처음 생기는 시점이라 학교마다 나를 환영했었다. 덕분에 나는 많은 아이들을 만났다. 나의 선생님을 생각하며 나는 매일매일 이야기했었다.

"너의 글은 살아 있어. 내 마음을 마구 움직여. 넌 멋진 작가야."

나의 선생님처럼 나는 우리 아이들에게도 꿈을 심어 주었다. 하지만 행복감도 잠시. 내 아이들이 생기면서 난 돈이 더 많이 필요해졌다. 현실이었다. 학교에서 아이들과 수업하는 행복감은 컸지만 내게는 '노후에 나는…'이라는 의문이 들기 시작했다.

나는 다시 가야 할 길을 잃은 듯 책을 읽기 시작했다. 유아교육 사업도 시작했다. 유치원 대상 음악교육 프로그램이었다. 너무너무 재미있었다. 그리고 보람된 일이었다. 그래서 지금도 잘하고 있다. 사업을 하면서 재테크도 하게 되었다. 독서를 하니 저절로 재테크가 되고 나의 노후가 준비되었다.

난 늘 일이 잘 풀렸고, 운이 좋았다. 큰 어려움 없이 하는 일마다 잘되었던 것 같다. 그 중심엔 나에게 큰 사랑을 주신 엄마가 있었다. 엄마는 나에게 늘 '세상에서 가장 귀한 딸, 소중한 딸'이라고 말해 주셨다.

두 번째는 책이 있었다. 어렵고 힘들면 난 서점에 간다. 어려움의 해결책은 항상 책에 있었다. 엄마에게서 받은 나의 큰 자존감이, 책에서 위로받은 나의 정신이 날 항상 긍정으로 안내했다. 그것이 나에겐 좋은 일만 생기게 했던 것 같다.

이젠 그 이야기들을 책으로 얘기하고 싶다. 내가 그동안 받았던 사랑과 운을 다른 사람들과도 나누고 싶다. 그들도 좋은 운으로, 긍정의 말로 모두 부자가 되길 바라는 마음이다. 그런 만큼 나는 1년에 1권 따뜻함을 나누는 책을 쓸 것이다. 그래서 그들과 함께 얘기하고 부를 함께 키워 가는 멋진 작가로 살기로 했다.

일하지 않아도
돈 들어오는 시스템 구축하기

"엄마, 어디 가?"

"응, 건희야, 회사에서 행사가 있어. 형아랑 잘 놀고 있어. 엄마 빨리 갔다 올게."

"엄마, 밤에 일하면 사장님이 돈 더 줘?"

"아니, 엄마가 맡은 행사라 책임지고 해야 해. 아들, 그러니 일찍 자. 책 못 읽어 줘 미안해."

"엄마, 다음부터 돈 더 주지 않으면 가지 마. 밤에 나가지 마."

여섯 살 작은 아들이 헤어지기 싫을 때 내게 했던 말이다. 난 음악 회사를 운영하고 있었지만, 아이에겐 직원이라고 얘기했었다. 헤어지기 싫어하는 아들에게 사장님께 혼난다고 핑계를 대고 집에서 나오곤 했었다.

작은아들은 돈에 관심이 많았다. 이름이 '이건희'라 그런지 자신도 대한민국 최고의 부자가 되고 싶다고 늘 말한다.

내가 운영하는 회사는 거래처 행사에 악기와 프로그램을 공급해 준다. 밤에 행사가 있어 간혹 나갈 때면, 아이는 엄마를 슬픈 눈으로 바라보았다. 그리고 너무나 헤어지기 싫어했다. 어린 두 아들을 두고 행사장으로 가면서, 나는 결심한다.

'돈을 벌리라. 꼭 많이 벌리라.'

'하루빨리 경제적 안정과 일하지 않아도 돈이 들어오는 시스템을 꼭 만들어 내리라.'

'사랑하는 아들들과 많은 시간을 꼭 함께 보내리라.'

하지만 생각만큼 쉽지 않은 일이다. 아이들을 출산하고 노후 대비를 계속했다. 그런데도 아직도 하고 있고, 또한 많은 노력 중이다. 처음부터 넉넉지 않은 살림이라 재테크를 하며 돈을 모아가는 과정에서 나는 늘 나의 엄마가 생각난다.

나의 엄마는 가난했다. 하지만 나이 들어 자식에게 신세 지기 싫다고 늘 말씀하셨다. 어느 추운 겨울날, 추위를 많이 타는 내게 엄마는 매트만 깔아 주셨다.

"엄마, 보일러 틀어 줘."

"윤아, 지금 돈이 없단다. 엄마가 적금을 무리하게 넣고 나니…. 가스불에 셋을 물 데워 줄게. 미안해."

그땐 기름을 차에 싣고 와 호스로 연결해 넣어 주고 갔다. 기름 값이 무지 비싼 시절이었다. 엄마는 그 돈을 아끼셔야 했고 내겐 늘 미안해 하셨다.

나의 엄마는 그 시절 그렇게 아껴 저축을 하셨다. 재테크라고는 적금밖에 몰라 많이 모으지는 못했지만. 그래도 지금은 따뜻하고 즐겁게 지내신다. 엄마 스스로 미래를 준비하고 노력했던 결과다. 지금 생각하면 엄마께 참 감사하다.

75세인 엄마 세대엔 적금으로 노후 대비가 가능했다. 하지만 지금은 아니다. 시대가 달라졌다. 지인들 중 주식도 두렵고, 부동산 투자도 무섭다며 적금만 넣는 사람들이 있다. 예전의 엄마를 보는 것 같아 안타깝다.

지금은 4차 혁명시대다. 세월이 바뀌면 투자법도 달라져야 한다. 그들이 두려운 건 노력하지 않아서이고, 공부하지 않아서다. 돈을 벌어 보지 않아서다. 자신은 공부하지 않으면서 좋은 투자처를 알려 달라고 한다. 좋아하는 지인들인지라 투자처를 알려 주기도 했다. 그러다 불황이 오면 그들은 또 너무 당황한다. 자신은 돈 벌 운이 없다고 말한다. 계획을 세워 놓지 않은 탓에 자신의 물건을 마이너스에 내놓기도 한다. 나는 그들을 보면서 생각한다.

어떤 투자이든 자신이 공부하고 계획을 세워 해야 한다. 철저하게 준비하고 계획해서 실행해야 한다. 나는 앞으로 금융과 세계경제를 아우르는 더 깊이 있는 공부를 할 것이다.

내 사랑하는 아이들을 위해서, 내가 살아갈 미래를 위해서, 내가 가진 꿈을 이루기 위해서 나는 나의 부의 시스템을 더 단단히 다져 나갈 것이다. 사람들이 더 많이 공부하고, 더 멀리 내다봤으면 좋겠다. 더 많은 사람들이 내 책을 만나 더 부유하고 행복해졌으면 좋겠다.

더 이상 가난은 없었으면 좋겠다. 모두 돈이 들어오는 튼튼한 부의 시스템을 구축하기를.

3

세계 여러 나라의 아름다운 곳에서
1개월씩 살기

사랑하는 신랑과의 연애시절, 그의 집에 놀러 가 어린 시절의 그의 앨범을 보게 되었다. 신랑의 어릴 적 사진들 속에는 행복한 가족여행 사진이 참 많았다. 가족여행 한번 해 보지 못한 나의 가족들이 생각났다. 가슴 한쪽이 아려 왔다.

결혼을 하고, 아이가 생기면서 난 주말이면 아이들을 데리고 나갔다. 챙길 것도 많고, 짐도 많았다. 신랑은 늘 이번 주만 쉬자며 부탁하기도 했었다. 개구쟁이 아들 둘을 데리고 다니면 힘들긴 하다. 그래도 아이들에게 특별한 경험, 체험을 많이 시켜 주고 싶다. 하지만 더 깊은 나의 내면엔 내가 어릴 적 하지 못했던 가족여행을 아들들에게 매주 시켜 주고 싶은 마음이 똬리를 틀고 있었다.

지금은 귀여웠던 아들들이 너무 커 버렸다. 그래서 주말이면 여행보다는 서점을 더 많이 간다. 하지만 기회가 되면 신랑이나 친구들과 여행을 가기도 한다.

친한 친구 중에 하얏트 호텔에서 근무하는 친구가 있다. 친구는 전 세계 하얏트 호텔 숙박권을 1년에 15박 이용할 수 있다. 1년에 한두 번은 나와 함께 간다. 올해는 태국에 방을 예약했다고 한다.

"윤아, 이번 방은 직원이 잡기 힘든 방이야. 너 단단히 놀 준비하고 와."

"뭐야, 리젠시야?"

"파크하얏트."

난 친구와 다니면서 같은 호텔에도 급수가 있다는 걸 알게 되었다. 직원들은 급수가 높은 호텔은 예약하기 어렵다. 나와 함께하기 위해 구하기 어려운 방을 예약한 친구가 너무 고마웠다.

조식을 먹으러 갔다. 다른 때 같으면 지나칠 장면들이었지만, 이번엔 달랐다. 급이 높은 호텔이라 그런지 모두들 부자처럼 보였다. 한 부자는 조식을 간단히 먹고 커피 한 잔과 함께 노트북으로 일하고 있었다. 30분 정도 일한 후 그는 가족들과 자유를 즐겼다.

나는 그 모습을 보면서 바로 내년의 나의 모습이라고 친구에게 말했다. 친구는 헛소리 그만하고 수영이나 하자고 했다. 난 진심인데. 난 정말 간절히 원하는데. 친구는 내가 하는 말을 듣지 않는다. 왜 부에 대해 쓴 책에서 일반 커피숍을 가지 말고 호텔 커피숍을 가라고 하는지 깨닫는 순간이었다.

　난 그날 관광을 하지 않았다. 호텔에서 사람들을 보았다. 늘 한 국인들만 많은 그런 호텔이 아니라서, 그들을 좀 더 가까이서 관찰하고 싶었다. 동남아였지만, 그날은 서양인들이 많았다. 비즈니스를 하러 온 사람들, 가족과 온 사람들. 이젠 저 사람들이 내 꿈이 아니다. 나는 나에게 꼭 맞는 새로운 꿈을 꾸고 있다.

　난 계획을 세우기 시작했다. 내가 왜 전 세계의 아름다운 곳만을 다녀야 하는지 나에게도 이유가 생겼다. 올해 은퇴 책을 쓰면서 30~40대들이 준비해야 할 것들에 대해 얘기할 예정이다. 그 책이 나오면 난 세계를 여행할 것이다. 각 나라마다 살아 보며 느낀 점과 장단점들을 들려줄 예정이다. 그럼 그들은 생각할 것이다. 자신이 지금 어떻게 살아야 하는지. 어떻게 자산과 부를 늘려가야 하는지. 앞으로 어디에서 살아야 자신이 행복한지….

　그들은 내가 설계해 준 재테크로 부를 쌓을 것이다. 그 여유를 바탕으로 은퇴 후 가장 좋은 보금자리를 나와 함께 설계해 나갈 것이다. 난 그들에게 좋은 안내자 역할을 하기 위해 전 세계를 다니면서 부와 행복을 느끼며 살고 싶다. 어쩜, 나의 내면 깊은 곳 어릴 적 가난 때문에 이루지 못한 아쉬움으로 인한 꿈일지도 모르겠다. 그럴지라도 나는 내 아름다운 꿈을 실현하기 위해 곧 떠날 준비를 한다. 아름다운 곳으로 사랑하는 사람들과 함께.

부자 마인드로 아름다운 삶 살아가는 강연가 되기

"원 달러 플리즈."

10년 전쯤의 일이다. 아이들과 함께 필리핀 세부로 가족여행을 갔다. 럭셔리한 호텔에서 즐겁게 물놀이를 했었다. 재미있게 놀다가 간혹 호텔 밖을 나가면 내 아이의 또래 아이들이 손을 내민다. 밝게 웃으며 원 달러를 요구한다. 난 내가 가진 원 달러를 아이들에게 나눠 주었다. 가는 곳마다 많은 아이들이 내게로 와 원 달러를 요구했다.

신랑은 내게 짜증을 냈다. 우리가 가진 원 달러를 저 아이들에게 다 나눠 줄 수는 없다고. 난 그 이후로 필리핀 여행은 가지 않았다. 10년이 지난 지금은 그 나라가 어떻게 변했는지 모르겠다. 하지만 난 그때 그 아이들의 밝고 순수하며 애절하던 눈빛을 뿌리치기 힘들었다.

요즈음 난 책을 준비하면서 가난한 이들이 왜 가난한지, 저들은 왜 부자인지를 많이 생각한다. 부자와 가난한 자. 10년 전 세부의 그 아이들의 눈빛이 아직도 내 가슴속에 선명하게 남아 있다. 그건 무엇이든지 그 아이들에게 주고 싶었던 나의 마음 때문이다. 그런데 그 아이들에게 진정 필요했던 게 나의 1달러였을까? 그 아이들에게 꼭 필요한 건 배움이다. 꿈을 가지고 미래를 키워 나가는 힘을 알려 줘야 한다. 1960년대엔 너희 나라보다 더 못살았던 대한민국이 어떻게 경제 발전을 이루었는지, 어떤 노력으로 이 세상을 살아왔는지 말해 주고 싶다.

10년 후, 20년 후 너희 나라도 잘살고 싶다면, 너희가 우리나라의 60년대를 살아왔던 그들처럼 일하고 꿈꿔 가야 한다. 너희도 부자의 나라가 될 수 있다. 그 많은 얘기들을 들려주고 싶다. 1달러를 다 나눠 주지 못했던 마음을 예쁘고 순수했던 그 아이들에게 간절히 들려주고 싶다.

나의 꿈에는 다른 사람들의 삶이 많이 들어 있다. 내가 가진 걸 그들도 가졌으면 좋겠다. 내 사랑하는 가족도 이웃도 친구도 모두 여유로웠으면 좋겠다고 늘 많이 생각한다.

그런 생각의 바탕엔 '나의 아빠'가 있다. 나의 아빠는 우리 집이 항상 가난했던 이유다. 나의 아빠는 불쌍한 사람을 보면 그냥 지나

치질 못했다. 당시는 월급을 봉투에 받아 오던 시절이었다. 하지만 나의 아빠는 월급봉투를 한 번도 엄마에게 다 주신 적이 없다.

맹인에게 주기도 했고, 가난한 친구에게 쌀을 사 주시기도 했다. 매일 퇴근길이면 시장을 들르시곤 했다. 그러곤 물건을 못 팔아 집에 못 가고 있는 할머니들의 시든 채소와 어묵들을 모두 사 오시기도 했다. 그런 아빠의 마음을 나는 다른 가족들보다 참 잘 이해했다. 내가 그런 아빠의 성향을 꼭 닮았기 때문이다.

그럼에도 불구하고 난 나의 아빠를 닮고 싶지 않은 부분이 있다. 가난한 자신의 가족을 잘 돌보지 못한 부분이다. 그래서 난 나의 아빠와는 다르게 나의 가정부터 지키려고 했다. 우리를 가난하게 내버려 두고 다른 이의 삶만 챙기는 나의 아빠를 오빠는 참 싫어했다. 하지만 늘 나누는 삶을 살아가신 아빠의 모습을 나는 참 많이 존경한다.

나의 아빠는 돌아가시면서 나누는 삶을 살아가라고 말씀하셨다. 아빠의 유언처럼 나누는 삶을 살기 위해서 나는 강연가를 꿈꾼다. 10년 전의 그 아이들이 눈에 밟힌다. 아직도 잊지 못하는 그 아이들에게 꿈을 가지고 살아가라는 이야기를 들려주고 싶다. 하지만 그들과 소통하고 얘기를 나누려고 하니 내게 또 부족한 면이 있다. 그 부족함을 채워 가려고 노력하는 것이 나의 '꿈'이다. 난 그 아이들에게 '꿈'을 얘기하기 위해서 내 노력 스케줄에 한 줄을 적는다. '매일 영어회화 공부하기.'

나이 들어 외국어를 공부하는 것이 쉽지 않은 건 안다. 뇌가 말 랑말랑할 때 하는 것과 지금의 나의 나이에 시작하는 게 어떤 차 이인지도 안다. 하지만 살아오면서 내가 더 크게 알고 깨달은 게 있 다. 간절히 원하고 노력하면 무엇이든지 이루어진다는 것이다. 그 아이들의 눈빛을 생각하며 난 매일매일 준비하고 공부한다. 그럼 나의 꿈은 이루어질 것이다.

나는 부자로 살고 있으며 부자의 마인드로 살아가는 멋진 강연 가다. 나는 아름답고 우아한 모습으로 그 아이들에게 '꿈'을 심어 주는 희망 강연가다. 나는 가난이 없는 세상을 꿈꾸며 모두가 행복 한 세상을 살아가도록 부의 생각을 전하는 강연가다.

미래설계센터 건립해
꿈의 공간으로 만들기

당신의 '꿈'은 무엇입니까?

당신은 몇 살까지 꿈꾸며 살까요?

친구에게서 전화가 왔다. 자신의 아들이 공부를 하지 않아 속 상하다고 말한다. 고2인지라 수능이 코앞이다. 그런데도 놀러 다니는 아들을 보면 화가 머리끝까지 난다고 얘기한다. 그런데 난 왜 그 친구에게 화가 날까?

"넌 쉰 살이 되면 뭐 할 거니?"

"나? 내가 뭘 하겠어. 지금처럼 살겠지."

"네 아들만 보지 말고, 너 자신부터 바라봐 줄래."

많은 부모들은 자식에게 성공해야 한다, 공부해야 한다, 좋은 대학 가서 좋은 직장에 취직해야 한다고 얘기한다. 취직이 그들의 인생의 끝인 것처럼. 자신은 노후 준비도 하지 않고 노력하지도 않으면서. 부모의 말을 듣지도 않는 아이에게 왜 저런 말들을 할까?

늘 드라마를 보느라 학부모 모임에 참석하느라 그녀들은 많이 바쁘다. 그런 그녀들은 쉰 살이 되면 무얼 할까?

나에겐 두 분의 어머니가 계신다. 한 분은 먹고살기 위해서 일만 한, 가난했던 나의 엄마다. 그리고 한 분은 화려하고 우아하신 나의 어머니다.

내가 결혼할 무렵, 나의 우아하신 어머니는 가난했던 나의 엄마와 너무 달랐다. 예쁘게 화장하신 얼굴에 항상 예쁜 옷과 명품 가방을 들고 다니셨다. 늘 우아하게 모임에 다니기 바쁘셨다. 한 번씩 댁에 계시는 날이면 도우미 아주머니가 집안일을 하고 계셨다. 어머니는 우아하게 커피를 마시고 계셨다.

나는 예쁘고 우아한 어머니가 좋았다. 나의 엄마처럼 힘들게 살지 않고, 우아하고 풍요롭게 살고 계셔서 난 편안하고 참 좋았다.

그러다 10년쯤 시간이 흘렀다. 우아한 어머니의 남편이 공직에서 퇴임하셨다. 우아한 어머니는 조금씩 우울해지기 시작하셨다. 외출을 조금씩 줄이기 시작했고, 늘 따르던 우아한 어머니의 친구들은 차츰차츰 만나지 않으시는 것 같았다.

우아한 어머니는 나의 가난한 엄마처럼 힘들게 살아 본 경험이 없다. 돈을 잘 벌어 오는 멋진 신랑이 있었기 때문이다. 우아한 어머니는 멋진 신랑이 언젠가 돈을 못 벌 거란 생각을 안 하셨던 것 같았다. 우아한 어머니와 아버지는 자식들만 바라보았다.

나의 가난했던 엄마는 하고 싶은 게 너무나 많았다. 늘 일하느라 못 만났던 친구도 만나고, 매주 모임에도 나가신다. 요즘에는 노인대학에 공부하러 가신다. 이젠 유튜브를 찍는 방법도 공부하고 계신다.

두 분의 삶은 왜 달라졌을까? 가난했던 나의 엄마는 조금씩 미래를 준비하셨고, 우아한 어머니는 현재만을 즐기며 사셨다. 풍요롭고 예쁘게만 사셨다. 여러분은 어떤 선택을 할 것인가?

물론 젊은 시절엔 우아한 어머니처럼 살고, 나이 들어서는 가난했던 나의 엄마처럼 배우며 여유롭게 사는 게 가장 좋을 것이다. 그런데 우리의 현실이 그러한가?

나의 우아한 어머니가 노후에 가난한 건 꿈이 없었기 때문이다. 자신의 내면을 가꾸지 않고, 남에게 보이는 모습만 가꾸어 나갔기 때문이다.

내 주위의 많은 사람들이 아직도 우아한 나의 어머니의 삶을 살고 있다. 저들이 쉰이 되고, 예순이 되고 일흔 살이 되면 어떤 일이 일어나는지 난 이미 보았다. 그들을 위해서 나는 '꿈'센터를 설립하고 싶다.

'꿈'센터에는 마흔 살부터 입소할 수 있다. 그 센터는 준비하지 않은 자신의 10년 후 모습과 준비한 10년 후의 모습을 체험할 수 있는 꿈의 체험 공간이다. 50대를 잘 살기 위해 40대부터 준비하고 설계한다. 60대를 진정 우아하게 살기 위해 쉰 살부터 준비하고 꿈꾸는 삶이다. 그런 만큼 아흔 살의 고객이 오면 살고 싶은 백 살의 모습을 그린다. 그리고 아흔 살에 어떻게 살아갈지 미래의 모습을 그리고 실천한다.

이렇게 꿈이 있으면 늙지 않는다. 일이 있으면 활력이 넘쳐 아픈 곳도 없고 자금도 여유롭다. 이 소중한 40,50,60,70,80,90대를 꿈을 가지고 살아갈 수 있도록 '미래설계센터'를 멋지게 짓고 싶다. 난 모두가 가난하지 않았으면 좋겠다. 꿈꾸면 좋겠다. 난 아름답고 행복한 세상을 꿈꾼다.

PART
2

천재작가로서
나눔을 실천하는
삶 살기

· 김은정 ·

김은정 심리상담사, 동기부여가, 청소년 멘토, 꿈 설계사

울산심리상담연구소를 운영 중이다. 부모 교육, 대인관계 훈련과 꿈 설계 등 여러 가지 과정을 열고 있으며, 대학과 여러 기관 등에서 상담과 강의를 하고 있다. 현재 행복한 아이로 키우는 엄마수업이란 주제로 개인저서를 집필 중이다.

정서를 담은
방송 미디어 만들기

이제는 개인 미디어 시대다. 과거, 대부분의 사람들은 같은 교육을 받았다. 공장에서 똑같이 만들어진 물건을 썼다. 같은 교복을 입고 같은 교과서로 공부했다. 색깔만 다른 같은 칫솔로 양치를 하고 똑같은 주황색 물바가지에 물을 떠서 입 안을 헹구어 내던 시대가 있었다. 집 안에 들어가면 누구의 집인지 구분이 어려운 아파트에서 옆집이 피아노를 사면 나도 사야 하는 게 아닌지 고민을 하던 시대였다.

인터넷이 발달하면서 카페와 블로그를 시작으로 트위터, 페이스북, 인스타그램, 유튜브가 우리의 생활은 물론 정치·사회·문화까지도 바꿔 놓았다. 비슷한 카페와 비슷한 블로그들이 우후죽순처럼 인터넷을 달궜다. 트위터와 페이스북 인스타그램을 통해 다양해진 개인의 삶을 그대로 노출하며 그것을 즐긴다. 그중에서 지금은 유튜브가 대표적인 1인 미디어다.

이제 또 어떤 것이 나타나 우리를 놀라게 하고 즐겁게 할까? 어린 시절 20세기 공상과학 만화를 보며 미래에 대해 친구들과 대화를 나누던 때는 이미 아련한 과거가 되었다. 분명 기발한 것이 나타날 것이라고 기대할 수 있는 사회에 우리는 살고 있다.

나는 이 모든 것을 아우르는 방송국(?)을 만들고 싶다. 방송국이라고 표현한 것은 아직 마땅한 이름을 찾지 못해서다. 아마도 구글이나 네이버 같은 것과는 또 다른 것이다. 이 안에서 모두가 연동되어 즐길 수 있고 내 목소리를 마음껏 낼 수 있는 장을 만들고 싶다. 지금 나의 구체적인 계획은 우습기도 하고 부족하지만 갈수록 하나씩 세련되게 만들어질 것이다. 내가 다 하지 못하면 또 누군가 더 세련되게 만들 것이라 희망한다.

나는 인스타에 가족, 친구, 동호회끼리 묶어서 가족 역사의 앨범이나 친구들이 남길 만한 추억의 장으로 만드는 기능을 추가하고 싶다. 혼밥, 혼술로 삭막해지는 1인 시대에 정서적인 안정을 가져다줄 수 있는 방법 중 하나이기 때문이다.

이처럼 내가 만들고 싶은 것은 개인과 개인이 만나 모둠을 이루고 서로 공감하고 정을 나눌 수 있는 채널이다. 물론 지금도 밴드라는 것이 있어 그 활동을 활발하게 하고 있다. 하지만 밴드에서의 느낌과 인스타에서의 나의 느낌은 좀 다르다. 밴드에서는 2차 관계이고 인스타에서는 1차 관계가 느껴진다. 그 정도면 비교적 내가 할 수 있는 적절한 표현이다. 새로운 미디어에서는 1차 관계처럼 느끼면서 함께해서 더 행복한 공동체 의식을 이어 나가고 싶다. 내가 중요하게 생각하는 정서적인 면을 미디어에 담고 싶다. 따뜻하고 다정한 미디어를 만들고 싶다.

내가 직접 1인 미디어가 되거나 유튜버가 되는 일은 어색하다. 초등학교 시절 유명인이 되고 싶다는 생각을 잠시 했었다. 그 후이 나이까지도 난 대중에게 알려지고 유명해지는 것이 불편하다는 생각이 먼저 든다. 어린 시절 꿈꾸던 연예인들처럼 가는 곳마다 사람들이 몰려와서 사진을 함께 찍고 사인을 해 주는 데는 나의 에너지가 너무 많이 들 것이다.

나는 그냥 조용히 한적한 바다를 거닐거나 바다가 보이는 호텔에서 한없이 바다를 바라보고 싶다. 그러다 글도 몇 자 적어 보고 싶다. 나는 여행지에서 경치를 둘러보며 그곳의 세상에 빠져 상념에 잠기기도 하고 혼자 웃기도 하고 울기도 하고 싶다. 그런 경험을 많이 해 보고 싶다. 그러고 그런 경험을 공유할 수 있는 가족과 친구들과 소곤소곤 얘기를 나누며 또 여행하고 싶다. 그런 성격인나는 카페, 블로그는 만들지 않았다. 트위터, 페이스북, 인스타그램, 유튜브는 보고 즐기기만 한다. 답글도 잘 달지 않는다. 지금도 유명한 1인 유튜버가 되는 것은 내 소망이 아니다. 사람들 사이에 있음을 즐거워하는 이들에게 그 장을 열어 주고 싶다. 나는 그 장에서 즐겁고 행복해하는 사람들을 보는 것이 더 흡족하다.

책 100권 쓰고
천재작가 되기

어린 시절 소설을 읽으면서 막연하게 도대체 소설가는 한 소설을 쓰기 위해 얼마나 많은 지식과 정보를 가져야 하는지 궁금했다. 읽었던 장편 소설들이 겪어 봐야 알 것 같은 적절한 언어로 묘사되어 있어서 놀라웠다. 신비하고 경이로우면서도 가슴 설레는 것이 작가라는 직업이었다. 대학원을 다닐 때는 그저 나의 가치를 더 올리고 싶어서 내 이름으로 된 책이 한 권 정도 있기를 바랐다. 사회생활을 하면서는 어떤 강의에서 재테크의 방법 중 하나가 책이라는 말을 들었다. 나는 책을 동경하면서 막연하게 내 책이 있으면 좋겠다는 생각을 했었다.

심리상담사가 되어서도 편안하게 읽을 수 있는 내 저서가 있기를 원했다. 전문적인 깊이가 있거나 인문학적인 소양이 있는 책은 쓸 자신이 없다. 사람들이 편하게 읽고 일상, 특히 자녀를 키우는 데 도움이 되는 책이나 마음에 울림을 주는 주변 사람들의 이야기를 쓰고 싶었다. 그러던 어느 날 상상과 공상을 좋아하는 나. 바람은 많으나 실천으로 잘 옮기지 않는 나를 바꾸기로 마음먹었다. 그러곤 가장 먼저 시작한 것이 글쓰기였다. 그러나 막상 시작해 보니 생각보다 훨씬 더 어려웠다. 써 볼까 하다 미루고 긁적거리다가 또 계속 미루기만 했다.

2019년 여름. 내 생일에 독일에서 직장을 다니고 있는 딸에게서 생일 축하 문자가 왔다. 딸은 생일 축하와 함께 자신에게는 꿈을 있다고 말했다. 내게 그 꿈을 이루어 달라고 했다.

딸의 꿈은 재벌 2세다. 10여 년 전에도 그런 말을 한 적이 있다. 나는 딸이 허황된 꿈에서 벗어나길 바랐다. 단지 꿈일 뿐이라는 것을 얼른 알아차리기를 바랐다. 딸은 다시 2권의 책을 읽어 보라며 내게 책을 쓰라는 권유, 아니 거의 강요와 명령을 했다. 유명해서 책을 쓰는 게 아니라 책을 써서 유명해지면 된다며 김도사의 책쓰기 특강에 가라고 했다. 자신이 한국에 있었으면 바로 간다면서.

다음은 생일 한 달 전 내가 썼던 글이다.

2019.06.07.

어젯밤, 아니 오늘 새벽에 꿈을 꾸었다. 누군가 죽었다. 친척인데 이모 같기도 하다. 정신분석학에서 죽는 꿈은 누가 죽든 상관없이 꿈꾼 자신이 새로 태어나는 것이라고 했다. 그렇다면 나는 무엇으로 새로 태어날까? 지금 상황에서 내가 새로 태어나야 한다면 변화시키고 싶은 것이 뭘까? 변화란 단어가 참 멀게 느껴진다. 오랫동안 변화를 멀리하고 싶은 마음으로 살아왔나? 그렇지는 않다. 나름대로 변화하고 발전하고 싶었다. 늘 미루던 영어회화 공부도 하려 하고, 여러 가지, 가령 내 저서를 쓰고 어려운 책은 누구나 쉽게 읽을 수 있게 재구성하고, 사람들과의 좋은 관계를 유지하기 위해 노력하자는 계획을 세우기도 했었다. 그러나 나는 계획만 세울 뿐 실천하지 못한다. 아니, 노력도 안 한다고 해야 하나? 실천하지 못하고 있는 나에게 실망한다. 그러다 또 마음을 다지며 다시 계획을 세우고 또 실망하고를 반복하고 있다. 계획을 세우면서도 실천하지 못할 거라는 전제가 잠재의식에 깔려 있다. 이렇게 반복만 하는 나를 어릴 때는 의지가 약한 한심한 인간이라고 생각했다. 지금은 계획하는 시간 동안 즐겁고 잠시나마 실천하면 잠시나마 발전한다는 것에 만족하면 되지. 작심삼일 후 좀 쉬었다 다시 작심삼일하면 괜찮은 것이지. 이렇게 합리화하며 위안을 삼고 있다.

　나는 이렇게 예전부터 내 저서를 갖고 싶다는 소망을 갖고 있었다. 딸이 권하는 책을 읽고 유튜브 〈김도사TV〉를 시청했다. 그리고 '한국책쓰기1인창업코칭협회(이하 한책협)'라는 네이버 카페에 가입했다. 책쓰기 특강을 바로 신청하고 필독서를 읽었다. 하루에 한 권씩 읽으면서 책에 파묻혀 지내고 싶었던 내 소원도 이루었다. 며칠 후 특강을 듣고 그 자리에서 나는 7주가의 책 쓰기 과정을 신청했다. 7주 만에 책이 출간될 수 있도록 도와준다는 김태광 대표의 말이 진심으로 느껴졌기 때문이다. 또한 필독서 목록을 보며 책 읽기에 빠졌다. 이렇게 설레고 기쁜 날이 내게 온 것이 꿈같기도 했다.

전부터 쓰려고 했던 것 중에서 뭘 쓸까 즐거운 고민도 했다. 막상 쓰면서 막히는 부분이 있거나 말거나 행복했다. 책 쓰기 7주 과정 중 2주 만에 나의 모든 고민이 뚫렸다. 그것도 아주 시원하고 명확하게. 수강생들이 붙여 준 김태광 대표의 김도사라는 별명은 그냥 지어진 게 아니었다. 이건 와서 체험해 보지 않으면 믿을 수가 없는 일이다.

이제 나는 다음 달이면 작가라는 또 하나의 이름으로 불릴 수 있다. 내가 어린 시절 신비한 경외심을 느꼈던 바로 그 작가가 된다. 막연함이 현실로 된다.

책을 읽기만 할 때와 쓰기도 할 때의 내 몸과 마음과 생각과 행동은 완전히 다르다. 앞으로 '50년을 넘게 더 살아 내야 하나?'에서 '50년은 너무 짧지 않아? 시간이 너무 아까워'라고 바뀌었다. 몸은 좀 피곤하지만 기분 좋은 피곤함을 맛보고 있다. 즐겁고 행복한 생활이 펼쳐질 것이라는 기대가 생긴다. 내 발걸음은 가벼우면서도 힘차다.

내 삶의 터닝 포인트가 되어 준 책 쓰기가 고맙다. 재벌 2세 운운하며 김도사에게 빨리 가 보라고 한 딸도 고맙다. 최고의 책 쓰기 코칭가인 김도사를 만나게 된 건 행운이다. 한책협에서 나는 즐겁게 책 쓰는 법을 배우고 있다. 나는 이제 계속 즐겁게 책을 쓸 것이다. 내 책이 100권이 되는 날까지. 믿기지 않을 만큼 행복하다.

우리 가족 모두
작가 만들기

나는 한 달가량 후에는 미리 작가가 아닌 실제 작가가 된다. 나는 새로운 사람으로 다시 태어난다. 작가가 된다는 것은 대학원을 졸업하게 되었을 때와는 또 다른 흥분을 나에게 안겨 준다. 한책협을 알게 되어 작가의 꿈을 이루게 된 것은 나에게 하늘이 주신 선물이다. 그만큼 내가 꿈이라고만 여기던 일이 현실이 된 것이다.

며칠 전 아들에게도 글을 쓰겠다는 마음을 먹어 보고 기회를 만들어 보자고 했다. 잠잘 시간이 부족할 만큼 일 더미에 묻혀 사는 아들이기 때문에 재촉하지는 않았다. 하지만 아마도 나는 조만간 아들을 작가의 길로 안내할 것이다.

딸은 이미 작가가 되기로 마음먹고 있다. 딸은 독일에서 휴가를 내면 한국에 오지 않고 여행을 할 것이라고 했었다. 지금은 곧 휴가를 만들어 한국에 와서 한책협으로 출동하기로 했다. 내게 한책협의 김도사를 찾아가라고 한 사람이 바로 딸이다.

나는 또 언니를 작가로 만들 것이다. 언니는 어려서부터 글쓰기를 잘했고 국어와 외국어를 좋아했다. '언니' 하면 떠오르는 단어가 책임감, 성실이다. 크다면 큰 종합병원 간호부장을 박차고 나와서 마리아마을 간호사로 일하고 있다. 언니는 봉사하고 돌보는 일을 좋아하고 잘한다. 언니의 언어로 언니의 이야기를 써낸다면 심장이 따뜻해지는 책이 나올 거라 예상한다.

나에게는 여동생이 2명 있다. 둘 다 심성이 착하고 재주가 있다. 알맞은 단어로 글을 쓰는 재주도 그중의 하나다. 물론 한책협에서 배우면 없다고 생각한 글재주가 생기게 되기도 한다. 그렇지만 글재주가 있으면 더 양질의 문장을 만들어 낼 것이다. 나는 두 여동생에게도 글쓰기를 적극 강요(?)할 것이다.

남동생은 사업을 하고 있어서 책을 출간하면 어쩌면 가장 현실적인 도움이 되리라 예상한다. 자신을 알리는 데 책만큼 파급력이 큰 것이 또 있을까?

나의 상상력은 어디까지일까? 85세인 친정엄마도 작가 데뷔를 할 수 있게 해 드려야 하나? 라는 공상에 잠겨 한동안 즐겁다. 엄마의 마음, 생각, 어록들을 모아 본다면 불가능한 일은 아니겠지?

나는 5남매 중 둘째다. 나에게는 여러 명의 조카가 있다. 공부를 잘해서 좋은 대학을 간 조카, 장래가 보장된 학과를 다니는 조카, 말없이 성실하고 속이 깊고 따뜻한 조카, 여러 친구들과 잘 어울리는 성격 좋은 조카, 재주가 많고 리더십이 있어 친구들이 부러워하는 조카, 어릴 때부터 책 읽기를 좋아하는 순진무구한 조카 등 성격도 각각 다른 어여쁜 조카들이다.

나는 이 조카들이 모두 책을 쓰면서 자신을 탐색하고, 정서를 안정시키고, 꿈을 꾸고 가꾸어 가기를 원한다. 내가 원하는 것은 잘 이루어지는 편이다. 그래서 우리 조카들은 모두 내 바람대로 곧 작가가 될 것이다.

지난 주말에 초등학교 친구들을 만났다. 그중에 그림을 그리는 친구가 있다. 그 친구가 찍은 사진을 보면 가슴이 설렐 때가 있다. 나는 바로 책을 내 보자는 제안을 했다. 수필과 사진과 그림이 함께 어우러지는 그런 책을 내면 좋겠다는 제안을 했다. 평소에 여행 사진과 수필로 책을 만들고 싶어 하던 친구다. 친구는 사진 솜씨를 좀 더 다듬어서 책을 내고 싶다고 했다. 나는 더 시간이 가기 전에 시작해 보자고 했다.

어제저녁, 사랑하는 사람을 잃고 실의에 빠져 있는 여성과 상담했다. 상담이 끝난 후 나는 그녀에게 글을 써 보라는 권유를 했다. 글을 쓰고 있는 내 방법을 말해 주었다. 아무 생각 없이 컴퓨터에 한글 창을 띄우고 우선 날짜를 적고 아무 말이나 나오는 대로 쓰기를 권했다. 쓸 것이 없으면 그냥 쓸 게 없다, 라고 쓰면 된다고. 그녀에게 맞는 치유 프로그램이기도 했다. 그러면서도 나중에 책을 출간해도 좋다는 용기를 주었다. 집으로 가는 길에 나는 내가 글을 쓰고 책을 내는 것을 아주 많이 좋아한다는 것을 실감했다.

나는 내가 확신하지 않으면 남에게 잘 권하지 않는다. 내 인생에서 다른 사람들에게 적극 권한 것이 세 가지 있다. 그것은 아이들에게 책을 많이 읽히라는 것, 부모교육을 받으라는 것, 내가 먹고 효과를 본 면역제를 먹으라는 것이다. 그리고 하나 더 추가한다. 책을 쓰라는 것이다. 나는 지금 감사하고 또 감사하고 행복하고 또 행복하다.

전용기를 타고
세계로 강연 다니기

독일 하이델베르크 대학의 대강의장에 대학생, 교수와 일반인 들이 가득 차 있다. 내가 연단에서 연설을 마치고 내려온다. 우레 와 같은 박수가 쏟아져 나온다. 박수가 그치지 않아 다시 올라가 "Träume werden gemacht(꿈은 이루어집니다)!"라고 외치고 내려 온다. 내가 대기실까지 돌아가는 동안에도 그 박수는 계속된다.

나는 자타가 공인하는 자아도취자다. 특히 내 강연에 대한 내 만족도가 높을 때 그렇다. 나의 강연은 청중들이 집중하고 만족도 가 높게 나온다고 관계자들이 자주 말한다. 어떤 강연은 내가 강연 을 하면서도 내가 청중이 되어 감흥이 일어날 때가 있다. 주위에서 자아도취자라고 놀림을 받기도 한다. 내가 너무 나의 수준을 낮게 잡기 때문에 내 만족도가 높은 것이라고 꼬집는 사람도 있기는 하다. 놀림이라도 그저 고맙고 반가울 따름이다.

자랑만 하는 것 같아서 얼굴이 발개진다. 사실 가끔씩은 청중의 만족도와 상관없이 내 만족도가 떨어질 때도 있기는 하다. 그때마다 여러 이유를 대며 위안을 삼기도 한다. 하지만 다른 것을 못했을 때보다 강의에 대한 내 만족도가 떨어지면 어깨가 처진다.

나는 강의 준비를 하고 강연 연습을 하는 것이 즐겁다. 아마도 강의에서의 성공 경험이 많아서일 것이다. 강연하고 나서 밝고 환한 청중들의 얼굴을 보고 강단에서 내려올 때의 기쁨은 뭐라 표현할 길이 없다. 나의 자존감이 구름을 타고 둥둥 떠 있는 시간이다.

어릴 때 나는 조용하고 부끄럼을 많이 탔다. 같은 동네에서 살던 친척 언니, 오빠들이 요즘 나를 보면 한쪽 구석에서 조용히 사부작거리며 혼자 놀던 애 맞아? 그 애가 어른이 되었네, 라고 말한다. 초등학교 동창들은 내게 집에서 예쁘게 살림하고 애들 키우며 살 것 같다. 그런데 심리상담사가 되어 여기저기 강의를 다니다니 놀랍다고 한다.

몇 해 전 초등학교 친구들 모임이 있는 날이었다. 해외여행을 가기 위해 여러 가지 제안을 나누고 있었다. 나는 한참 동안 친구들의 서로 다른 의견을 듣고 있었다. 한 친구가 내 의견을 물었다. 나는 그제야 내 의견을 말했다. 나는 지금도 어느 자리에서든 말이 없는 편이다. 주로 듣고 따르는 편이다. 어릴 때부터 딱히 좋은 것도 딱히 나쁜 것도 없었다. 밥을 먹으러 갈 때도 먹고 싶거나 먹기 싫은 것이 없어서 내 주장을 잘 펼치지 않는다. 관심 있는 것에만 관심을 갖고 다른 소소한 것에 욕심이 없는 편이다.

그런데 그렇게 말없이 조용히 있던 내가 강단에만 올라가면 사람이 달라지고 눈빛이 변한다고 했다. 나는 강연을 통해 다른 사람들의 마음을 밝게 하고 환해진 그들의 모습을 보는 것이 좋다. 내 몸이 기쁨으로 가득 차는 느낌이다.

아프리카 어느 마을의 나무와 풀로 만든 작은 학교에서 열두어 명 되는 아이들과 선생님이 나를 쳐다보고 있다. 눈동자가 초롱초롱하고 얼굴에 웃음이 가득하다. 나는 귀여운 아이들에게 꿈을 그려 보라고 한다. 아이들을 제각기 즐겁게 자신의 꿈 이야기를 하며 행복해한다. 나는 아이들과 악수하고 선물을 한 아름 안겨 주고 나온다. 물론 아이들을 위해 써 달라는 말과 함께 적잖은 돈을 기부한다.

나는 전 세계를 다니는 꿈 전도사다. 힘든 아이들에게 힘이 되어 주고 싶다. 그 일을 가족, 친구들과 함께 하고 싶다. 전용 비행기를 타고 세계 어디든 날아다니며 꿈을 전하고 사랑하는 사람들과 여행을 즐기고 싶다. 꿈을 퍼뜨리며 하는 여행은 얼마나 황홀할까?

나눔을 실천하는
힐링센터와 도서관 설립하기

정확히 언제부터인지는 모르겠다. 내 아이를 갖게 되면 거실의 TV를 없애고 싶었다. TV는 시끄럽기도 하지만 한 번 보면 아무것도 하지 않고 않아서 보게 마련이다. 대신 거실이나 방 하나를 책으로 꽉 채우고 내 마음에 꼭 드는 탁자와 의자를 들여놓는다. 아이들을 재우고 밤에 한적하게 책을 읽고 싶었다. 가끔 쉬는 날에는 하루 종일 책에 빠져 있고 싶었다. 아이들도 책을 좋아해서 저녁을 먹고 손에 책을 들고 있다면 좋을 것이라 생각했다.

실제로 아이들이 어릴 때 거실 양쪽으로 천장까지 책을 쌓고 살았다. 도서관처럼 책장을 이중으로 해 놓고 싶었지만 거기까진 못했다. 아이들 책을 주로 만드는 출판사의 영업소 책을 활용해서 유익하게 읽히는 교육도 받았다. 교육받고 교육을 하기도 했다.

덕분에 우리 아이들은 지금도 책을 많이 보는 편이다. 그 당시 나는 매일 책을 읽고 책에 푹 빠져 살지는 못했다. 그즈음부터 학교도 더 다니면서 직장일과 집안일까지 하며 아이들을 돌보는 일이 내겐 너무 버거웠다. 전공 책을 누워서 잠들 때까지 보는 것으로 마음이 좀 풀리긴 했다. 아이들이 다 크고 난 후엔 유아·아동 책을 동생들에게 나누어 주고 아동병동에 기부도 했다.

언니 집에 가도 동생들 집에 가도 친정에 가도 책이 많다. 각자 개성이 있어서 다양한 분야의 책으로 구성되어 있다. 친정에 가면 우리가 어린 시절 읽었던 오래된 책들도 많다. 어느 날 나는 조카에게 다섯 집의 책을 다 모으면 동네 도서관보다도 많겠다고 말한 적이 있다.

나는 정말 그 책들을 다 모아서 누구나 와서 읽고 싶은 책을 읽다가 가는 동네 책방을 만들고 싶다. 한 건물에 상담실과 사회복지 시설과 도서관과 카페를 지어서 함께 살자고 했다. 언니, 동생들도 퇴직해서 함께 일할 수도 있기 때문에 바라는 바라며 좋다고 했다.

대학시절 신문을 보다가 문득 실버타운을 세워야겠다고 생각했다. 1980년대, 신문에서 미래에는 인구 고령화로 인해 실버타운이 필요하다고 했다. 시설이 아주 좋은 실버타운을 만들어서 나오는 수익으로 정겨운 실버타운을 하나 더 만들고 싶었다. 정겨운 실버타운에 형편이 어려운 어르신들의 보금자리를 마련한다면 의미 있고 보람될 것이다.

심리상담사가 되고 나서는 '힐링센터'를 만들고 싶었다. 나이와 상관없이 모든 연령층에 맞는 프로그램을 개발해서 안락하고 포근한 센터를 만들고 싶었다. 센터 둘레를 나무와 꽃이 피어 있는 산책길로 만든다. 나무 그늘 밑 벤치에 앉아서 쉬기도 하고 싸 온 간식을 조금 먹기도 할 수 있다. 각자에게 맞게 한 시간에서 1년 과정의 프로그램을 마련한다. 그렇게 정서적으로 안정된 삶을 살게 하는 것이 목적이다.

특히 내가 요즘 강조하는 자존감 높이기와 부모교육 프로그램을 널리 퍼뜨리고 싶다. 부모는 상담실에 아이의 문제로 오게 된다. 그런데 아이를 20회 상담하는 것보다 부모를 10회 상담하는 것이 20배 이상의 효과가 있다. 내가 상담기관에서 근무할 때 일지 쓰기에도 바쁜 일정이었지만 아이의 부모를 꼭 상담하려고 했던 이유다. 자존감이 낮은 부모의 아이도 자존감이 낮다. 기관의 특성상 상담 횟수에 제한이 있었다. 그래서 자존감 높이기 상담까지 하지 못하는 경우가 있었다. 매우 안타까웠다. 그래서 지금 부모교육과 자존감 향상 프로그램을 재미있게 만들어서 운영하고 있다.

이제 나는 더 큰 꿈을 꾼다. 간호사, 심리상담사, 영어교사, 보육교사, 사회복지사, 행정, 관리를 맡아서 할 수 있는 인재가 다 모여 있는 집안이다. 성격이 모두 사람을 좋아해서 적성에도 잘 맞는다.

그중 나는 약간 혼자 작업을 좋아하므로 기획을 함께 맡을 것이다. 이러니 뭐든 못 하겠나?

'힐링센터' 안에는 당연히 상담 프로그램이 있을 것이다. 실버타운도 만들고 도서관도 만들고 편히 쉴 수 있는 카페도 만들 것이다. 방도 여러 개 만들어서 숙식도 할 수 있고 힘들고 지친 사람들의 쉼터도 되게 할 것이다. 건축학과를 다니는 조카에게 내가 원하는 건물에 대해 이미 말해 두었다.

재미있게 서로 의논하며 뭔가 하나하나 만들어 갈 것을 생각만 해도 설렌다. 너무 거창하고 비현실적인 꿈이라고 생각할 수도 있다. 하지만 현실적이면 꿈이 아니지. 나는 오늘도 꿈을 꾸며 살아간다. 꿈을 현실로 만들기 위한 한 걸음을 떼면서.

PART

3

500억 원대
자산가 되어
아이들을 위한
센터 설립하기

· 다이애나 킴 ·

다이애나 킴 미국 뉴욕·뉴저지 변호사, 청소년 멘토, 동기부여 강연가, 부동산 투자 컨설턴트, 부동산법 코치, 부동산투자회사 대표, 작가

뉴욕, 뉴저지에서 부동산 전문 변호사, 컨설턴트, 부동산법 코치, 그리고 부동산투자회사의 대표로 일하고 있다. 자신의 경험을 바탕으로 얻은 지혜로 청소년들의 멘토이자 동기부여 강연가로 활동하고 있으며 자신의 인생 스토리를 담은 책을 쓰는 등 작가로도 활발히 활동하고 있다. 시련은 변형된 축복이라는 말을 몸으로 증명하며 열정적으로 희망을 노래하고 있다.

사람들의 마음을 울리는
베스트셀러 작가 되기

나의 스토리를 책으로 쓰고 싶다고 생각한 지는 정말 오래된 것 같다. 나는 〈바람과 함께 사라지다〉의 스칼렛 오하라처럼 너무나 격정적인 삶을 살아왔다. 그렇기 때문에 나의 이야기를 사람들과 공유하고 그들에게 희망과 용기를 주고 싶다. '아, 이런 사람도 해냈는데 나라고 못 할까? 한번 해 보자!' 이런 마음을 심어 주고 싶다.

변호사 시험을 준비 중에 난 한꺼번에 모든 걸 잃어버렸다. 내가 사랑했던 사람, 나의 아이. 순식간에 일어난 일이라 어떻게 해야 할지 몰라 혼란스러웠다. 나의 잘못이 컸기 때문에 원망도 할 수 없었다. 그 지옥은 내가 만들어 낸 것이었다. 그렇기 때문에 그 지옥을 사라지게 할 수 있는 것도 나 자신뿐이었다.

공황장애가 나를 덮쳤다. 숨을 쉴 수가 없었다. 비닐봉지를 침대 옆에 두고 이루지 못하는 잠을 자기 위해 몸부림쳤다(숨이 안 쉬어질 때 비닐봉지를 입에 대고 쉬면 좋아지기도 한다). 홀로 그 집에서 버틸 재간이 없었다. 급하게 집을 정리하고 시골로 옮겨 갔다.

모든 기억을 지우고 싶었다. 두려웠다. 외로움과 죄책감에 잠식당할 것 같았다. 숨이 안 쉬어지면 무작정 밖으로 뛰쳐나갔다. 혼자였기 때문에 홀로 죽음을 맞이하게 될까 봐 두려웠다. 항상 혼자였는데 죽을 때도 혼자일 거라는 두려움이 나를 몸서리치게 했다. 귀에 이어폰을 꽂고 리베라합창단의 〈I Am The Day〉를 들으며 숨이 다시 쉬어지기를 기다렸다. 이렇게 계속 숨을 못 쉬다 죽어도 이 음악과 함께라면 덜 억울할 것 같았다.

모든 걸 다 포기하고 어딘가에 숨어 나의 죽음을 기다리고 싶었다. 이 세상에서 사라지고 싶었다. 하지만 그럴 수 없었다. 그동안의 나의 인생이 억울해 뭐든지 해야 할 것 같았다. 포기하지 않고 시험을 준비했다. 당연히 너무 힘들었고 고통스러웠다. 내가 소중히 생각하던 사람들을 잃은 지 한 달도 안 되었다. 그래도 나는 내가 해야 할 일을 해야만 했다. 타이머를 맞춰 놓고 책상에 앉아 공부했다. 정해진 시간이 끝나고 타이머가 울리면 난 그때서야 하나님을 향해 소리 지르며 울었다. 그러길 몇 달을 반복했다.

그 와중에도 언젠가 이 얘기를 책으로 쓰고 싶었다. 그런 마음으로 그 시간들을 사진과 글로 기록했다. 그렇게 책을 쓰고 싶다는 꿈이 가슴속에서 조금씩 자라고 있었다. 나의 부모님이 만들어 내신 소용돌이에 내 인생도 휩쓸려 들었다. 그 소용돌이에 휩싸여 나는 끝없이 전쟁했다. 하지만 그로 인해 나의 인생여행은 더욱 다채로워졌다.

한국과 미국, 영국, 태국, 베트남을 무대로 한 나의 이야기는 뜨겁고 강렬하다. 많은 나라들의 향기와 얘기들로 풍성해졌다. 각각의 나라의 색깔과 향기로 덮여 그에 맞는 이야기들이 완성되었다. 예전에는 왜 나만 고통 받아야 하냐고, 왜 꼭 나여야만 했냐고 하나님을 원망하기도 했다. 하지만 그 시련은 내게 많은 이야기들을 선물해 주었다. 이제는 그 시련을 주신 것에 감사한다.

여행 중 만난 어느 누군가 내게 말했다. 자신은 신체에 고통을 주는 문신을 하는 과정에서 힐링을 받는다고. 덮어 버리고 싶을 정도의 고통과 슬픔을 주는 그런 책을 읽어 보고 싶다면서. 그게 자신을 치유할 것이라고 했다.

나는 나의 이야기로 그런 책을 써 보고 싶다. 내가 느꼈던 고통을 나의 책을 통해 같이 느끼며 자기 자신을 치유하고 그로 인해 다시 한 번 희망과 용기를 가질 수 있는 그런 책을 난 쓸 것이다. 나의 책이 한국을 넘어 세계에서 베스트셀러가 되어 많은 독자들에게 읽히고 그분들에게 선한 영향력을 끼쳤으면 싶다. 나의 책을 보며 같이 울고 웃기를 바란다. 심장이 찢어질 것만 같은 그 고통을 같이 느껴 볼 수 있길 바란다.

내 인생을 사람들과 공유한 베스트셀러로 독자들의 기억에 오래 남고 싶다. 분명 나의 이야기가 사람들에게 희망을 주고 그들의 가슴에 불씨를 던질 수 있을 거라 생각한다. 내가 했던 여행을 독자들이 같이 경험해 주길 바란다. 파란만장하고 격정적이었던 내 인생에 독자들을 초대한다.

존경받는 변호사로서
전 세계를 돌아다니며 활동하기

나는 여행을 너무나 좋아한다. 특히 혼자 여행하는 것을 좋아한다. 그동안 몇 십 개의 국가들을 홀로 여행했다. 나는 비행기 타는 것을 극도로 무서워한다. 그런 내가 비행기를 타고 여행을 다니다니, 나 자신이 가끔 신기하기도 하다. 혼자 여행하다 보니 그곳의 여행객들하고 얘기를 많이 나눌 수 있었다. 현지인들하고도 소통의 기회가 많았다. 그 사람들은 여자의 몸으로 혼자 여행하는 나에게 깊은 호기심을 표현했다.

연인의 도시인 베니스에 갔다. 무조건 곤돌라를 타고 싶었다. 연인들에게 사랑의 노래를 들려주는 사공과 그 옆에서 기타를 연주하는 남자…. 신혼부부들과 연인들의 눈은 사랑의 색깔로 물들어 있었다. 행복한 미소를 지으며 배에 몸을 맡기고 음악을 경청하고 있었다. 혼자였지만 나도 타고 싶었다. 호객행위를 하는 사공에게 무조건 태워 달라고 했다. 그리고 나 혼자지만 저들에게 하는 것처럼 로맨틱하게 노래도 불러 달라고 했다. 돈은 무서운 힘을 가지고 있다. 민망할 수도 있었겠지만 사공은 그렇게 해 주었다. 나는 많은 사람들의 시선을 느끼며 행복에 젖을 수 있었다.

홍콩을 혼자 여행할 때였다. 미국에서 한국으로 나와 한국의 여러 곳을 여행한 후 홍콩으로 날아갔다. 홍콩 여행 마지막 날 야경을 보기 위해 루프 탑 바를 갔다. 대기 줄이 길어 야외에서 사진을 찍으며 시간을 보내고 있었다. 그러던 중 오스트리아에서 비즈니스 차 오신 분을 만났다. 그분은 자신이 먼저 테이블을 지정받을 것 같은데 괜찮으면 합석하자고 했다. 언어의 장벽 때문에 외롭기도 하던 차에 영어를 할 수 있는 날 만나 그분은 너무 반가워 하셨다 (영국의 식민지였기 때문에 홍콩에 영어를 잘하시는 분들이 많을 줄 알았다. 그런데 요즘은 중국에서 많이 이주해서 살고 있기 때문에 그렇지만도 않다고 한다). 우리는 거의 6시간 넘게 얘기를 나눴다.

우리는 정치부터 사회 문제에 대해 얘기했다. 밤이 깊어지자 자연스럽게 인생의 고민까지 서로 나누기 시작했다. 그때 나는 전 남편이 보내 준 이혼서류에 사인을 하고 여행하는 중이었다. 그 상처를 이겨 내기 위해 홀로 몸부림치는 중이었다. 외국에서 만난 그분과 나의 상처를 공유하며 나는 치유되는 느낌을 받았다. 그러곤 언젠가는 세계를 돌아다니면서 내 경험을 공유하며 다른 사람들도 치유하고 싶다는 생각이 들었다.

이제 나는 그때 혼자 여행하던, 자그마한 몸의 연약해 보이던 어린 여자애가 아니다. 변호사라는 이름표를 단 30대 중반의 여자가 되었다. 여러 고비를 넘기고 세상의 망치질에 온몸이 부서지기도 했다. 절망도 했고 쓰러지기도 했다. 슬픔에 젖어 길을 잃고 헤매기도 했다. 삶의 의미를 잃어버린 채 술에 기대어 살기도 했다.

하지만 난 온라인게임의 캐릭터들이 한 단계 두 단계 레벨을 올리며 아이템을 장착하고 무기와 기어를 업그레이드하듯이 만랩까지는 아니지만 레벨 업을 했다. 법 지식과 많은 경험을 통한 아이템들로 나 자신을 업그레이드했다. 절대 그 길이 쉽지는 않았지만 나는 해냈다.

여행을 좋아하고 많은 사람들과 소통하고 싶어 하는 나. 그런 내게 세계를 다니며 사람들과 내 경험을 나누는 것. 나의 전문적인 지식으로 도움을 주고 싶은 건 어쩌면 당연한 걸지도 모른다.

눈을 감고 그려 본다. 비행기를 타고 사람들을 만나러 날아가는 내 모습을…. 그러면서 웃어 본다. 그리고 나 자신에게 조용히 말을 건네 본다.

"다이애나, 너 참 고생 많았다. 수고했어."

3

가정폭력과 성폭력으로
상처받은 아이들을 위한 센터 설립하기

폭력은 어떠한 이유로든 절대 허용되어선 안 된다. 폭력을 당한 아이들은 그때 당시의 신체적 고통은 물론이거니와 정신적인 고통으로 영혼이 바짝바짝 말라 간다. 그 아이들의 정신적인 내상은 타투처럼 깊게 남아 그들의 인생을 망가뜨려 버린다. 그들의 자존감과 자기애는 밑바닥까지 떨어진다. 이후의 인간관계에도 문제가 생긴다. 찢긴 종이처럼 그들의 삶은 산산조각 찢어진다. 그 누가 그들의 망가진 삶에 대해 책임을 질것인가….

비겁한 어른들은 자신들보다 약한 아이들을 폭행함으로써 자신들의 열등감과 불행한 삶에 대한 자기 번뇌를 풀어 버린다. 뜻대로 풀리지 않는 인생에 대한 화풀이로 자신들에게 상처를 주지 못하는 어린아이들을 희생물로 삼는다. 얼마나 비겁한 짓인가…. 손으로

는 그 아이들의 몸에 씻을 수 없는 상처를 낸다. 그리고 입으로는
험한 말들을 내뱉어 그들의 영혼에 치명상을 입힌다.

나는 여섯 살이었다. 슈퍼맨, 원더우먼, 독수리오형제… 내가 알
고 있는 모든 힘 있고 정의로운 히어로들의 이름을 속으로 외치며
장롱 안에 숨어 부들부들 떨고 있던 나는 고작 여섯 살이었다. 하
지만 내가 믿었던 그들은 나를 구해 주러 오지 않았다. 장롱 문을
열고 내게 손을 뻗은 그 사람은 내게 엄마라고 소개하며 나를 안
아 주던 그 여자였다. 나의 아버지의 새 부인.

어린 나는 맞으면서도 궁금했다. 내가 잘못한 게 무엇인가 하
고…. 무슨 이유였는지 그 여자는 나를 며칠이나 굶겼다. 며칠이었
는지 기억이 나지도 않는다. 나는 갇혀 있던 방에서 몰래 기어 나
와 냉장고에 있던 복숭아 하나를 먹은 죄(?)밖에 없었다.

그 여자는 교회의 전도사였다. 하나님을 믿는 독실한 신자였다.
그분의 메신저라고 불리며 존경받는 인물이었다. 그랬기 때문에 나
는 끊임없이 이어지는 폭행의 원인이 다 내게 있다고 생각하기 시
작했다. 그 여자는 이미 바닥에 쓰러져 정신을 잃어 가고 있는 내
게 말했다.

"너는 악마야. 그렇기 때문에 더 맞아야 해. 네 할머니한테 말
해 봐. 죽여 버릴 테니까."

난 그 말을 아직도 생생하게 기억하고 있다….

그 여자의 행패는 끝내는 드러나게 되었다. 아버지는 그분과 이혼했다. 나는 외가로 돌려 보내지게 되었다. 독자들은 이쯤에서 안심할 것이다. 하지만 틀렸다. 폭행은 계속 이어졌다. 내가 검정고시를 보고 영국으로 도피 아닌 도피를 하기 전까지 계속 이어졌다. 영국에 있는 대학에 들어가 사회복지를 전공으로 선택했다. 개인적인 이유로 훗날 전공을 경영학으로 바꾸긴 했지만 말이다. 사회복지사가 되어 나 같은 아이들을 구해 주고 싶었다. 하지만 알게 되었다. 사회복지사의 힘만으로는 그 아이들을 구제할 수 없다는 것을….

　　나 김다이애나는 이제는 변호사다. 그 아이들을 이제는 구할 수 있는 힘을 키웠다. 그렇게 그 아이들을 그 지옥 같은 구렁텅이에서 벗어나게 했다고 하자. 그렇다고 해도 이미 깊은 외상과 내상을 입은 그들이 사회로 나와 정상인처럼 생활할 수 있게 하려면 어떻게 해야 할까? 그 의문점에서 내 꿈은 시작되었다.

　　나는 그 아이들이 제대로 된 치료를 받고 다시 일어설 수 있도록, 다시 꿈을 꾸고 날개를 펼칠 수 있도록 도움을 주는 그런 센터를 설립할 것이다. 선입견과 편견으로 이미 부러진 피해자의 날개마저 떼어 버리는 그런 세상을 나는 바꿀 것이다. 그 아이들이 다시 웃을 수 있을 때까지 나는 끝까지 내 길을 걸어갈 것이다. 내가 이렇게 다시 웃기까지 30년 가까이 걸렸다.

500억 원 이상의
자산가로 살기

앞에서 얘기했듯이 나의 꿈은 센터 설립이다. 가정폭력과 성폭력으로 상처받은 아이들을 치료하고 사회에 다시 나갈 수 있게 재활과 교육을 목적으로 하는 센터다. 또한 아이들을 보육하는 시설이자 필수교육과 원하는 아이들에게는 고등교육도 지원하는 그런 센터를 설립하고 싶다.

내가 도움이 간절히 필요했을 때 아무도 날 도와주지 않았다. 경찰을 찾아갔지만 그분은 집안일이라며 눈을 감아 버렸다. 그러곤 나를 집으로 돌려보냈다. 어른들은 모두 다 하나같이 내 말을 듣지 않았다. 믿어 주지 않았고 오히려 날 미친 사람으로 내몰았다. 울면서 도와 달라고 외쳤지만 내 목소리는 힘없는 메아리가 되어 다시 돌아왔다. 내가 도와 달라 간청할수록 돌아오는 것은 끝없는 매질과 감금이었다.

　모두 잠든 새벽에 난 탈출을 시도했다. 이곳을 떠나야지만 내가 살 수 있을 거라 생각했다. 창문을 열고 간단히 싼 내 짐을 던졌다. 3층에서 1층까지 벽을 타고 내려왔다. 기억이 잘 안 나지만 다행히 내가 잡을 수 있는 기둥 같은 게 있어서 떨어지지 않고 내려 올 수 있었다. 집에서 조금만 걸어가면 4차선의 도로가 나왔다. 나는 손을 뻗어 황급하게 도움을 요청했다. 쓰레기차가 섰고 난 그 차에 탔다.

　상황을 대충 설명하고 도와 달라고 하니 인상 좋은 아저씨는 흔쾌히 도와주겠다고 했다. 어디로 갈 거냐고 해서 모르겠다고 했다. 그랬더니 일단 자신이 있는 데로 가서 같이 고민 해 보자고 했다. '세상에도 착한 어른이 있구나' 생각했다. 의아했지만 기쁘기도 했다. 하지만 내 믿음은 그 아저씨가 있는 곳에 도착하면서 바로 산산조각 깨져 버렸다. 그 사람은 내게 나쁜 마음을 품고 있었다. 어른이 아이에게 절대 품지 말아야 할 생각을 말이다. 하나님께서 인도하셔서 난 겨우 도망칠 수 있었다.

　세상은 내가 생각했던 것보다 더 험하고 무서웠다. 내가 할 수 있는 일은 하나도 없었다. 갈 곳이 없던 나는 어쩔 수 없이 그 집으로 다시 돌아가야 했다. 그 후 몇 번 가출을 시도했다. 하지만 나는 모두 실패했다. 끝내는 정신병원에 갇히고 말았다. 나는 멀쩡했다. 미치지도 않았다. 하지만 어른들은 날 그곳에 가둬 버렸다. 그곳은 나 같은 멀쩡한 아이들을 격리시키고 그들의 영혼을 마비시켜 버리는 그런 곳이었다.

그곳에서 나는 새엄마의 이간질로 들어온 여자아이도 만났다. 새아버지가 자신의 뜻대로 안 되니 가둬 버린 여자아이도 있었다. 그 아이들은 그곳에서 시키는 대로 복종해야 했다. 반항하는 아이들은 갖은 구타와 감금을 당해 이미 눈에서 빛이 사라진 상태였다. 희망을 잃어버리고 공허함만 남은 아이들이었다. 3년, 5년, 갇힌 기간은 다양했다. 나는 이제 모두 복종하겠다는 약속을 하고 그곳에서 나올 수 있었다.

그곳에 갇혀 있는 동안 엄마와 통화를 하게 해 달라고 몇 번이나 울며 간청했다. 하지만 그 간청들은 모두 무시당했다. 나의 멈추지 않는 울음과 단식은 독방 감금으로 쉽게 해결 되었다. 나는 하루하루 희망을 잃어 갔다. 내가 할 수 있는 것은 전혀 없었다. 엄마는 단 한 번도 내게 연락을 주지 않았다.

훗날 엄마에게 왜 나를 그런 곳에 감금시켰냐고 물어보니 자신은 몰랐다고 했다. 내가 집을 자꾸 나가니 요양원에 보내 치료를 하겠다고 해서 자신은 동의만 했다고 했다. 침대에 손과 발이 묶이고 신경안정제가 투여되고 복종하지 않는 아이들을 구타하는 정신병원인지는 몰랐다고 했다. 왜 한 번도 연락하지 않았냐고 하니 돈 버느라 바빠서 신경 쓸 수 없었다고 했다. 이해할 것 같기도 하고 못할 것 같기도 하다. 하지만 엄마는 다른 방법으로 다 보상하셨다,

지금은 한국도 많이 나아졌다고는 한다. 하지만 아직은 가정폭력과 성폭력으로 고통 받는 아이들이 그 상황에서 쉽게 빠져나올 수 있는 인프라가 구축되어 있지 않다고 생각한다. 아이들이 어찌어찌해서 그곳에서 빠져나온다 해도 그 아이들의 미래는 불투명하다. 그동안 받았던 상처는 제대로 치유가 안 될 것이다. 다시 사회로 나와 인재로서 활동할 수 있는 가능성도 현저히 낮아진다.

나는 다행히 엄마의 경제적 지원으로 내 인생을 바꿀 수 있었다. 혼자 영국으로 도피 아닌 도피를 했다. 그 후 로스쿨에 들어가 변호사가 되었고 인생역전을 할 수 있었다. 하지만 그 아이들은 어떤가…. 모두에게 그런 여건이 갖춰진 건 아니다.

센터를 설립하려면 막대한 자금이 필요하다. 안타깝게도 지금 나에겐 그럴 수 있는 자금이 없다. 500억 원의 자산가가 되어 꼭 센터를 설립해 아이들을 구하고 싶다. 나처럼 홀로 아파하지 않았으면 좋겠다. 다른 방법이 없어 그 고통을 온전히 혼자 감당하지 않았으면 좋겠다. 그들에게 손을 내밀어 줄 누군가가 있다는 것을 센터를 설립함으로써 알려 주고 싶다.

5

행복한
가정 꾸리기

초등학교 1학년 어느 여름. 할머니와 점심을 맛있게 먹고 볼록 나온 배를 바닥에 깔고 방학 숙제를 하고 있었던 걸로 기억한다. 할머니는 내 옆에 쭈그리고 앉아 멸치 똥을 따시면서 툭 던지듯이 말씀하셨다. 마치 이웃집 여편네가 광 팔아서 돈 만 원을 벌었다는 투의 말투셨다. 하지만 그 내용은 내 인생을 바꿀 정도의 중요한 얘기였다.

"네 엄마 미국에 살아 있다. 네가 북북 기어 다닐 때 나한테 널 맡겨 놓고 미국으로 들어갔어."

많은 생각들이 내 머릿속을 스쳐 갔다. 나에게 엄마라며 다가왔던 그 여자분. 아빠의 손을 잡고 씩 웃으며 나를 안아 주었지만 그 손에서는 악의가 느껴졌었다. 특별한 이유 없이 갖은 폭행을 당했던 그 여자와의 지옥 같았던 1년 반의 시간. 그 시간이 조금은 이해가 되면서 그런 여자가 내 친엄마가 아니라는 사실에 내 작은 입에서는 안도의 한숨이 나왔다. 내게도 가족이 있다는 사실은 그동안 겪었던 모든 일들에 대한 어느 정도의 보상이 되었다. 마음이 편안해졌다.

중학교 1학년을 지내고 난 엄마와 살기 위해 미국에 들어갔다. 하지만 가족을 가질 수 있다는 꿈은 바로 산산조각이 나 버렸다. 내가 가질 수 있는 가족이라는 것은 그곳에는 존재하지 않는다는 걸 금세 깨달을 수 있었다. 가질 수 있는 가족이 없다면 내가 그 가족이라는 걸 만들어 보겠다는 결심이 들었다. 어린 나이에 남자를 만났고, 그 사람과 결혼을 약속하고 한국으로의 도피를 약속했다.

당시 나는 영주권 신청 중이었다. 때문에 그게 나오기 전에는 미국을 떠날 수가 없었다. 하지만 난 내 가정을 가지기 위해 한국으로 가는 비행기에 올라탔다. 그리고 그로 인해 내 인생은 백팔십도로 바뀌어 버렸다. 끝끝내 도피를 약속한 사람은 나오지 않았다. 나는 절망이라는 늪에 빠져 헤어 나올 수 없었다. 미국으로 다시 돌아가는 데 10년이라는 시간이 걸렸다. 난 그 남자를 찾아냈다. 우리는 다시 만난 지 3개월 만에 10년 전에 약속한 결혼식을 올렸다. 하지만 그 사람도 나도 10년 전의 순수했던 우리가 아니었다. 그래서 우리의 짧은 결혼생활은 끝이 났다.

아나운서 백지연 씨가 말했던가. 자신은 사랑에 있어서는 F학점이었다고. 나도 그랬다. 가족을 가져 보지 못한 나의 결핍은 비틀려 버린 집착과 이리석은 욕망으로 변모되어 버렸다. 난 가족을 가질 수도, 가정을 이룰 수도 없었다.

몇 년 후 다른 남자와 사랑에 빠졌고 결혼했다. 하지만 그렇게 지키고 싶었던 내 결혼생활은 3개월도 안 되어서 조각조각 부서져 버렸다. 내게 질린 그 남자는 나와 사랑을 속삭이던 그 문을 열고 떠나 버렸다. 무색무취였던 내 영혼은 그를 만나고 핑크빛으로 물들었었다. 하지만 그 사람을 잃을까 봐 두려워 눈이 멀어 버렸다. 두려움은 내 영혼을 핏빛으로 변하게 했다. 쓰레기 같은 향취를 뿜어내며 죽어 버렸다.

그 사람이 나를 떠났을 때 내 눈에서는 쓰레기 냄새가 나는 눈물이 쏟아졌다. 쓰레기 냄새가 나던 그 눈물은 진한 피 맛으로 내 입술을 적셨다. 내 영혼도 같이 울며 고통에 몸부림쳤다. 로스쿨 졸업 후 변호사 시험 준비 중에 일어난 일이었다. 나는 어떻게 해야 할지 길을 잃어버렸다. 시험을 포기하고 어딘가에 내 얼굴을 처박고 죽고만 싶었다.

내 영혼은 갈 길을 찾지 못하고 저 아득한 곳까지 떨어져 내렸다. 무슨 정신인지 기계처럼 공부는 했다. 공부하다 울컥해서 하나님을 외치며 아이처럼 울었다. 그러다가도 다시 책으로 돌아가던 그 몇 달은 내게는 지울 수 없는 고통스러운 시간이었다. 후회와 자괴감과 죄책감으로 내 영혼이 말라 가는 시간이었다.

그렇게 몇 개월간의 시궁창 같았던 시간을 이겨 내고 난 변호사 시험을 보았다. 그러곤 합격하고 뉴욕 뉴저지 변호사가 되었다. 나는 한 곳에서는 적어도 B플러스를 받았다. 하지만 내가 정말 원했던 가족… 가정이라는 그 공간에서는 만년 F학점이었다.

나에게 주어진 생물학적 시간은 지치지도 않는지 쉬지도 않고 지나갔다. 불안함은 날 더욱 코너로 몰았다. 난 한 번도 관심을 가져 보지 않았던 난자 냉동 시술에 대해 알아보기 시작했다. 한편으로는 드디어 변호사가 되었다는 성취감에 잠시 행복감에 빠져 보기도 했다. 하지만 그것보다는 내가 더 간절히 원했던, 가정이라는 울타리를 만드는 일에 실패했다. 그러니 어쩌면 더 이상 시험도 볼 수 없을 거라는 절망감에 고통스러워 몸부림쳤다. 부정적인 생각은 날 더욱 헤어 나올 수 없는 어둠 속으로 몰았다. 100점과 빵점을 받은 두 공간을 왔다 갔다 하며 내 정신은 더욱 메말라 갔다.

내가 진심으로 원하는 소망을 이루기 위해 난 나 자신을 변화시키기로 했다. 부정적인 생각은 부정적인 것들을 내 인생에 끌어들인다는 것을 깨달았다. 혼자 여행을 다니며 나 자신을 변화시키기 위해 노력했다. 몇 달을 한국, 홍콩, 베트남, 태국을 여행했다. 내 모든 것이 걸려 있다는 생각으로 내 생각과 마음, 의식을 개조하기 위해 죽을 것같이 노력했다.

이제는 안다. 내가 다시 가정을 이룰 것이라는 걸…. 거짓과 위선, 집착과 몇 만 개의 가면을 쓰고 하루하루를 지옥같이 사는 그런 모래성 같은 가정이 아니다. 대신 내가 원하던 그런 건강하고 행복한 가정을 이제는 이룰 수 있다는 믿음을 가지고 있다.

난 건강하고 행복한 가정을 이룰 것이다. 아침에는 향기로운 커피와 맛있는 아침으로 같이 웃을 수 있는 가족을 이룰 것이다. 밤에는 서로가 그날 있었던 일을 애기하며 위로가 되는 그런 가족을 이룰 것이다. 가끔 싸우겠지만 서로의 상처를 보듬어 줄 수 있는 그런 가족을 이룰 것이다. 난 분명히 그런 가족을 가지고 이룰 것이다.

PART

4

열심히 공부해
꿈을 이루고
부모님께 효도하기

· 이윤서 ·

이윤서 학생, 자기계발 작가

자신만의 생각과 가치관을 반영한 브랜드로 세상과 소통하는 패션디자이너라는 꿈을 키우고 있다. "노력은 배반하지 않는다."라는 모토 아래 역량과 자질을 키워 장차 코코 샤넬처럼 기존의 관습을 깨고 시대적 변화의 흐름에 맞는 스타일을 유행시키겠다는 포부를 갖고 있다.

영어
잘하기

나는 열두 살에 부모님과 함께 미국에 갔었다. 거기서 한 달 동안 다양한 경험을 했다. 외국 친구들을 만날 수 있어서 좋았다. 수업 때의 일이다. 나의 부족한 영어실력이 문제가 되었다. 책을 읽고 문제를 푸는 수업이었다. 문제를 이해했다고 생각하고 답을 풀었다. 하지만 채점 결과는 생각보다 좋지 않았다. 영어책을 읽고 이해가 되었다면 맞힐 수 있는 문제였다. 약간 충격을 받았다.

간식 시간에 외국 친구들과 대화를 했다. 짧은 영어실력으로 인해 긴 대화를 이어 갈 수 없었다. 이런 일이 한 달 동안 반복되었다. 외국 친구들과 놀 기회는 많았지만 오히려 한국 친구들이랑 어울렸다. 하루는 한 외국인 친구의 생일파티에 초대를 받았다. 생각보다 즐겁지 않았다. 친구가 친척을 초대했는데 'Hi'라는 인사 외에는 할 수 있는 말이 없었다. 너무 답답했다.

'내가 조금만 더 영어를 잘했더라면.'

'영어를 잘하고 싶다.'

너무 아쉬웠다. 노는 건 재미있었지만 깊은 이야기를 할 수 없어서 친해질 수가 없었다. 노력이 필요했다. 나는 더 적극적으로 영어 공부를 하리라 마음먹었다. 열심히 할 자신이 있었다. 그 방편으로 수업 때 발표를 많이 하려고 노력했다. 학교에서는 발표를 할 때마다 티켓을 주었는데 나는 5개밖에 없었다. 이 티켓은 각자 좋아하는 스티커로 교환할 수 있었다. 그래서 친구들도 발표에 적극적이었다. 하지만 나는 스티커보다 영어실력을 늘리고 싶었기 때문에 발표를 열심히 했다. 서로 목적은 다르지만 발표 수업을 통해 즐겁게 영어공부를 할 수 있었다.

엄마랑 상점에서 쇼핑을 하고 일부러 내가 계산을 하기도 했다. 엄마의 도움 없이 직접 가서 아이스크림 주문도 하며 영어 대화를 시도했다. 심지어 길을 지나가던 외국 아저씨에게 길을 물어보기도 했다. 옷을 사러 가서도 영어 연습을 위해 사이즈도 물어보고 다른 상품도 있냐며 영어 대화를 시도했다. 처음엔 부끄러웠지만 갈수록 재미있었다. 영어실력이 향상되는 것이 느껴졌다.

언젠가 엄마랑 차를 타고 가고 있는데 경찰이 쫓아왔다. 그러곤 우리 차를 멈춰 세웠다. 갑자기 나타난 경찰이 알아들을 수 없는 말로 뭐 하는 거냐고 물었다. 우리는 차선을 조금 넘었을 뿐이었다.

그런데 갑작스러운 상황에 당황해 상황을 자세히 설명하지 못했다. 그때 내가 영어를 좀 더 잘했더라면 그 상황을 잘 설명하며 그리 당황하지는 않았을 것이다. 지금도 그때를 생각하면 무섭다.

한국에 귀국한 후 2개나 영어학원에 등록했다. 그러곤 단어 공부부터 회화 공부까지 시간을 쪼개 가며 열심히 공부한다. 스스로 열심히 하는 나의 모습에 뿌듯하고 보람차다. 내가 현재 하는 공부 방법에는 두 가지가 있다.

첫째, 영어책 더 많이 읽기
둘째, 학교에서 영어발표 하기

나는 영어실력 향상을 위해 시리즈로 된 책을 주로 읽는다. 《magic tree house》나 《olivia sharp》 같은 흥미롭고 주인공의 활약이 대단한 내용의 책이다. 헤드폰을 끼고 글을 듣고 따라 읽으면서 내용을 파악한다. 그에 관련된 퀴즈도 풀어 보며 내용 이해를 확장한다. 선생님과도 책에 대해 이야기를 나누며 리포트를 작성한다.

학교의 영어 시간은 유일하게 액티비티를 할 수 있는 시간이다. 오늘의 감정, 어제 했던 일 따위를 발표하며 영어 수업을 시작한다. 선생님은 몇몇 아이들에게 발표를 시킨다. 소수의 아이들은 원어민 같은 영어실력으로 발표에 대한 답을 한다. 주로 수업 내용과 함께 질문을 내시는데 답을 다 맞힌다. 영어는 단순한 소통 도구라고 하지만, 흥미로운 활동이라고도 생각한다. 적극적으로 참여해야 하는 수업이어서 더 열심히 하게 된다.

그룹 수업으로 친구들과 친해지기도 하고 경쟁을 하기도 한다. 나는 이런 수업 방식 덕분에 활발해지고 적극적으로 수업에 임하게 된다. 이러한 꾸준한 노력과 도전 덕분에 영어실력이 향상된 것 같다. 전에 비해 발음도 더 좋아지고 더 많은 영어단어도 습득했다.

나는 꾸준히 공부해서 원어민 같은 영어실력을 가질 것이다. 다시 미국 학교에 가서 외국 친구들하고 친해지고 하고 싶었던 이야기도 마음껏 할 것이다. 우리 집에도 놀러 오라고 초대하고 싶다. 그때 받았던 이메일 주소로 친구들하고 유창한 영어로 편하게 대화하는 그날이 엄청 기대된다. 그날을 위해서 나는 오늘도 재미있게 영어공부를 할 것이다.

패션디자이너
되기

어릴 때부터 그림 그리기나 만들기 같은 미술 관련 수업을 좋아하고 잘했다. 그림을 그릴 때면 시간 가는 줄 모르고 몰입한다. 하루는 저녁에 만화를 그리고 있었다. 그런데 시간이 금세 흘러 밤이 되었다. 엄마가 나를 불렀다.

"윤서야, 언제 잘 거니?"

"윤서야, 벌써 12시야!"

종종 있는 일이다. 나조차 시간이 이렇게 흐른 줄 몰랐다. 무언가 좋아하는 일을 한다는 건 이런 기분일까? 그래서 나는 친구들과도 만나면 그림 그리기, 옷 만들기를 놀이 삼아 시간을 보낸다. 서영이도 나처럼 그림 그리고 옷 만들기를 좋아해서 함께 놀면 너무 재미있다. 하루는 드레스 종류의 옷을 그리고 엄마한테 보여 드렸다. 치마를 보여 드렸는데 바지로 착각하시는 일이 있었다. 조금 당황했지만 그것을 계기로 나는 패션 공부를 해야겠다고 생각했다. 친구랑 집에 있는 리본과 천으로 직접 인형 옷도 만들었다. 더나아가 내가 입을 옷도 만들고 그 옷을 입고 춤도 춰 보았다. 너무 뿌듯했다.

서영이랑 직접 우리에게 맞는 옷을 만든 적이 있다. 반팔 티셔츠였는데 남은 천으로 장식을 만들어 붙였다. 새로운 디자인의 티셔츠가 되었다. 하루는 긴 치마 원피스 잠옷의 아래의 천을 잘라서 하트 장식을 만들고 그 원피스에 그 장식을 붙였다. 그러자 하트 장식의 짧은 원피스 잠옷으로 새롭게 디자인되었다. 조금 이상하고 어설펐지만 기존 옷을 새롭게 디자인하는 재미가 있었다.

나는 대표적인 여성 디자이너 코코 샤넬을 좋아한다. 그녀는 어려운 환경에서도 자신의 생각과 관점으로 자신만의 브랜드를 성공적으로 만들었다. 옷 디자인도 개성이 있고 모든 여자들이 좋아하는 아름다움을 지니고 있다. 나 또한 사람들이 좋아하는 예쁜 옷을 만들고 싶다. 나만의 브랜드도 만들어 세상에 알리고 잘 팔린다면 기분이 좋을 것 같다. 누군가 내가 만든 옷을 입고 있다면 엄청 설레고 뿌듯할 것이다.

노력 없는 성장은 없다. 성장하기 위해선 더 많은 스케치 연습을 하고 옷 디자인 관련 책도 읽어야 한다. 종이로 된 여자 인형에

다 여러 종류에 옷을 코디하는 책이 있다. 이 책을 연습 삼아 코디와 디자인 감각을 키울 수 있다. 친구랑 코디 연습을 하는데 서로의 의견이 다른 적도 있다. 디자인이란 결국 디자이너의 생각이 반영되는 것이다. 디자이너만의 브랜드가 필요한 이유다. 브랜드를 세상에 잘 알리는 것도 중요하다. 그래서 나는 코코 샤넬처럼 독보적인 브랜드를 만들고 세상과 소통하고 싶다.

20대에 패션디자인 학과에 들어가서 디자인 공부를 제대로 더 하고 싶다. 사회에 나가 실무 경험도 쌓음으로써 더 넓은 시각을 가지고 싶다. 내가 추구하는 옷은 편하면서 예쁜 옷이다. 예전에 엄마랑 디자인이 예뻐서 기쁜 마음으로 구입했는데 입어 보니 헐렁한 부분도 있고 타이트한 부분도 있었다. 불편했다. 그래서 몇 번 입지 않고 옷장에 넣어 두었다. 옷은 편안함이 우선시되어야 한다. 누가 입어도 옷이 편해서 나의 옷을 찾는 나만의 브랜드를 만들 것이다.

패션에 관한 책과 영화도 보며 자질을 키우고 영어공부도 더 열심히 할 것이다. 역량과 자질을 키운 후 온라인 쇼핑몰을 운영할 것이다. 나는 세계적인 패션디자이너가 되어 코코 샤넬처럼 기존의 관습을 깨고 시대적 변화의 흐름에 맞는 편안한 옷의 스타일을 유행시킬 것이다. 내 몸에 딱 맞으면서 편안하다면 자주 그 옷을 찾게 된다. 자주 찾는다는 건 내 옷의 VIP 고객이 된다는 것이다. 그러면 내 옷이 유행될 확률도 높아진다. 많은 사람들이 내 옷을 입고 있다면 너무 행복할 것 같다.

옷은 모두에게 필요한 생필품이다. 불우한 사람들에게 내가 만든 옷을 제공해 불편함 없이 살게 도와주고 싶다. 그래서 옷은 편안함이 우선시되어야 한다. 또한 어린이들을 위한 재단을 만들어 어린이들이 불편함 없이 공부하고, 놀고, 먹고 할 수 있도록 지원할 것이다.

아직은 실력이 미흡하지만 패션에 관한 책과 영화를 보며 자질을 키우고 나의 꿈을 잊지 않고 노력한다면 반드시 이루어질 것이다. 노력은 배반하지 않는다. 오늘도 나의 드림보드를 보며 패션디자이너가 된 이윤서를 상상한다.

부모님
크루즈여행 보내 드리기

우리 가족은 평소에 여행을 즐기는 편이다. 작년에는 미국에서 두 달 동안 머무르기도 했고 베트남 여행도 다녀왔다. 여행을 하면 늘 재미있고 오래도록 기억에 남는다. 나는 아직 여행지에 대해서 잘 모르고 다니기는 하지만 부모님 덕분에 멋진 여행지에 대한 경험을 제공받고 있다.

늘 부모님께 감사한 마음이 든다. 특히 엄마는 거의 24시간 나를 돌봐 주시고 챙겨 주신다. 엄마의 시간을 나에게 많이 투자하시는 것이다. 정말 많이 고맙다. 요즘에는 집에 아빠가 자주 계시는데 늘 나와 잘 놀아 주시고 이야기도 항상 많이 들어 주신다. 그래서 인지 빨리 커서 효도하고 싶다는 생각이 든다.

얼마 전 우연히 크루즈를 TV에서 본 적이 있다. 크루즈는 엄청 화려하고 크고 신기했다. 배 안에는 다양하고 화려한 액티비티들이 있었다. 방들도 호텔처럼 깨끗하고 좋았다. 처음 보자마자 크루즈에 반했다. 크루즈여행은 배 안에서 숙박하면서 다양한 파티와 액티비티를 즐기며 여러 나라를 이동하는 것이었다. 먹거리도 24시간 제공되고 서비스도 최상이었다. 실내에서 제공되는 프로그램들이 즐거워 보였다.

한번은 엄마가 유럽 크루즈여행을 얘기한 적이 있었다. 배 안에서 잠도 자고 여러 나라를 관광할 수 있다고 했다. 배에서 내리지 않고도 다양한 문화생활을 할 수 있다는 것이 신기했다. 내 주변엔 아직 다녀온 사람이 없기 때문에 상상조차 할 수가 없다. 크루즈에서 여유를 즐기면서 바다를 바라보는 기분은 어떨까? 배에서 수영을 하며 영화도 보고 바다를 바라보며 쉰다는 느낌이 어떨지 상상이 안 된다.

어릴 적에는 유람선을 여러 번 탄 적이 있다. 처음 배를 탔을 때의 기분이 아직도 생생하다. 너무 설레고 기대되었다. 비행기와 자동차와 다르게 물 위에 떠 있고 배 위에서 바라보는 풍경도 너무 좋았다. 배 위에서 바라보는 도시는 또 다른 세상이었다. 특히 야경은 나만의 또 다른 낭만이었다. 하지만 지루한 감도 있었다. 보통 이동 시간이 긴 편인데 할 것들이 너무 없었다. 시간이 갈수록 심심해서 존 적도 있다.

이때 느꼈던 설렘과 부족했던 실내 시설을 보완해 주는 게 크루즈여행이라는 생각이 든다. 유럽 노선의 크루즈라면 배에서 다양한 문화생활을 즐기며 유럽여행을 할 수 있을 것이다. 그 기분은 얼마나 굉장할까? 생각만 해도 설렌다.

우리 집은 보통 엄마가 휴가 계획을 세운다. 나는 아직 여행지나 여행 방법에 대해 아는 것이 많이 없어서 계획을 세우는 데 아무런 도움이 되지 못한다. 생각만 해도 계획을 세우는 건 힘든 일처럼 보인다. 아마 엄마도 여행 계획을 세우느라 스트레스를 많이 받으실 거라는 생각이 든다. 나는 휴가 때면 당연히 여행을 가는 것이라고 생각했다. 여행이란 많은 경험을 하고 휴식을 취하는 것이라고 생각한다. 하지만 나는 휴식을 취하며 여행을 즐기는 반면 엄마는 우리 가족 모두를 챙겨야 하기 때문에 제대로 쉬지 못할 거란 생각이 든다.

크루즈여행을 한다면 엄마도 조금 더 즐겁고 여유로운 여행을 나처럼 할 수 있을 것이다. 엄마가 크루즈여행에 대해서 이야기해 주지 않았더라면 이런 생각을 못했을 것이다.

거대한 크루즈에 탑승해서 온 가족이 각자의 방식으로 즐길 수 있으니 너무 좋다. 엄마 아빠는 공연을 보러 가고 나는 수영을 하고 오빠는 오락을 즐기면 된다. 각자 하고 싶은 것을 해도 우리는 같은 배 안에 있다.

이렇게 여러 사람이 가도 각자 만족하는 여행을 할 수 있다. 엄마를 위해서도 힐링을 위해서도 꼭 필요한 여행이라는 생각이 든다. 여러 여행을 해 보며 다양한 경험을 했다. 나름대로 생각도 전환되고 세상에 대한 두려움도 사라졌다. 이런 기회를 주신 부모님께 너무 감사하다.

앞으로 3년 이내에 가족들과 함께 유럽 크루즈여행을 떠나고 싶다. 엄마랑 오빠는 유럽여행을 다녀온 적이 있다. 나는 그때 어려서 함께하지 못했다. 이번에는 다 같이 크루즈를 타며 휴가를 보내고 싶다. 그동안의 여행처럼 빠듯하고 신경 쓸 것 많아 피곤한 일정의 여행이 아니라 여유 있게 휴식을 취하며 각자에게 맞는 여행을 하고 싶다.

내가 20대가 되어 돈도 벌고 빨리 모아서 부모님을 모시고 직접 크루즈여행을 떠나는 상상을 한다. 내가 처음부터 끝까지 여행 계획을 세우고 모든 경비를 부담해서 다녀오면 너무 뿌듯하고 행복할 것이다. 많이 알기 위해서 여행에 대한 공부도 하고 다양한 경험도 할 것이다. 그때가 되면 지금보다 나이가 드신 부모님께도 훨씬 편한 일정이 필요할 것이다.

우리 가족 모두 편안하고 힐링 되는 크루즈여행으로 멋진 추억을 남기고 싶다. 나만 믿고 떠나실 수 있도록 든든한 딸이 될 것이다. 가장 큰 효도는 부모님이 의지하고 믿을 수 있는 자녀로 성장하는 것이다. 우리 가족이 좋아하는 여행을 통해 더 화목한 가족이 되었으면 좋겠다.

PART

5

세상에 선한
영향력을 퍼뜨리는
인플루언서 되기

· 박은미 ·

박은미 Lingo First English 대표, 자존감 감정관리 코치, 창의 상상력 코치, 커뮤니케이션 동기부여가

Lingo First English 대표로, 18년째 아이들에게 영어를 가르치고 있다. 티칭 스킬, 영어 강사 교육을 함께 진행하고 있는 영어교육 전문가다. 초등부터 고등입시생까지 다양한 연령대와 레벨의 영어 수업을 하고 있으며, 학부모들에게도 컨설팅과 상담을 꾸준히 진행해오고 있다. 자존감과 감정 관리가 학습 성취도에 많은 영향을 주는 것을 몸소 경험하면서 그 노하우를 나누어야겠다는 생각에 '내 아이의 자존감을 높여주는 영어 공부법'을 주제로 개인저서를 집필 중이다.

세상에 선한 영향력을 퍼뜨리는
인플루언서 되기

아무런 특징 없는, 그저 흔해 빠진 평범한 직장인의 일상이었다. 모두가 바쁘고 모두 다 힘든 그런 일상들이 하루하루 쌓여 갔다. 아무 일이 없다는 것에 초점을 맞춘다면. 그래서 그것을 평화로운 일상이라고 표현하고자 한다면. 나의 평화로운 일상은 방부제를 잔뜩 친, 유통기한을 알 수 없는 통조림처럼 끝없이 펼쳐질 것만 같았다.

바쁘게 열심히 잘 살고 있다. 그러면 된 건가? 그럼 잘하고 있는 걸까? 나는 행복한가? 이게 정말 내가 원하는 것인가?

길고 긴 근무시간, 욱신거리는 다리와 지긋지긋한 요통은 너무 흔해 빠져 말할 거리도 안 되었다. 강의가 끝나고 집에 온 후 밤늦게까지 공부했던 시간들. 셀 수 없는 단념들. 끊임없는 바둥거림. 설명할 수 없는 외로움. 나는 몇 시간씩 교실에서 찍어 내듯 아이들을 입시의 문으로 끌고 가고 있었다. 그렇게 나 자신도 가 보지 못한, 어디에 있을지도 모르는 희망찬 미래가 저 대학의 문 너머에 있을 거라며 아이들을 내몰았다.

나는 달리 갈 곳이 없었다. 이곳은 나의 온 삶을 바쳐 달려온 곳이 아니던가. 나는 통장에 찍히는 이 숫자를 위해 그토록 애쓰지 않았던가. 과거의 내가 가지고 있던, 시퍼렇게 펄떡이던 수많은 기대. 지금의 나의 현재는 과거의 내가 그때의 미래였던 지금을 위해 버려야 했던, 놓치고 돌아서야 했던 수많은 것들의 결과라는 사실을 인정해야 한다는 사실이 괴로웠다.

사람들은 모두 다 그렇게 산다고 했다. 누구는 특별할 것 같으냐며 모두가 그렇게 꾸역꾸역 살아간다고 했다. 정말 그렇단 말인가. 나는 다른 삶이 있을 거라는 생각의 끈을 놓을 수가 없었다. 하지만 어떻게 찾을 수 있단 말인가. 나에게 그 당시의 희망은 실망과 고통으로 이끌릴 뿐이었다. 찬란한 오색의 희망은 현실의 서슬 퍼런 날카로움이 스치기만 해도 방울방울 터졌다. 그렇게 바닥에 고인 내 삶은 계속 휘청거리며 아슬아슬하게 걸어가야 하는 불안한 일상들이었다.

우리는 너무 바쁘고 늘 피 말리는 마감시간에 쫓긴다. 할당량을 채우느라 자신을 다 소진해 버린다. 점심시간을 기다리고 퇴근시간을 기다린다. 토요일이 오기를, 월급날이 오기를 기다린다. 그리고 언제 올지 모를 미래의 행복을 기다리며 오늘을 묵묵히 참고 견뎌 낸다. 그런 시간들을 지내다 보니 언젠가부터 어제와는 다를 수 있는 내일이 있다는 사실을 잊고자 했다. 그러기 위해 탐욕스레 내 앞에 놓인 돈과 시간을 허겁지겁 써 버리는 데 급급했다.

나 역시 그렇게 무덤덤한 가슴으로 바쁘게 살아왔다. 그러느라 삶에 있어서 너무나도 중요한 순간들을 의식하지도 못한 채 흘려보냈다. 그러고도 나는 너무나 아무렇지 않을 수 있게 되었다.

현실이라는 뜨거운 사막의 한복판에서 나는 신기루 같은 오아시스를 찾고 있는 거라 생각했다. 눈앞에 보이는 저 신기루. 저게 과연 있기는 한 걸까. 내 삶에서 나는 저곳에 당도할 수 있을까? 나는 조금씩 단념해 갔다. 그래 누군들 마음속에 자신들의 신기루 하나 없겠는가. 누구나 다 그렇게 마음속에 도달할 수 없는 신기루를 품고 살아가는 거겠지. 그렇게 생각했다.

그때 누군가 내게 말해 주었다. 아무도 도달할 수 없을 것 같지만 실은 이미 지나온 내 뒤에 신기루는 있는 거라고. 삶의 어느 순간. 때로는 며칠 동안. 어쩌면 단 하루, 단 한순간에. 그 한마디가 누군가의 삶을 송두리째 바꿔 버릴 수 있다는 걸 나는 그때 알았다.

나에게 그 찰나의 순간은 영원처럼 길게 느껴졌다. 나는 더 이상 그 삶을 계속해 나갈 수 없었다. 뭔가 끝나야만 했다. 뭔가 새롭게 시작되어야만 했다.

나는 나의 모든 삶을 멈추고 아프리카로 가기로 했다. 세상의 끝으로 가고 싶었다. 어떤 이는 나의 결정을 걱정하고 어떤 사람들은 비웃었다. 그곳에 가면 너의 진짜 삶을 찾을 수 있는 건지 따져 묻기도 했다. 나의 삶에 더 책임감을 가져야 한다고 충고하는 사람들도 많았다. 오히려 그 충고에 나는 더 정신이 들었다. 나 하나 책임지면 그만일 뿐이었는데 나는 왜 이걸 멈추지 못했을까.

모두의 우려와 걱정을 위장한 비난조차 소중히 간직한 채 나는 나미비아의 피시리버캐니언으로 갔다. 그리고 그곳에서, 세상에서 가장 오래된 그 협곡 위에서 나는 지는 해를 마주했다. 그 거대한 진홍빛 노을에 휩싸인 나는 참으로 초라해 보였다.

하늘 전체와 협곡까지 붉게 달아오르게 만들었던 태양은 눈 깜짝할 사이에 땅 아래로 사라졌다. 마법 같은 한 장면은 순식간에 사라졌다. 어쩐지 그 한순간이, 그 한 장면이 모든 진실을 이야기해 주는 것 같았다. 돌아보면 쓸데없이 많은 것들이 내 삶에서 오래도록 머물렀다. 반면 소중한 그 어떤 것들은 얼마나 쉽게, 얼마나 눈 깜짝할 사이에 사라져 버렸던가.

수천수만 년을 묵묵히 이어 온 자연의 장엄한 모습을 바라보았다. 그러다 나는 한순간에 해가 떨어지듯 그렇게 잠깐만 이 세상에 머물다 가는 인간의 유한성이 슬프도록 안타까워졌다.

나는 세상에 태어나면서 누구나 이루어야 할 자신의 천명이 있다고 믿는다. 신은 그러한 이유로 우리를 이 세상에 보낸다고 생각했다. 우리는 그것을 이루기 위해, 그것을 찾기 위해 살아간다고. 그 과업을 찾는 것. 그리하여 혼신의 힘을 다해 그것을 완성해 내는 것. 나는 그것이 진짜 삶을 사는 것이라 생각한다.

진짜 삶을 살아야 한다. 우리가 세상에 태어나서 이루어야 할 그 무엇을 결국 찾아내고 이루어야 한다. 나 스스로 이루어 내야 한다. 뿐만 아니라 다른 사람들도 찾고 이루어 낼 수 있도록 이끌어 주고 도와줘야 한다. 나는 그런 선한 영향력을 가진 인플루언서가 되고 싶어졌다.

이토록 짧은 순간의 삶에서 내 삶을 진홍빛으로 빛나게 해 주는 것은 서로의 삶에 영향을 주고받는 소중한 만남이 있기 때문이라 생각한다. 우리는 그렇게 서로의 삶을 붉게 뜨겁게 물들이며 살아가야 하는 게 아닐까.

나는 아직도 나를 깨운 그 한마디를 기억한다. 그리고 그 순간들에 감사한다. 많은 시간이 걸린다고 해도 나는 나의 소명을 이루기 위한 진짜 삶을 살아가기로 결심했다. 언젠가 내가 찾은 나의 신기루에 대해 당신에게 말할 수 있는 날이 오길 바란다. 당신 또한 마음속에 품은 자신만의 신기루를 현실에서 찾아서 이루어 내 길 바란다.

나는 멈추지 않고 나아갈 것이다. 당신 역시 그러길 희망해 본 다. 우리가 잠시 주저하는 사이 우리의 타오르는 삶은 붉은 태양처 럼 땅속으로 사라져 버릴 것이기 때문이다. 마치 거짓말처럼 눈 깜 짝할 사이에 말이다.

심해공포증 이겨 내고
스쿠버다이빙 하기

그날의 사건의 시작은 바로 영화 〈프리윌리〉 때문이었다. 나는 죽어도 이 영화는 안 보겠다고 했다. 하지만 친구들은 모두 다 꼭 저 영화를 봐야만 한다고 성화였다. 그럼 나는 다른 영화를 볼 테니 너희들은 저 영화를 보라고 말했다. 그러자 친구들은 같이 보는 게 중요한 거라며 굳이 내 표까지 끊었다.

영화표를 손에 받아 든 채 나는 전의를 상실했다. 나는 아무짝에도 소용없을 듯한, 은미 안심시키기 계획을 세우는 친구들의 손에 이끌려 극장 안으로 들어갔다.

나는 영화의 절반을 눈을 꼭 감은 채 귀로 들었다. 출렁이는 바닷소리와 영어 대사들. 나는 도대체 영화가 무슨 내용인지 알 길이 없어 답답했다. 나는 자막 없이 영화를 봐야겠다, 마음먹었다. 그래서 지금 영어를 가르치게 된 건지도 모르겠다.

끊이지 않는 물소리와 파도 소리. 나의 상상력은 눈을 감은 채 더 무시무시한 바닷속으로 빠져들고 있었다. 친구들은 나를 안심시키겠다고 양쪽에서 손을 잡아 주겠다는 계획을 세웠었다. 그런데 그 쓸모없는 계획조차도 잊은 채 영화에 빠져들었다. 팝콘은 쉴 새 없이 친구들의 입속으로 빨려 들어갔다. 모두가 어딘가로 빠져드는 순간이었다.

나는 더 이상 답답함과 내 상상의 공포를 견딜 수 없었다. 나는 눈을 떴다. 그리고 그 큰 화면 가득 넘실거리는 그 푸른 바닷속으로 오늘의 주인공인 윌리가 자유를 향해 멋지게 헤엄치며 뛰어오르는 모습을 보았다. 꿈에서도 보고 싶지 않았던 그 순간. 나의 공포는 한계치를 넘어 눈물 콧물로 둔갑한 채 내 몸에서 터져 나왔다.

친구들은 걱정스러운 눈길로 나를 아주 잠깐 바라보았다. 하지만 이내 눈길을 푸른 스크린으로 재빠르게 돌렸다. 나는 눈물 콧물이 뒤범벅된 채로 후들거리는 다리를 질질 끌며 극장을 빠져나왔다.

거 봐. 내가 안 될 거라 했잖아. 극장 밖으로 나와 한참이 지나서야 진정이 된 나는 나 자신이 너무 한심스러웠다. 그렇다. 나에게는 심해공포증이 있다.

그날의 트라우마를 기점으로 나는 바다가 나오는 영화는 보지 않았다. 아, 〈타이타닉〉은 예외다. 〈타이타닉〉에는 심해 바다생물이 자유롭게 노니는 장면이 없기 때문이었다. 그보다도 그 당시 레오나르도 디카프리오의 미모가 심해공포증을 이겨 낼 만큼 어마어마했기 때문이다.

그렇게 시간이 지나면서 나의 심해공포증도 나이가 들었다. 예전에는 사진조차 볼 수 없었던 바닷속 사진도 볼 수 있게 되었다. TV 화면 속에 나오는 바다 모습도 어느 정도 담담하게 바라볼 수 있게 되었다.

꺼져 가는 나의 심해공포증에 새 생명을 불어넣은 건 다름 아닌 신랑이었다. 우리는 서로의 버킷리스트에 대해 이야기하며 힘들었던 각자의 하루를 토닥이고 있었다. 그 와중에 신랑이 이집트의 홍해에서 꼭 당신이랑 스쿠버다이빙을 하겠어, 라고 선언한 것이다.

"뭘 한다고? 나랑 뭘 해? 아~ 멋진 홍해바다에서 나 죽는 걸 보겠다고? 어차피 그거 하다 죽을 텐데 그렇게 멀리까지 가야 할까?"

네 말에 신랑은 웃으며 말했다.

"당신에게 보여 주고 싶어. 당신이 상상도 할 수 없는 정말 아름다운 세상이 있다는 걸."

나의 두려움은 내가 상상도 할 수 없는 정말 아름다운 세상에 나를 갈 수 없게 만들었다.

나의 두려움은 실체가 없는, 무한한 힘을 가진 존재였다. 다치거나 생명이 위태로울 수 있는 물리적인 위험으로부터 나를 지켜 주는 유익한 두려움과는 다른 것이었다. 실체 없는 비이성적인 공포이기 때문에 논리적 이해로 극복할 수 없는 것이었다.

내가 인식하지 못한 채 내 안에 자리한 두려움들은 얼마나 많을까? 그 많은 것들은 또 얼마나 멋진 세상과 경험과 기쁨으로부터 나를 가로막고 있을까?

문득 내가 내리는 그 수많은 선택과 결정의 순간들에서 나의 결정은 무엇에 근거했었을까 싶은 생각이 들었다. 정말 원해서였나? 아니면 두려움을 피하기 위한 나의 눈속임이었을까?

실패할까 봐 두려워서 시작도 못했던 일들. 열심히 노력했는데 잘하지 못할까 봐, 놀림의 대상이 될까 봐 두려워 새로운 배움을 쓸모없게 생각했던 날들.

시간이 지나 나이가 들어 갈수록 나는 나잇값을 하느라, 체면을 지키느라, 효율적으로 살아가느라 더 안정적인 선택을 했다. 그러곤 더 익숙한 곳으로 눈을 돌리고 가진 것에 만족하며 감사할 줄 알고 살아가야 한다고 생각했다.

유난히 겁이 많은 둘째가 수영장에 뛰어들기 무서워 폴짝거리는 언니를 보고만 있었다. 그러다가 처음으로 용기를 내서 내 품으로 뛰어든 날, 아이의 터질 듯한 심장이 내 품 안에서 내 심장을 두

드리던 날. 내 안의 용기가 온몸을 뜨겁게 감싸 안았다.

나는 더 멋지게 실패하는 쪽으로 걸어가고자 한다. 나는 기꺼이 나의 어수룩함과 나의 부족함을 인정하고 나아가길 선택하겠다. 내 아이들에게 보여 줄 엄마의 세상을 푸른 바닷속만큼 깊고 신비롭고 아름답고 모험이 가득한 세상으로 만들고 싶다.

두려움을 극복할 용기는 내 안에 이미 있다. 나는 이미 내 안에 그 힘을 가지고 있다. 다만 그 용기를, 그 힘을 발휘할 기회를 아직 만나지 못했을 뿐이다. 나 스스로 나에게 그 기회를 주지 않았을 뿐이다.

만약 신에게 두려움을 극복할 용기를 달라고 기도한다면 신은 웃으면서 말할 것이다. 나는 이미 너에게 주었으나 네가 찾지 못하는구나. 내가 네 안의 용기를 찾아낼 수 있는 기회를 주마, 라고.

용기를 찾아내서 발휘해야 하는 그 모든 순간, 믿을 수 없는 기적이 벌어질 것이라 믿는다. 내가, 당신이, 우리가 바라는 그 모든 것들은 어쩌면 두려움을 넘어선 곳에서 애타게 우리를 기다리고 있을지도 모른다.

나는 이집트의 홍해에서 스쿠버다이빙을 할 것이다. 십수 년 전에 화면에서 끊겨 버린 나의 프리윌리는 어두운 극장 속 제한된 스크린에서가 아니라 지금 끝없는 현실의 바닷속에서 재생될 것이다.

나의 프리윌리는 이제 시작이다.

진정한 멘토가 되어
아이들을 이끌어 주기

영어를 가르치게 된 지 거의 20년 정도가 되어 가는 것 같다. 사회 초년생일 때는 아이들이 아닌 성인을 가르쳤다. 외국에서 근무했던 시간들을 제외한다고 해도 10년은 족히 넘는 시간들이다. 그 시간 동안 아이들을 가르치면서 참 많은 부분 나도 성장했다. 아이들을 바라보는 마음가짐도 많이 달라졌다.

초반에 나는 아이들에게 존경받는 선생님이 되고 싶었다. 더 솔직히 말하면 잘나가는 1타 강사가 되고 싶었다. 나의 능력이, 나의 영어 공인시험 점수가, 나의 티칭 능력이 중요하다고 생각했다. 한마디로 내가 이렇게 잘났고 내가 이렇게 대단하다. 그러니 내가 하라는 대로 하면 잘할 수 있어, 하는 마음으로 아이들을 가르쳤다.

어떻게 하면 아이들이 시험 점수를 잘 낼 수 있고 그것이 나의 커리어가 되며 그것을 어떻게 알려야 하는지에 대해 나는 너무 잘 알고 있었다. 족집게로 점수를 뽑고 자소서를 써 주었다. 그렇게 특목고에 아이들을 밀어 넣고 그렇게 몇 번의 사이클이 돌면 이른바 검증된 선생으로 인정받았다. 그때부터는 걱정할 게 없었다.

프로필 사진이 실린 전단지에는 얼마나 많은 아이들을 특목고와 좋은 대학에 보냈는지, 나의 공인 영어 점수가 몇 점인지, 내가 얼마나 잘났는지에 대한 미사여구가 넘쳐 났다. 나는 그런 내 모습이 부끄럽지 않았다. 솔직히 자랑스러웠던 것 같다. 나는 어린 나이였고 또래 보다 월등히 많은 돈을 벌었으며 잘나갔으니까. 마감되는 클래스 주변 선생님들의 부러움과 찬사를 들었다. 최상위권 아이들을 위한 문제 분석 경향 연구와 교재 만들기로 밤을 새우곤 했다.

모든 문제의 중심은 가르치는 선생인 나였고 그걸 풀 수 있는 사람도 나였다. 아이들은 내가 내주는 숙제를 열심히 하고 따라오면 그만이었다.

"공부를 더 할 생각도 없고, 가르침을 받는 건 더 싫어요. 선생님은 얼마 버는데요? 얼마 벌길래 아직도 영어공부를 해요?"

아이는 샤프를 집어 던지며 말했다. 말 잘 듣고 공부 잘하던 녀석이 붉게 충혈된 눈으로 따지듯이 나에게 물어봤다. 아이들의 필터 없이 뱉어 내는 말들에 어느 정도 단련된 나로서 저 정도의 언행은 웃어넘길 만한 일이었다. 그런데 그날의 아이의 눈빛은 너무나도 달랐다. 원망이었다. 끝도 없는 원망의 눈빛이었다.

"얼마 버는지 알면 네가 당장 저 샤프를 집어 들고 오늘의 숙제를 마무리할 만큼은 벌지. 뭔 배부른 소리야. 남들은 가고 싶어도 못 가는 대학을 너는 왜 안 가겠다는 건데?"

마지막 수업 타임이라 나의 참을성은 바닥을 드러내고 있었다. 아이들이 쏟아 낼 곳 없는 불만을 더 이상 참을 수 없을 때면 이런 식으로 토해 낸다는 걸 알고는 있었다. 하지만 그날은 그걸 받아 줄 마음의 여유가 없었다. 그게 왜 하필 오늘이고 왜 나여야만 하는 건데. 주저앉아 울고 싶은 건 네가 아니라 나라고. 지금까지 네가 그 성적을 유지할 수 있는 게 누구 덕인데. 참나, 고맙다는 인사는 못할망정 저 잡아먹을 듯한 눈 좀 봐라. 아이는 소리 없이 닭똥 같은 눈물을 뚝뚝 흘리며 문제를 풀기 시작했다.

평소라면 그냥 어떻게든 얼버무리고 달래서 수업을 마무리한 후 못 한 부분은 숙제라고 외치며 끝냈을 것이다. 그런데 그날은 나도 모르게 아이의 손에서 문제집을 뺏어 들었다.

"이 길밖에 몰라서 그래."

아이는 어리둥절해하며 놀랐다. 하지만 여전히 닭똥 같은 눈물을 뚝뚝 흘리며 나를 쳐다보았다.

"내가 우리 아빠가 하라는 걸 안 하고 내가 하겠다는 걸 우겨서 했다가 이렇게 되었거든."

"어떻게 되었는데요?"

"이 새벽에 너를 붙잡고 보충한답시고 여기 앉아서 얼마 벌길래 이 짓을 하냐는 소리를 듣고 있지."

아이는 정말 겨우겨우 입술을 움직여서 대답했다.

"죄송해요."

아이는 아버지와 뜻이 달랐고 그걸로 길고 지루한 싸움을 하는 중이었다. 원하는 걸 못 할 바에는 대학을 안 가겠다며 아이는 말도 안 되는 생떼를 썼다. 그나마 영어는 자신이 하려는 일에 꼭 필요하기 때문에 영어학원은 다니겠다고 했다. 아버님은 상담하고 이야기할 곳이 이곳밖에는 없었다. 그렇기 때문에 하루가 멀다 하고 아이의 마음을 돌려 달라, 아이의 마음을 달래 달라 이런저런 부탁을 하셨다.

"적당히 하고 넘어가요. 너무 피곤하게 하더라."라며 아이를 겪어 봤던 다른 선생님들은 이런저런 이유로 아이를 가르치기 싫어했다.

"아빠랑 그만 싸워. 정말 듣기 싫고 지긋지긋하겠지만 네가 잘되길 바라서 히시는 말씀이야. 오죽하면 아버지가 선생님을 찾아와서 그렇게 사정사정하셨겠니. 선생님은 네 마음도 알아. 그런데 네 아빠 마음을 더 잘 알 것 같아서 아빠 편에 서고 싶었어."

아빠 편에 선 나를 원망하는 아이의 눈빛이 조금 누그러졌다.

"그래서 지금 샘은 아빠랑 안 싸워요?"

"응, 못 싸워. 샘이 지독히 말을 안 들어서 아버지가 돌아가셨

거든."

아이는 아무 말이 없었다.

"대학이 끝이 아니야. 그 이후에 네가 가고자 하는 길을 갈 수도 있어. 네가 지금 가려는 곳에 갈 수 있는 길은 지금 이 길 하나뿐만이 아니야. 나머진 다 숙제야."

아이를 두고 강의실을 나오면서 심란한 마음을 가눌 길이 없었다. 아이의 마음을 들여다보는 게 힘들었다. 그러려면 내 마음을 봐야 했기 때문이었다.

그 당시 개인적인 일들로 많이 힘들었던 나는 '일이 바쁘면 잊힌다'라는 말 뒤에 나 자신을 숨겼다. 빡빡하게 수업시간을 잡고 틈나는 대로 특강을 하고 설명회를 하고 세미나를 다녔다.

나는 아무것도 하지 않고 일만 했다. 자고 일어나면 일하러 갔다. 일이 끝나면 수업 준비를 하다 잠들었다. 주말에는 특강과 설명회를 했다. 그래야 그 당시의 나의 불행함을 잊을 수 있었다. 특별한 인간관계를 만들지 않고 오래된 친구와의 만남을 피했다. 더 이상 그게 안 될 때쯤에는 아예 짐을 싸서 다른 지역으로 이사를 가 버렸다. 아무도 모르는 곳에 가야했다. 아무도 날 못 찾을 곳으로 가고 싶었다. 그러면 될 줄 알았다.

또다시 비슷한 생활이 시작되었다. 눈뜨면 아이들을 가르치고 바쁘게 생활하고 수업 준비를 하고 피곤에 젖어 잠들었다. 내 안의 문제가 점점 더 커져 간다는 건 알고 있었다. 하지만 돌아보고 싶지도 않고 그럴 자신도 없었다. 사실 그러고 싶지도 않고 그래야 할 이유도 없었다.

예전에는 일 대 다수의 수업이 주였다. 그런데 일 대 소수로 수업 스타일이 바뀌면서 무언가 조금씩 틀어지기 시작했다. 나에게 아이들이 보이기 시작했다. 더 정확히 말하자면 아이들이 나를 보는 것 같았다. 그전에는 한 강의실에 아이들이 많았다. 아이들을 하나하나 파악하기보다는 1년의 강의 계획, 커리큘럼, 교재 연구, 시험 성적, 적당한 상과 벌 등등 수업이 중심이었다. 강의실에 아이들의 마음은 들어올 자리가 없었다. 그곳에는 내 마음도 없었다.

그런데 이곳에서는 아이들이 너무 아무렇지 않게 나의 마음을 물어봤다. 강의실에 아이들의 마음과 내 마음이 가득 차는 기분이었다. 나는 그 진심이 미안하고 고맙기도 했다. 하지만 그 진심에 숨이 막히는 것 같았다. 다 필요 없고 숙제나 내고 진도나 따라오게 하고 점수나 내는 데 익숙했던 나는 수업이 점점 더 힘들어졌다.

나는 아이들을 가르치며 화를 내는 스타일이 아니었다. 난 친절하고 재미있는 선생님이었다. 어떻게 보면 교감 없는 온라인 강사 같았다고 해야 할까? 내 수업은 잘 짜인 콘티 같았다. 그렇게 한 편이 끝나면 다음 편을 준비하고 그다음 편을 준비했다. 아이들이 소화하고 따라오고 이해하고 안 하고는 그들의 몫이었다. 나에겐 하기 싫은 걸 하게 하는 재주는 없었다. 그러고 싶지도 않았다. 그건 내 몫이 아니었다.

내가 내 수업이 아닌 아이들에게 눈을 돌리고 그 마음을 신경 쓸수록 거꾸로 난 내 수업에 더 자신이 없어졌다. 내 수업은 예전처럼 내가 생각한 콘티대로 되지 않았다. 잘 짜인 내 수업의 한 편을 늘 아이들이 제멋대로 각색하고 재구성했다. 어느 날은 그날의 수업보다 오만상을 찌푸린 아이에게 눈이 더 갔다. 분명 하나도 듣고 있지 않는 아이의 마음에 더 신경이 쓰였다. 생전 하지도 않던 걱정들이었다. 밥은 먹었는지, 오늘 속상한 일은 없었는지. 아이들이 내 얼굴을 내 마음을 내 수업보다 더 신경 쓰기 때문이란 걸 나중에 알았다.

입시가 얼마 안 남은 저 녀석이 혹시나 놓치고 가는 게 있지 않을까 불안했다. 왜 자꾸 실수를 하는지 화가 났다. 더 좋은 방식이 있을까? 더 쉬운 길이 있을까? 더 족집게처럼 문제를 뽑아야 하는 게 아닐까? 시험이 중요하긴 하지만 교과서나 외우고 점수 뽑는 공부가 아닌 아이들의 진짜 실력이 걱정되었다. 왜 이런 부분은 학교에서 더 많이 가르치질 않지? 다른 데서도 잘 안 가르칠 텐데. 그럼 나라도 가르쳐야 하지 않을까?

난 늘 불안했다. 갑자기 모든 게 낯설고 어려웠다. 가면 쓴 예전의 내 모습은 완벽했는데. 갑자기 벗겨지는 가면 뒤의 불안한 진짜 내 모습이 나오기 시작했다. 존경받는 선생님이 되고 싶었던 나. 그래서 완벽한 가면 뒤에, 멋진 영어 점수 뒤에 숨어 있던 나. 그런 나를 아이들이 끄집어냈다. 나는 사랑받는 선생님이 되고 싶어졌다. 그러기 위해선 내가 진짜여야 했다. 난 더 이상 가면 뒤에 숨지 않기로 했다. 그렇게 진짜인 내 모습으로 아이들에게 다가가고 싶어졌다.

나의 그 오래전 다짐들이 많은 시간이 지나 나에게 다시 분필을 잡게 했다. 그사이 영어 교육은 많이 변화되었고 지금도 변화하고 있다. 영어공부의 방식도 많이 변했고 중요하게 생각되는 부분도 많이 달라졌다. 예전에 내가 강단에 서기 전 공부했던 것들은 내 실력을 높이기 위함이었다. 그렇다면 지금은 영어보다 아이들 마음을 먼저 보기 위해 애쓴다.

"쌤, 근데 이거 진짜 해야 해요? 이거 안 하면 안 돼요?"

그때나 지금이나 아이들이 하는 질문은 비슷하다. 예전에는 구구절절 네가 왜 이걸 해야 하는지 말했다. 지금 네 점수가 어떤지 말했다. 네가 가고자 하는 대학의 커트라인이 어떤지 말했다. 지금 네가 하는 부분이 얼마나 쉬운지 말했다. 널 가르치는 내가 이렇게나 능력이 있는데 왜 토를 달아, 라고 말했다. 그냥 군말 없이 시키는 대로 따라오라고 말했다.

그랬다면 요새는 "야, 내가 너를 얼마나 사랑하고 아끼는데 이것도 안 해 오겠다고? 너무하는 거 아냐?"라고 말한다. 그러면 아이들을 자신을 조금만 사랑하라는 둥 다른 방식으로 사랑하라는 둥 너스레를 떨며 돌아간다. 그렇다고 아이들이 숙제를 다 해 오느냐? 물론 아니다. 그렇지만 전자보다 후자가 더 아이들의 마음을 움직인다는 걸 나는 이제 안다.

예전에는 영어 하나만 잘하면, 점수만 잘 나오면 그만이었다. 그랬다면 이제는 아이들의 꿈에 대해 더 많이 물어본다. 아이들이 모르는 걸 내가 알아서 나에게 물어보는 게 아니라 얼마나 알고 있는지를 내가 아이들에게 먼저 물어본다. 이제는 인터넷에 자료가 넘쳐 나고 유튜브에는 선생님이 넘쳐 난다. 좋은 강의는 발에 차이고 넘친다. 배우려는 마음만 있다면 얼마든지 배움이 넘쳐 나는 시대이니까.

아이들과 나와의 만남이 영어 실력만을 위한 만남이 아니었으면 한다. 오래전 나에게 '얼마를 벌길래 영어를 아직도 가르치냐'라던 아이의 질문을 난 아직도 가끔 생각한다. 그때의 내 모습은 그 친구가 보기엔 정말 되고 싶지 않은 모습이었겠구나 싶다.

언젠가 우리 아이들이 나에게 '저는 선생님처럼 영어 강사가 될래요'라고 말하는 날이 올까? 그때나 지금이나 아이들의 꿈은 공무원이다. 조금 어린 아이들에게는 유튜버라는 새로운 대답이 하나 늘기는 했다.

나는 선생님의 한계가 아이들의 한계라고 믿는다. 내가 아는 만큼 내가 보는 만큼 아이들은 보고 배울 거라고 생각한다. 그래서 나는 지금도 쉬지 않고 배워야 한다고 생각한다. 새로운 방법을 배우고 새로운 시대를 아이들에게 먼저 이야기해 줘야 한다고 느낀다. 그럼 아이들도 나를 통해 조금 더 멀리 볼 수 있지 않을까. 부모님이 선생님이 믿어 주는 만큼 조금 더 큰 꿈을 꾸지 않을까. 내가 열심히 가르쳐 준다면 어쩌면 그 꿈을 영어로, 세계를 무대로 이루어 낼 수 있지 않을까? 이런 생각들을 하면 가슴이 떨리고 벅차오른다.

꿈꾸는 만큼 이룰 수 있다고, 진짜로 원하는 걸 찾고 나아갈 수 있다고 가르쳐 주고 싶다.

혹시라도 그 길에 영어가 걸림돌이 되지 않고 디딤돌이 될 수 있도록 해 주고 싶다. 나는 그게 나의 소명이라고 믿는다.

아이들의 진정한 멘토가 되어서 그들의 세상으로 멋지게 뻗어 나갈 수 있도록 이끌어 주는 것. 나는 나의 소명을 다하기 위해서 오늘도 칠판 앞에 설 것이다.

매년 새로운 능력을 배워서
스스로 발전해 나가기

"아 글쎄, 나는 전쟁하는 게임이 싫다니까."

그 당시 한창 온라인 게임이 유행이었다. 너도나도 카트를 타고 포탄을 날리고 혈맹을 맺고 던전을 헤매던 때였다.

나는 변화를 그다지 좋아하지 않고 익숙한 것만 찾는 스타일이다. 그런지라 새로운 게임이나 변화에 많은 흥미를 가지진 않았다. 언제나 새로운 시작은 얼리어답터인 오빠로부터 시작되었다.

"재미 삼아 한번 해 봐. 넌 어떻게 된 게 아직도 테트리스 같은 걸 하냐."

"어머, 지금 뭐래? 고전은 사라지지 않아. 언제나 고전이 최고야. 노병은 죽지 않는다는 말도 몰라?"

"알았으니까 한번 해 봐. 이거 네가 하는 테트리스보다 100배 재미있어."

그럴 리가. 난 속으로 콧방귀를 뀌었다. 분명 내가 테트리스를 너무 잘하니까 저러는 걸 거라며.

나의 예상은 하루를 가지 못했다. 나는 재미 삼아 접속한 탱크들의 전쟁 게임에서 빠져나오지 못하고 있었다. 100배라고? 이건 몇 배 따위의 재미로 표현할 수 있는 게 아니었다. 이건 다른 세상이었다. 나는 무서운 속도로 게임에 빠져들었다. 부리부리한 눈을 부릅뜬 채 포탄을 던지고 각도를 맞추고. 와~ 세상에. 이런 재미난 걸 다 하고 있었다고? 나만 몰랐어?

나는 처음으로 내가 수학을 못했던 게 후회스러울 정도였다. 수학을 잘했다면 좀 더 이 게임에서 능력을 발휘할 수 있었을까? 이런 고민을 진지하게 하며 메달권 순위를 향해 박차를 가하고 있었다. 내 앞에는 무어라 설명할 수 없는 세상이 펼쳐졌다.

"너 이제 그거 좀 그만하고 오빠랑 다른 게임 하자. 오락에서 오빠랑 만나서 같이 다니면서 싸울 수 있어."

"어머, 지금 뭐래? 집에서 싸우는 것도 모자라서 뭔 오락에서까지 만나서 싸워?"

"너 그 탱크 지겹지도 않냐? 그거보다 이게 100배 재미있다니까. 이거 한번 해 봐."

100배 재미있다고? 그럴 리가. 하지만 나는 한번 경험해 보지 않았던가. 새로운 세상이 있다는 걸. 나는 이 새로운 게임을 통해 전우애를 배웠다. 그건 내 평생 느껴 보지 못한 정말 끈끈한 감정이었다.

"아 진짜 그냥 좀 가만히 있으라고! 왜 미친 듯이 뛰어다니는데! 길도 모르면서 왜 왔던 길을 또 가! 넌 스치기만 하면 죽는 거 몰라?"

말은 늘 저렇게 했다. 하지만 오빠와 오빠의 친구들은 언제나 나를 구하러 왔다. 그리고 이제는 본인들에게 필요 없는 칼이나 아머 따위를 던져 주었다. 그러면 나는 그걸 장착하고 무럭무럭 성장해 갔다. 나는 악귀들에게 둘러싸여 목숨이 위태로울 때마다 나를 구하겠다고 달려온 오빠와 오빠 친구들을 보며 말할 수 없는 전우애에 휩싸였다.

게임이 끝나고 집에 온 후에는 혼자 몹시 감동하며 생명의 은인들에게 신나게 라면을 끓여 주곤 했다. 더 이상 강해질 수 없을 만큼 강해지고 더 이상 적수가 없어질 때까지 빠져들었다. 그랬던 만큼 좀처럼 게임에서 헤어 나오기가 쉽지 않았다. 내가 빠져나오면 저 힘없는 내 혈맹들은 어쩌란 말인가.

책임감과 전우애로 똘똘 뭉친 마법의 전쟁 세상에 빠져 허우적거리는 나를 학기말 성적표가 단숨에 집어 들어 현실에 내팽개쳤다. 나의 현실은 가시밭길이었다. 그 흔한 아머나 아이템 마력은 고사하고 체력조차 바닥이었다. 나는 게임 속 캐릭터를 키울 게 아니라 내 현실 속 나의 레벨을 업해야 했었다는 걸 뒤늦게 깨달을 수 있었다.

현실에서 내가 키울 수 있는 능력들에 뭐가 있을까? 내가 하고 싶은 것들은 무엇일까? 서점의 베스트셀러 진열대에서는 《20대에 하지 않으면 안 될 50가지》라는 책이 불티나게 팔리고 있었다. 나는 저 중에 몇 개나 했을까? 몇 개나 할 수 있을까? 나는 한 번도 생각해 보지 못한 것들을 다른 20대는 열심히 해 나가고 있는 것이 보였다. 모두가 그런 건 아니었겠지만 적어도 내 눈에는 그렇게 보였다.

현실은 게임처럼 쉽게 레벨 업이 되지 않았다. 오랜 시간을 들여서 노력해야 하고 시간이 지나면 흐지부지 사라져 가는 일들도 많았다. 무언가에 영향을 받는다. 지난 시간들을 돌아보며 반성하고 미래의 성공을 상상한다. 그렇게 열정이 불타오르고 어딘가에 등록을 하거나 새로운 계획을 세우며 호기롭게 시작한다. 그렇게 하루 이틀이 지나면 언제나 일어나기 힘든 아침이 돌아온다. 늦은 서녁에 약속이 생긴다. 결국 나는 늘 똑같은 마음을 먹은 채 그 자리에 서 있고는 했다.

친구는 뜬금없이 사교댄스를 배우고 싶다고 했다.

"제대로 춤을 배워 보고 싶어. 스포츠댄스 학원이 근처에 있더라고. 우리 같이 다니자."

"사교댄스? 춤을 배우자고? 어우야, 나는 몸치야. 그리고 그런 걸 배워서 뭐 어디서 춤을 추겠냐? 살면서 춤출 일이 뭐 얼마나 있겠어?"

친구는 아쉬워했지만 절대 안 배우겠다는 나의 고집을 꺾을 생각은 없어 보였다. 다른 친구는 기타를 배우자고 했다.

"뭐라고? 기타? 야, 그럼 네일도 못 하잖아. 난 안 그래도 손가락이 짧아서 네일 안 하면 진짜 손이 안 예쁘단 말이야. 그리고 기타는 교회 오빠들이나 치는 거 아니야?"

나는 싫었다. 세상에는 배울 수 있는 것들이 천지였다. 나에겐 배우지 말아야 할 이유가 5만2천 가지는 되었다. 가진 건 시간뿐인데 알 수 없는 무언가에, 딱히 확신 없는 어떤 것에, 내가 너무나 하고 싶은 무언가가 아닌 것에 그 시간을 쓰기는 너무나 아깝고 낭비라고 느껴졌다. 그렇다고 내가 너무나 하고 싶은 무언가 있던 것도 아니었는데 말이다.

몇 년이 지나 〈셸위 댄스〉라는 영화가 우리나라에서 초대박 히트를 쳤다. 영화를 보는 내내 나는 새로운 세상을 보게 된 기분이었다. 저런 세상이 있구나. 삶에는 저런 재미도 있을 수 있겠구나. 갑자기 몇 년 전 사교댄스를 배우겠다던 그 친구가 궁금해졌다. 오랜만에 연락이 닿은 친구는 안 그래도 몇 달 후에 공연을 한다며 한껏 들떠 있었다. 〈셸위 댄스〉 영화 덕에 공연 규모도 처음 계획했던 것보다 더 커지고 다른 곳에서도 더 하게 될 것 같다며 몹시 들

떠 있었다.

공연 당일 꽃다발을 들고 찾아간 공연장 무대 위에서 춤추는 친구는 눈이 부실 만큼 반짝거렸다. 어둠 속에서 그들의 축제를 구경하던 나는 저 무대 위에 올라갈 수 있었던 초청장을 보기 좋게 날려 버린 그날의 내가 생각났다. 난 나에게로 열릴 수 있었던 새로운 세상의 문을 닫았던 것이다. 그날의 무대의 주인공은 친구였다. 믿을 수 없이 달콤한 그 꽃향기조차도 그 친구를 위한 것만 같았다.

결혼을 하고 아이를 낳아 기르며 나는 참 나의 재주 없음이 답답할 때가 많다. 왜 그 많은 시간 동안 무언가라도 하나 더 배우지 않았을까? 어차피 지나갈 시간이었는데 나는 왜 좀 더 새로운 세상을 경험해 보지 않았을까? 시간이 지나 나에게 남는 건 오롯이 나 자신이다. 물건은 유행을 타고 지나가게 마련이고 시간이 지나면 낡아질 것들이다.

나는 그 사실을 너무 뒤늦게 너무 많은 사건을 통해서 알게 되었다. 좋은 옷과 좋은 가방과 좋은 신발을 신으면 내가 멋진 사람이 된 것 같고 나를 좋은 곳으로 데려다줄 것 같을 것이다. 만약 내가 타잔 팬티를 입고 허리춤에 칼을 차고 나무에 오른다고 해 보자. 그래도 나는 정신 나간 여자일 뿐 타잔이 될 수는 없다. 그것과 같은 이치인데 그 쉬운 걸 왜 몰랐던가.

나이가 들어 갈수록 익숙한 게 쉽고 점점 더 변화가 어렵다. 누군가 나에게 새로운 걸 배우라 하지도 않고 배울 필요조차도 없는 일상이다. 심지어 젊은 시절에는 시간이라도 있었지만 이제는 시간조차도 온전히 나의 것이 아니다. 사람들은 아이를 키우는 지금 이 시절이 가장 좋고 기억에 남을 거라고 한다. 누구나 하는 일이지만 정말 중요한 일을 하고 있는 거라고들 한다. 하지만 하루 종일 종종거리는 나를 보고 있을 때면 그런 말들은 전혀 마음에 와 닿지가 않았다. 그건 그저 세상의 모든 엄마들을 잠시라도 달래 주는 육아서에서나 보게 되는 말들이었다.

매일의 일상은 비슷하게 똑같았다. 무얼 먹을지 고민하고 무얼 입힐지 생각하는 시간들이었다. 사실 몸은 바쁘지만 엄청나게 따분하고 흥미 없는 일거리로 하루의 대부분을 써 버리는 게 나의 일상이었다.

그렇게 아이들이 잠들고 나서야 겨우 남는 그 적은 시간. 그것으로 도대체 얼마나 효율적으로 나의 삶을 발전시킬 수 있을 만한 무얼 할 수 있단 말인가? 그만큼 대단한 무언가는 없었다. 그때도 없었는데 지금은 있겠는가. 그나마 그 시간 동안 처음 하는 엄마노릇을 조금이라도 더 잘하기 위해 육아서를 읽을 뿐이었다. 책 속의 완벽한 엄마를 부러워하며 나 자신을 반성하다 결국엔 집어 던지고 잠들 뿐이었다.

깨달음은 매 순간 일어난다. 손을 뻗어 잡는 모든 책 속에는 그 대단한 깨달음이 빼곡하다. 아이디어는 발에 차이고 넘친다. 나는 누군가 엄청난 깨달음을 얻고 대단한 아이디어가 있다는 말에는 아무런 감흥이 없다. 그건 너무나도 흔한 것이고 너무나도 쉬운 것이다. 그저 머릿속에 퍼뜩 드는 생각이고 갑자기 생각난 무엇인가에 지나지 않는다.

이걸 하면 잘될 텐데. 지금 저 자리에서 뭘 하면 대박일 텐데. 이런 제품이 나오면 좋을 텐데. 와, 이거 봐. 내가 생각했던 건데 벌써 누가 만들었네. 내가 저 자리에 뭐가 들어오면 대박 난다 했지? 이 얼마나 우스꽝스럽고 쉬운 말인가.

무대 위 주인공은 그 매일의 지겨운 아침에 눈을 뜨고 일어난 사람이 서는 곳이다. 매일 처음 밟는 그 스텝을 자려고 누운 순간에도 눈을 감고 밟으며 굳어 버린 몸뚱이로 손가락 한 마디만 더, 반 마디만 더라고 외치면서 스트레칭을 하는 사람이 올라가는 곳이다.

머릿속에 떠오른 생각들로 가만히 책상에 앉아 이리저리 계획을 세우고 이럴 것이다 저럴 것이다 나불대는 사람을 위한 곳이 아니다. 일상의 피곤함을 온몸에 이고서라도 움직여서 그 일상의 작은 생활방식을 조금이라도 바꾸어 나가는 사람을 위한 곳이다.

내가 모르는 다른 세상이 있다. 세상에는 내가 모르는 수천만 가지의 즐거움이 있다. 그 모든 걸 내가 다 알 수는 없을 것이다. 하지만 지금의 작은 한 걸음을 모아서 가다 보면, 어쩌면 지금까지는 몰랐던 새로운 세상의 문을 열 수 있을 것이다.

할까? 말까? 굳이 안 그래도 시간이 없는데 힘들게 이걸 해야 할까? 그럼 정말 뭔가 대단히 좋은 결과가 생길까? 머릿속으로는 알 수 없다. 그걸 알려면 지금 내 두 발로 그곳까지 걸어가 보는 수밖에 없다. 나는 아직도 처음 탱크 오락을 하게 되었던 나를 잊을 수가 없다. 이렇게 재미있는 세상이 있다. 나만 모르는 그 세상은 세상에 수도 없이 많다.

다 알 수는 없겠지만, 모든 무대에 내가 다 오를 수는 없겠지만 언젠가 어떤 무대 위의 주인공은 내가 될 것이다. 그곳에서는 잊지 못할 기억 속의 그 향기마저 내 몫이 될 것이다.

5

아이들과 함께
더 넓은 세상을 만나기

첫째 아이 유치원에서는 프로젝트 수업을 진행한다. 그런데 그 달의 프로젝트 수업의 주제가 결혼이었다. 결혼을 다룬 동화책이나 사진들을 아이와 함께 고른다. 엄마와 아빠가 어떻게 결혼했는지 이야기한다. 그러던 중이었다.

"아빠는 엄마랑 사우스 아프리카에서 만났어."

아이는 심각한 얼굴로 아빠의 이야기를 듣다가 나에게 물었다.

"엄마, 그래서 아빠가 아프리카랑 만나서 싸웠어?"

신랑과 나는 심각한 표정으로 물어보는 아이의 말에 숨도 못 쉬고 웃었다.

"아니야, 안 싸웠어. 사우스 아프리카에서 엄마랑 아빠랑 만났다고."

아이는 동화책에 정신이 팔려 이것저것 고르면서 건성으로 대답했다.

"아, 그럼 이제 화해하고 사이좋게 지내. 싸움하면은 친구 아니야."

아이와 함께 그 하늘 아래 그 드넓은 초원으로 다시 가 볼 수 있을까? 내 생각을 듣기라도 한 듯이 신랑이 말했다.

"나중에 아빠랑 엄마랑 동생들이랑 우리 다 같이 아프리카에 가자. 가서 기린도 보고 코끼리도 보고 사자도 보고 그러자."

아이는 눈을 반짝이며 고개를 끄덕였다.

여행을 싫어하는 사람이 있을까? 누구나 한번은 바쁜 삶에 쉼 표를 찍고 주변을 둘러보고 싶을 것이다. 그런데 우리네 삶은 바쁘기도 하고 여행 경비도 적은 돈이 아니다. 때문에 우리는 삶의 쉼 표가 되는 그 여행에서조차 가성비를 따진다. 짧은 시간에 더 많은 나라를 둘러보려고 새벽부터 저녁까지 강행군을 한다. 유명 명소에서 사진을 찍고 일상생활보다 더 바쁜 여행 일정을 잡는다. 패키지 여행의 알찬 강행군 일정표를 보고 있으면 과연 저게 휴식이 될까 싶다. 하지만 여행의 목적은 여행을 떠나는 사람들마다 각자 다른 것. 때문에 여행은 그 자체로 삶의 쉼표가 되는 것은 맞는 것 같다.

처음에 여행을 떠났을 때는 모든 게 새로움이었다. 낯설음을 접하는 비일상적인 것에 대한 기쁨 그 자체였다. 새로운 풍경, 입맛에 맞지 않는 새로운 음식조차도 즐거움이었다. 지치지 않는 젊음은 더 멀리까지 걷게 했고 더 많은 것을 보는 게 좋았다. 모든 새로움이 좋고 모험이 좋았다. 여행이 길어지면서는 그 나라의 문화가, 삶의 방식이 보였다. 다른 이들의 사고방식, 세상을 바라보는 관점 그 모든 게 다르다는 것이 낯설기도 하고 많은 생각이 들게 했다. 내가 여행에서 사람들을 보게 된 건 그 이후였다. 혼자 하는 여행이 선사해 주는 선물이기도 했다.

나는 사람들과의 새로운 경험을 통해서 여러 가지 나의 모습을 발견했다. 거울을 보듯 사람들을 보면 내 모습이 보였다. 좋은 사람에게서는 그 사람이 가진 좋은 모습에 비춰진 나의 좋은 모습이 보여서 좋았다. 그런데 싫은 사람들은 정말 보기 싫은 나의 나쁜 점만 골라 비춰 주었다. 그 사람에게서 보이는 내 싫은 모습이 너무 싫어 그 사람은 보고 싶지 않았다.

나는 어쩌면 새로운 만남과 경험을 통해 퍼즐을 맞추듯 내 삶의 조각들을 맞춰 나가는 건지도 모르겠다는 생각을 했다. 사람들은 나에게서 어떤 모습을 볼까? 나는 그들의 어떤 모습을 비춰 주며 살아가고 있는 걸까? 내가 아는 모습 너머의 사람들과 삶의 방식이니 가치관에 대해 난 잘 이해할 수가 없었다.

어쩌면 그들은 더 좋은 사람들일 수도 있을 것이다. 그 방식이나 가치관은 나에게 다른 삶의 관점을 보여 줄 수도 있을 것이다. 그런데 그 모습을, 그 진실을 보기엔 내가 가진 좋은 점이, 내가 가진 이해의 폭이 너무 좁아서 다 볼 수 없고 느끼지 못하는 것 같았다. 언젠가는 더 멀리 더 깊게 볼 수 있을까? 내가 성장하고 마음이 넓어진다면 여행에서 보게 되는 것이나 알게 되고 깨닫게 되는 것들도 많아질 거라 생각한다.

순수하게 전적으로 엄마와 아빠의 세상 안에서 자라나는 아이들을 보고 있으면 여러 가지 생각이 든다. 나와 신랑의 좋은 점도 나쁜 점도 사소한 작은 습관까지도 닮아 가는 아이들을 보면 좋고 행복한 마음도 든다. 하지만 한편으로는 걱정스러운 생각이 들기도 한다.

나의 세상이 아이들이 보는 세상일 텐데. 내가 세상을 향해 느끼는 느낌과 내가 삶을 대하는 자세를 아이들은 보고 배울 텐데. 말하지 않아도 가르쳐 주지 않아도 아이들은 그저 엄마와 아빠를 보며 배우는 것이 많다. 그것을 아이들이 한 해 한 해 커 갈 때마다 깜짝 놀랄 만큼 발견한다.

어느 날 아이 손을 잡고 놀이터에서 집으로 걸어오는 길에 큰 거미줄을 발견했다. 아이는 엄마, 저기 거미줄이다! 엄청 크다! 라며 놀라워했다. 그런데 아이의 놀람에 비해서 나는 그저 건성으로 대답했다. "그러네. 거미가 집을 엄청 크게 지었구나." 아이는 눈을 동그랗게 뜨고 엄마는 그것도 모르냐는 듯이 말했다. "이거 거미집 아니야. 여기는 거미가 밥 먹는 데야." 그 말에 나는 "응? 거미가 여기서 밥 먹어?"라고 물었다. 그러자 아이는 말했다. "이게 거미 밥그릇이야. 거미가 여기에 있는 벌레를 먹어. 거미 밥그릇이 엄청 크니까 거미가 엄청 큰가 보다." 그렇게 아이는 나에게 열심히 설명해 줬다.

순간 아이의 까만 눈동자에 비친 아이만의 세상이 보였다. 나는 잘못 생각하고 있었구나. 나는 아이가 전적으로 내 안에서만 자란다고 생각했다. 아이는 내가 보여 주는 세상만을 보고 내가 말해 주는 이야기만 듣는다고. 그런데 저 작은 아이는 자신만의 세상을 만나고 있었다. 아이의 눈에 거미줄은 엄마의 눈에 보이는 집이 아니었던 것이다. 아이는 자신만의 세상을 자신만의 이야기로 다채롭게 꾸며 가고 있었다. 나는 얼마나 어리석단 말인가.

그 언젠가 아이와 함께하는 여행길에서 들른 초겨울의 바닷가가 생각났다. 아이는 그날 바다를 처음으로 보게 되었다. 아이의 두 눈은 놀라움과 기쁨으로 가득 찼다. 새로운 세상과 만나는 순간이었다. 나의 바다는 공포의 바다였으나 아이의 바다는 저녁노을이 붉게 물든 신비한 바다였다. 계속 밀려드는 파도와 기분 좋은 초겨울의 쌀쌀한 바닷바람까지. 아이는 쉬지 않고 바다를 향해 달려가고 바다로부터 달려와서 내 품에 안겨 들었다. 돌아오는 차 안에서 잠든 아이의 머릿결에서는 바다의 향기가 났다. 나는 아이가 만나게 될 세상이 궁금했다. 아이가 만들어 갈 세상이, 아이가 만나게 될 세상과의 그 첫 만남들이 신비롭게 느껴졌다.

결혼을 하고 아이를 낳아 기르면서 나의 여행은 머나먼 남의 이야기가 되었다. 아이가 어리면 짐도 많다. 여행지에서 생길 수 있는 예측하지 못한 일들에도 맞닥뜨린다. 그러면 혹시라도 아이가 힘들까 봐 걱정이 앞섰기 때문이었다. 아이가 조금만 더 크면 가고자 했던 여행은 그렇게 뒤로 미루어졌다. 그러다 둘째가 나오고 셋째가 생기면서 나는 나의 여행은 끝이구나 싶었다.

어딜 간단 말인가. 아직 돌도 안 된 셋째를 보며 나의 여행은 머나먼 저 미래의 어딘가로 휙 밀려났다. 표현하진 않았지만 나는 그것이 못내 아쉽고 안타까웠다. 신랑은 고맙게도 나의 이런 작은 사소한 마음까지도 바라봐 주었다.

"아이들이 크면 어디라도 가자. 당신이 가고 싶은 곳 어디라도 가면 되지."

언제가 될지는 모르겠지만, 나는 그래 그 언젠가는 어디라도 갈 수 있겠지 하며 마음을 다독였다.

유치원이 방학하니 너도 나도 여행을 간다는 친구들의 이야기에 첫째는 바다가 보고 싶다고 했다. 방학 내내 집에만 있을 수도 없는 노릇이기에 집에서 가장 가까운 서해로 여행을 가게 되었다. 막둥이도 처음으로 함께하는 온 가족 여행이었다. 올해는 둘째도 바다를 처음으로 보게 되었다. 아직도 첫째의 바다와의 만남을 기억하는 나는 둘째에겐 바다와의 만남이 어떨지 궁금했다. 나에게 서해 바다는 그리 새로울 것도 없었고 그리 기대가 되지도 않았었다. 그저 아이들의 발이나 담가 주러 간 여행이었다. 그런데 나는 바닷가에서 뛰어노는 아이들을 보며 처음 느끼는 기분을 느꼈다.

그동안 내가 봐 왔던 그 어떤 여행지의 풍경보다도 가슴이 뭉클했다. 이제는 그 풍경 속에 나의 아이들이 있었다. 흔하디흔한 바다였다. 새로울 게 없는 바다였다. 하지만 나에게 그 풍경은 처음 보는 장면이었다.

아이는 드넓은 모래사장을 파내고 바닷물에 발을 담갔다. 지금의 이 새로운 만남이 아이의 세상이 될 거라 생각하니 그 흔하디흔한 바다가 특별해 보였다. 우리 가족은 시간 가는 줄도 모르고 조개를 캤다. 조개는 그만 캐어야겠다 생각할 때마다 하나씩 나왔다. 아이들은 살아 있는 조개를 캐낸다는 기쁨에 완전히 사로잡혀 있었다. 아이들이 아니었다면 나에게 서해 바닷가에서 조개를 캐는 경험은 없었을 것이다. 둘째는 작은 게를 피해 이리저리 뛰어다니고 첫째는 예쁜 조개껍질을 모으며 각자의 여름바다를 마음속에 담는 시간이었다.

아이들 때문에 갈 수 없다 생각했던 여행은 이제 아이들 덕분에 풍요로워졌다. 몸이 고된 건 사실이었다. 하지만 특별할 일 없는 익숙한 풍경들은 아이들의 이야기와 웃음소리로 잊을 수 없는 장면이 되었다. 아이들이 만나는 새로운 세상은 나 역시도 새로운 세상이었다.

나는 아이들과 함께 더 넓은 세상을 향해 나아갈 것이다. 그렇게 만나는 새로운 세상과의 만남들을 통해 아이도 나도 모두 성장할 수 있을 거라 믿는다.

PART

6

대한민국 최고의
수학 공부법
강사 되기

· 전인덕 ·

전인덕 수학 강사, 강연자, 유튜버, 자기계발 작가, 동기부여가

현재 와이즈만 영재교육에서 수학 강사로 일하고 있다. 영재고 입시, 영재고 및 과학고 내신, 일반고 내신(상위권 대상) 수업을 하고 있다. '사교육 없이 서울대 들어간 수학 강사가 전해 주는 수학 공부법'을 주제로 개인저서를 집필 중이다.

방황하는 20대를 위해
동기부여 강연하기

20대는 '어른이'의 나이라고 생각한다. 법적으론 성인이 되었지만 세상을 한참 모르는 햇병아리인 것이다. 고등학생의 신분에서 벗어나 본격적으로 나를 찾는 시기가 바로 이때다. 10대의 노력이 대학을 결정한다면, 20대의 노력은 인생의 방향을 결정한다고 생각한다.

스무 살 첫 중간고사부터 20대의 스펙 쌓기는 시작된다. 고등학교 때 시험이라는 것에 이미 질려 버린 상태였다. 서울대에 가는 게 목표였던 나는 갈 길을 잃은 어린양이 되어 버렸다. 공부해야 할 이유를 찾지 못했다. 그렇다고 재미있게 놀지도 않았다. 그냥 어중간하게 지내는 삶이 시작된 것이다. 게다가 서울대학교 수학과 전공은 학교 안에서도 가장 어려운 전공으로 손꼽혔다. 열심히 해도 모자랄 판에 벼락치기를 하고 있었으니 점수가 잘 나올 리 없었다. 그렇게 친구들과 술만 먹으며 방황을 시작했다.

그래도 뭔가 해야겠다는 생각이 들었다. 나는 선천적으로 재능이 부족한 아이였다. 내가 20대 때 가장 되고 싶었던 것은, 다방면으로 멋진 사람이었다. 공부 외에 노래도 잘하고 춤도 잘 추고 유머러스하며, 사교성 있고 리더십도 있는 완벽한 사람. 그런 사람이 되는 것이 꿈이었다. 하지만 나는 공부를 잘했던 것 외에는 너무나 재능이 부족했다. 공부 외의 스펙을 쌓자고 결심했다.

내성적인 성격을 극복하고자 나는 수학과 및 통계학과 전체 학생회장에 지원했다. 끼도 부족하고 통솔력도 부족했다. 하지만 일단 부딪쳐 보자는 식의 마인드였다. 당시 내 의지가 매우 강했기 때문에 결국 학과 대표를 할 수 있었다.

내 머릿속에는 우리 학과를 재미있고 화합할 수 있는 과로 만들겠다는 것밖에는 없었다. 나는 래프팅, 번지점프, 동해 엠티, 장터 등등 다양한 행사들을 추진했다. 특히나 후배들을 챙기려고 많이 노력했다. 돈도 많이 써 가며 항상 베푸는 삶을 살았다. 내 안의 똘끼를 발산하려고 노력했다. 결국 추진덕, 돌아이 등등의 별명과 캐릭터를 얻게 되었다.

시행착오도 많았다. 망한 행사들도 많았으며, 선배들과의 관계에서 마음이 너무 앞선 나머지 건방지다, 예의가 없다는 등의 훈계도 들어야 했다. 그래도 열심히 활동했었다. 때문에 아직까지도 사람들이 기억해 주는 과대로서 남게 되었다.

군 생활을 통해서도 스펙을 쌓았다. 바로 체력과 자신감이다. 나는 지구력이 약했고, 총도 잘 못 쏘고, 팔 힘도 없었다. 하지만 여러 체력 종목에서 우수한 성적을 거두면 포상휴가를 주기 때문에 누구보다 많이 연습했다. 영점 사격이 있는 날에는, 이미 영점이 잡혀 있음에도 총 쏘는 연습을 하기 위해 참가했다. 밥 먹고 모두가 쉴 동안 연병장을 열 바퀴씩 뛰며 체력테스트를 대비했다. 근력 운동도 쉬지 않았다.

마침내 병장을 달기 직전 체력테스트 전 영역에서 특급 판정을 받으며 특급전사가 될 수 있었다. 축구도 열심히 해 중대 대표로 사단 축구대회에 참가하기도 했다. 노력하면 건강해 질 수 있다는 자신감을 얻게 된 시간이었다.

전역 후에는 전공 공부에 매진해 점차 학점을 잘 받게 되었다. 대학교 공부는 고등학교 때와는 완전히 다르게 해야 한다는 것을 이때 깨달았다. C와 B로 도배되었던 내 학점은 점차 A로 채워지게 되었다. 전공에서도 A학점을 받기 시작했다. 그리고 이때부터 영어 공부를 시작하게 되었다. 20대의 스펙하면 가장 먼저 떠오르는 것 중의 하나가 영어 점수일 것이다.

당시 나는 다양한 능력치를 키우고 있었지만, 정작 직업은 선택하지 못한 상태였다. 남들 다 하니 토익학원을 다니고, 텝스와 토플 책을 사고, 스터디를 시작했다. 그러나 목표가 없었기 때문에 모든 것은 돈 낭비, 시간 낭비가 되고 말았다. 토익학원을 다니면서 숙제를 하나도 하지 않았으며, 단어집은 펼쳐 보지도 않았다. 영어공부를 해야 할 명분이 없었다. 내가 잘하고 싶었던 것 중 하나가 영어였다. 그런데 영어 점수를 높이는 것이 아니라 '진짜 영어'를 잘하고 싶어졌다. 그래서 무작정 아일랜드로 떠났다.

아일랜드는 영국 옆에 있는 섬나라로서 우리나라와 닮은 점이 많았다. 영국의 식민지였다는 점, 술을 좋아하고 흥이 많다는 점, 정이 많다는 점 등등이 비슷했다. 하지만 내가 아일랜드를 선택한 진짜 이유는 돈이 별로 없었기 때문이다. 어학연수 비자로 일할 수 있으며, 영국보다 물가가 싸다는 점, 유럽 국가라는 점에 이끌려 선택한 곳이 아일랜드였다. 유럽여행을 한 번도 안 해 본 것에 대한 보상, 본질적인 영어실력 기르기가 목표였다.

아일랜드에서 영어학원을 다니며 유럽 각지에서 온 친구들과 공부했다. 내가 한국에서 배웠던 영어와는 많이 달랐다. 회화 실력이 급속도로 좋아졌다. 게다가 원어민에게 직접 문법과 아카데믹한 영어를 배우며 영어에 대한 감을 잡을 수 있었다. 6개월가량 살아 보니 배울 것은 다 배웠다는 생각이 들었다. 사실 돈도 부족해 돌아올 수밖에 없었다.

영어가 인생의 숙제 중 하나였던 나는 굉장한 자신감으로 무장해 돌아와 곧바로 공부도 안 하고 영어시험을 쳤다. 그 결과 토익스피킹 8급(만점)과 토익 900점대의 점수를 얻게 되었다. 대기업에 입사할 수 있는 영어 점수가 마련된 것이다. 결국 대기업에 지원하지는 않았다. 하지만 영어권 국가에서 살다 오자, 라는 내 선택은 최고였다고 생각한다.

이 시기에 나를 많이 돌아보고 고민도 많이 했다. 나에게 부족했던 능력들, 경험들을 하나하나 쌓아 가며 보낸 20대였다. 돌이켜 보면 어느 순간도 선택할 땐 남에게 휘둘리지 않았다. 학생회장을 할 때 나에게 카리스마가 부족하다고 비난하던 친구들, 넌 선천적으로 운동 재능이 없다며 나를 무시한 선임들, 영어공부는 한국에서도 충분히 할 수 있으니 외국에 나가지 말고 한 살이라도 젊을 때 취직해야 한다는 사람들…. 그러한 의견에 휘둘리지 않은 채 내가 판단하고 행동했다. 그리고 노력했으며 그에 따른 결과를 얻었다. 그 와중에 스스로 자존감을 높이고 성장하며 다음 단계로 갈 수 있었다.

앞서 이야기한 것 외에도 학생 홍보대사로서 수백 명 앞에서 프레젠테이션 하기, 아나운서 학원에 등록해 말하기를 연습하고 현직 아나운서에게 인정받기, 부족한 체력을 키우고자 자전거 타고 4대강 종주하기 등등 도전과 성장의 연속이었다.

그렇게 정상적인 루트를 밟지 않고 다양한 경험을 해 본 나는, 나를 정확하게 분석할 수 있었다. 나는 남들 앞에 나서기를 좋아한다. 그리고 자기주도적인 성향이 강해 내 일을 해야 한다. 거기에 수학을 비교적 잘하는 편이다. 그런 만큼 20대라는 방정식을 풀고 내가 선택한 직업은 수학 강사였다.

이제 30대가 되어 제2의 인생을 살고 있다. 성공은 아직 멀었다. 뛰어난 스타강사들은 정말 대단하다. 강사를 하면서 이 길이 내 길이 맞는지 많이 고민하기도 했다. 20대 때 했던 고민을 강사 1년 차에 몰아서 다 했다고 해도 과언이 아니다. 늦은 나이에 의대를 가는 것을 어떨까? 지금이라도 대기업에 가야 할까? 등등의 생각도 많이 했다. 하지만 내 적성과 능력을 고려했을 때 이 길은 갈 만하다는 생각이 든다.

20대를 통해 얻은 인생의 모토는 '후회하지 않는 삶을 살자'다. 20대 때엔 많이 놀았고 많이 겪었다. 다시 돌아가도 똑같이 살았을 것이다. 그 경험들이 채워져야 비로소 다음 단계로 갈 수 있기 때문이다.

지금 나는 인생에서 두 번째 방황을 맞이하고 있다. 하지만 겁나지 않는다. 방황 속에서도 나만의 신념과 믿음이 있고, 흔들리면서도 앞으로 나아가기 때문이다. 내가 나를 분석하고 판단한다. 남들의 기준과 잣대에서 벗어나서 내 갈 길을 가야 한다. 그것이 옳다고 믿는다.

《수학의 정석》을
뛰어넘는 기본서 만들기

강사로 일하면서 '수학공부를 시작하고 싶은데 무엇이 필요한가요?'라는 질문을 많이 받는다. 그럼 나는 '개념서'와 '유형 문제집'이 반드시 있어야 한다고 말해 준다(학원을 다닐 경우, 학원 선생님이 주는 교재로 대체하기도 한다).

개념서란 수학의 개념이 잘 설명되어 있고, 주요 정리에 대한 증명이 실려 있으며, 기초 예제부터 어느 정도 어려운 문제까지 모두 실려 있는 책을 말한다. 《수학의 정석》이 대표적이다. 유형 문제집은 문제들이 유형별로 잘 정리되어 있는 책을 말하는데, 기본기를 쌓는데 큰 도움이 된다. 대표적인 문제집으로는 《쎈 수학》이 있다.

내가 고등학교에 다닐 때인 10여 년 전만 해도 개념서는 '정석'

과 '개념원리' 가 투톱 체제를 유지하고 있었다. 나는 두 권 다 사서 공부했는데 혼자 공부하던 나에겐 공식보다 글이 많은 정석이 더 잘 맞았다. 정석이란 책은 크기다 다른 책들보다 조금 작으며, 필기할 수 있는 여백이 거의 없다. 그리고 문제들도 빽빽하게 있기 때문에 가독성이 좋지 않다. 수학공부를 정석으로 시작했다간 중간에 포기하기 딱 쉽다. 다른 연습장에 문제를 풀고, 정석 책에는 주요 내용 메모 및 틀린 문제 표시만 하는 것이 좋다.

요즘엔 정석과 개념원리 외에도 시중에 워낙 좋은 개념서들이 많이 나와 있다. 정석만 풀던 시대는 지났다. 게다가 수학도 나름의 트렌드라는 것이 있는데 그 부분에서 정석은 올드하다는 평가를 받기도 한다. 그럼에도 불구하고 정석은 기본적으로 필요한 내용들을 다 담고 있기 때문에 아직까지도 많이 쓰인다.

정석은 '기본정석'과 '실력정석'으로 나뉘는데, 담겨 있는 내용은 같으나 실력정석의 문제들이 훨씬 어렵다. 실력정석에는 과거의 본고사 문제들의 변형 문제들이 상당히 많이 수록되어 있기 때문이다. 증명 문제 및 난해한 문제들이 굉장히 많은데, 이것이 요즘 수능이나 고교 내신 스타일과는 전혀 다르다. 그러나 특목고에서는 필수로 알아야 하는 내용이 많다. 나는 영재고 및 과학고 학생들을 많이 가르치므로 실력정석을 기본 교재로 사용한다.

실력정석은 혼자 공부하기에 매우 힘든 교재다. 그도 그럴 것이 어렵고 난해한, 그러나 수학적으로 의미 있는 문제들이 굉장히 많기 때문이다. 그런데도 해설지에는 오로지 고등 교육과정만 풀이되어 있기 때문이다. 하지만 그 내용은 고등학교 수준을 벗어나는 것들이 많다. 또한 풀이는 고등에 맞추어져 있다 보니 비효율적인 것이 많다. 그래서 전문가와 함께 실력정석을 푼다면 실력이 배가 될 수 있다.

'교과서로만 공부했어요'라는 말이 있다. 사교육에 의존하지 않고, 가장 기본이 되고 본질을 담고 있는 교과서로만 공부해도 충분히 명문대에 갈 수 있다는 말이다. 이것이 정말로 가능할까? 단언컨대, 교과서만 풀고 명문대에 가는 것은 불가능하다. 이때까지 그러한 사람을 한 번도 본 적이 없다. 한 단계 양보해서 '교과서를 중심으로 공부했어요'는 가능할까? 이것은 어느 정도는 일리 있는 말이다. 교과서를 개념서로 사용했다는 뜻이기 때문이다. 그래도 나는 교과서만으로는 부족하다고 생각한다. 이유는 두 가지가 있다.

첫째로 교과서에는 문제가 너무 적다. 개념서는 주요 개념이 나와 있는 것 외에도 개념을 연습할 만한 문제까지 많이 있는 것이 좋다. 그런데 교과서는 문제 수가 적을뿐더러 너무 쉽다. 잘하는 아이들 기준으로는 시험 범위에 있는 문제들을 몇 시간 만에 다 풀 수 있다. 둘째로, 심화 개념이 잘 나와 있지 않다. 시험을 잘 보기 위해선 교육과정 외의 내용이라든가, 문제풀이 스킬들도 많이 알아야 한다. 그러한 것들 없이는 주어진 시간에 문제를 빠르게 풀기 힘들다. 그리고 시야도 좁아진다.

수능을 예로 들어 보자. 수능 수학에서 고득점을 받는 아이들은, 보통 고3 시작 전에 수능 기출을 다 돌린다. 그럼 고3 때는 무엇을 공부해야 할까? 바로 사설 모의고사다. 예전에는 사설 모의고사의 문제의 질이 좋지 않았다. 그러나 요즈음에는 퀄리티가 굉장히 좋아졌다. 오히려 수능시험이 사설 모의고사를 베껴 낸듯한 느낌이 들 정도다.

수능 기출 및 사설 모의고사를 잘 풀려면 그 문제들에서만 쓰이는 다양한 스킬들이 필요하다. 그런데 교과서나 교육과정만 충실히 공부하면 그것들을 다 익힐 수가 없다. 즉, 교과서 외의 다양한 문제들을 풀어 봐야 하며, 거기에서만 쓰이는 내용들을 익혀야 한다. 사실 수능시험의 경우는 교과 외적인 지식이 그렇게까지 많이 필요한 것은 아니다. 그러나 고등 내신 수학 시험을 잘 보려면 다양한 지식과 스킬들이 정말 큰 도움이 된다.

결국 교육과정의 내용만을 공부할 것인지, 그것을 넘어서는 문제들까지 다루어 볼 것인지 고민에 빠지게 된다. 만약 교과 외적인 지식까지 다루어야 한다는 결론에 이르게 된다고 해 보자. 그러면 사교육은 필수가 되는 것이고 그로 인한 경제적 부담이 문제가 될 것이다.

고등학생이 보는 모든 수학 문제가, 교과 외의 내용으로 풀면 오히려 풀이가 길어지고, 교육과정 내에서 창의력까지 더해졌을 때 풀리게끔 잘 만들어진다면 좋을 것이다. 하지만 그러기가 쉽지 않다. 그리고 설령 모든 문제가 그렇게 나온다고 해도 개념서에 고등 교육과정을 약간 넘어서서 고등 내용을 내려다볼 수 있는 내용이 있을 때 사람은 자신감을 얻을 수 있다. 뿐만 아니라 지적 허영심까지도 채울 수 있게 된다.

나는 모든 것이 담겨 있는 제2의 《정석》을 만들고 싶다. 고등학교에서 쓰이는 모든 개념들과 더불어, 그 개념을 넘어서지만 알면 좋은 것들, 필요한 것들까지 총망라한 고등수학 대백과사전 같은 책 말이다. 그렇다고 너무 어렵게 쓰고 싶지는 않다. 구체적으로는 다음과 같은 요소가 담긴 책을 쓸 것이다.

첫째로, 모든 수학적 내용들에 대한 증명을 담는다. 증명이 너무 긴 경우에는 방향성이라도 제시해 준다. 실제로 많은 문제들이 '고등 교육과정 외이므로 증명은 생략한다'라는 식의 설명을 많이 단다. 그러한 것들을 모두 증명하거나, 증명이 어려우면 왜 어려운지, 어떤 내용으로 검색해서 더 알아봐야 하는지 쓸 것이다. 그러면 학생들이 왜 고등학교에서 그 부분을 안 배우는지 알게 될 것이다. 나아가 일부 학생들이 수행평가나 소논문을 쓰는 데도 도움이 될 것이다.

둘째로, 스토리를 담을 것이다. 기존의 개념서에는 개념서의 양식에 알맞게 저자의 잡담이나 생각이 들어가 있지 않다. 강사 생활을 해 보면 어떤 부분을 아이들이 어려워하고, 어떤 부분을 쉽게 받아들이며, 무슨 파트를 더 알고 싶어 하는지 알게 된다. 그런 만큼 특정 개념이 나오면 유래는 무엇인지, 이것을 왜 배우는지, 주어진 정의가 왜 자연스러운지, 어떻게 해석해야 하는지 등등을 쓸 것이다. 즉, 혼자 공부하는 학생들이 그 책을 보고 자연스럽게 내용을 받아들이게끔 만들 것이다.

실력정석 교재는 이러한 나의 가치관과 어느 정도 들어맞지만, 고등과정 안쪽으로 들어오려고 몸부림치는 책이다. 나는 과감히 그러한 기준을 깨고 다양한 내용들을 수록해, 실질적으로 학생들에게 도움이 되는 개념서를 만들 것이다. 수학공부를 열심히 하고자 하는 학생, 성장하고 싶은 모든 학생들에게 큰 도움이 되는 책, 곧 출간될 것이다!

대한민국 최고의
수학 공부법 강사 되기

대학입시에서 가장 중요한 과목이 수학이라는 것에 대해선 이견이 없다. '수포자'가 수학을 포기한 사람이라는 것을 모르는 사람은 거의 없다. 이를 통해 많은 사람들이 수학을 어려워한다는 것을 알 수 있다. 나 또한 고등학교 때 수학을 공부하면서 어려움을 많이 느꼈다. 게다가 학원을 한 번도 안 가 봤고, 과외도 받지 않았다. 그랬으니 모르는 게 있어도 물어볼 곳이 없었다. 덕분에 혼자 끙끙 앓으며 공부했다. 그러다 공부법에 관한 수많은 팁들을 터득하게 되었다.

이러한 것들은 강사 생활을 하면서도 업데이트가 되었다. 아이들의 성적을 올려 주는 것이 나의 임무이기 때문이다. 내가 알고 있는 노하우들과 스킬들을 어떻게 잘 정리해서 아이들에게 도움을 줄 수 있을까? 그것은 내가 해결해야 할 숙제이며, 가까운 미래에 완료될 것이다.

그러려면 가장 먼저 무엇을 해야 할까? 조금만 검색해 보면 선배 고수들의 수학 공부법을 쉽게 접할 수 있다. 저마다의 팁이 있고 노하우가 있다. 모두 맞는 말이고 모두 좋은 지식들이다. 하지만 이러한 것들을 알아보기 전에 가장 먼저 짚고 넘어가야 할 것이 있다. 바로 '마인드'다. 즉, 왜 공부를 해야 하는지부터 알아야 한다.

'나는 머리가 안 좋다.' 시험에서 안 좋은 점수를 받았을 때, 많은 학생들이 하는 말이다. 저 아이는 나보다 머리가 좋으니 잘하는 것이다. 전교 1등을 하는 아이는 매일 게임만 하는 것 같은데 나보다 성적이 좋다 등등…. 이러한 생각들에 사로잡히게 되면 절대로 성장할 수 없다. 나 또한 공부를 하며 이러한 생각을 굉장히 많이 했다. 내가 7시간을 공부해서 100점을 받는데, 내 친구는 3시간을 공부해서 100점을 받는다. 이건 너무 불공평한 거 아닌가? 라는 생각 말이다. 결론부터 이야기하자면 세상은 불공평하다. 거기에서부터 출발해야 한다.

모두의 출발선이 같지 않다는 것을 대학에 와서 깨닫게 되었다. 세계 수학 올림피아드에서 수상한 친구들이 내 옆에 있다. 게임을 하다가도 심심하면 수학문제를 푸는 아이들, 배움을 즐기고 확장하는 아이들, 시험 전날 술을 마셔도 모두 A+가 나오는 아이들을 보면 다른 세상의 사람 같다는 생각이 든다. 하지만 내가 깨달은 것이 있다. 인생은 한 번 사는 것이고 후회 없이 살아야 한다는 것이다. 즉, 서로가 노력한 양이 다르더라도 결과가 똑같으면 똑같다는 생각을 해야 한다. 내가 그 목표를 이루었다는 것이 중요하다. 기준을 나와 내 목표에 두어야 하는 것이다.

내가 고등학생이고 모의고사를 봤는데 80점이 나왔다고 하자. 그리고 목표가 100점을 받는 것이라 해 보자. 그러면 노력해서 그 점수를 받으면 되는 것이다. 노력해야 할 양은 (나의 목표)-(현재 실력)에 의해 결정되는 것이다.

그렇다면 목표를 설정해야 한다. 그것을 이루지 못했을 때 내가 얼마나 후회하고 슬플까를 고민하면 목표 설정에 도움이 된다. 이 부분이 사실 제일 어렵다. 국민들의 평균 소득수준이 올라가고 삶의 질이 많이 향상되었다. 때문에 현재 상황에 만족하는 학생들이 굉장히 많다. 명문대에 입학하지 않더라도 먹고살 길이 많은 시대다. 특히나 집안이 유복하면 더더욱 공부의 필요성을 못 느낄 수 있다.

실제로도 맞는 말이다. 공부를 잘하는 것이 인생의 성공으로 이어지는 것은 절대 아니다. 하지만 다른 길들은 더 험난하다. 정확히는 다른 영역에서는 재능이 차지하는 비중이 더 크다. 당신이 아무리 노력해도 메시보다 축구를 잘할 수는 없다. 아무리 힘을 길러도 강호동보다 씨름을 잘하긴 어렵다.

하지만 공부는 다르다. 1등을 하는 것은 쉽지 않지만 1등급에 드는 것은 충분히 할 만한 일인 것이다. 비단 대학입시만이 아니더라도, 우리는 인생을 살면서 많은 공부들을 해야 한다. 그런데 꽤 많은 시험은 타고난 재능보다 노력이 성패를 좌우한다. 따라서 수학공부를 하기 전에도 강한 동기부여가 되어 있어야 한다.

그렇다면 구체적으로 수학은 어떻게 공부해야 할까? 만약 수학공부 팁을 한 단어로 줄여서 이야기해야 한다면 나는 당연히 '생각'이라고 할 것이다. 생각을 정말 많이 해야 한다. 뻔한 말이라고 생각할 수도 있다. 구체적으로 살펴보자.

수학을 처음 공부하면 맞이하게 되는 것이 바로 개념이다. 보통 개념은 '이러한 것을 이러이러하게 부르기로 하자'라는 식의 약속인 경우가 많으니 그냥 받아들여야 한다. 문제는 그다음이다. 그 개념이 사용되는 어떤 성질이 주어진다. 이때, 그 성질을 증명하고 넘어가야 한다. 대부분의 학생들은 이 과정을 소홀히 여긴다. 증명하는 것은 어렵고 귀찮기 때문이다! 그리고 시험에서 차지하는 비중이 작다! 나도 이러한 부분을 인정한다. 때문에 무리하게 증명을 강요하진 않는다. 자칫하다간 수학에 흥미를 잃을 수도 있기 때문이다. 시작은 가벼운 것이 좋다.

이제 쉬운 문제들인 '예제'를 풀게 되고, 그보다 어려운 '연습문제'들을 풀 것이다. 연습문제가 쉬워지면 어려운 종합문제, 이른바

'킬러 문제'들을 풀어야 한다. 사실 이 단계만 천천히 밟아 가면 된다. 그것이 수학공부의 전부다. 문제는 '어떻게 밟아 가느냐?'다.

나도 수학공부를 하며 고민을 많이 했다. 문제를 풀다가 조금만 모르겠으면 답지를 보곤 했다. 답지를 읽고 나면 '이건 나도 할 수 있었던 풀이다. 생각보다 쉽다'라는 생각을 했다. 그리고 그다음 문제들을 풀어 보면 잘 풀렸다. 그렇게 책 한두 권을 끝냈다. 그런데 실력이 늘지 않았다. 당연한 결과다. 애초에 내가 답지는 보는 그 순간 나는 그 문제에 진 것이기 때문이다.

그것을 인정해야 한다. 물론 시간이 더 있었으면 풀 수도 있었을 것이다. 하지만 주어진 짧은 시간 동안에는 난 실패한 셈이다. 그 문제와 비슷한 문제들을 맞힌 이유는 풀이 방법이 유사한 문제들이 문제집에 몰려 있었기 때문이다. 나는 답지를 암기한 것이지 이해한 것이 아니다.

스스로 이런 식으로 피드백을 하기까지는 오랜 시간이 걸렸다. 하지만 이것을 깨닫고 난 후에는 문제를 풀 때, 안 풀리더라도 오랫동안 고민하는 습관을 들였다. 답이 맞았더라도 내 논리에 빈틈이 없었는지 해설과 비교하곤 했다. 그리고 답지에 더 좋은 풀이가 있으면 그것을 흡수해 다음 문제에 적용하곤 했다. 또한 내가 완벽히 이해하고 있는지 궁금해서 문제의 조건이나 숫자들을 변형해 풀어 보았다. 이 경우 답을 확인할 방법도 없고 과정 자체가 쉽지 않았다. 그래서 비슷한 문제들을 다른 문제집에서 찾는 방식으로 공부했다.

막연하게 문제 보고, 풀고, 모르면 답을 보고 넘어가는 것이 아닌 주체적인 공부를 시작하게 된 것이다. 이외에도 공부를 잘하는 친구들과 다양한 문제풀이를 논의해 보기도 했다. 이미 푼 문제도 더 쉽게 풀 수 없는지 고민하기도 했다. 잘 외워지지 않는 성질이나 공식은 그 본질이 무엇인가 계속 생각했다. 이러한 습관이 길러지는 데는 굉장히 오랜 시간이 걸린다. 때문에 공부할 수 있는 시간을 미리 많이 확보해 두었다.

자신이 몇 학년인지, 특목고인지 일반고인지, 성향은 어떠한지, 목표하는 대학이 어디인지 등등에 따라 공부 방법은 천차만별이다. 앞서 이야기한 팁은 보편적인 이야기일 뿐, 개개인마다 상황에 맞는 다른 수학 공부법이 필요하다. 나는 이에 관해 해 줄 수 있는 이야기가 많다. 여기에 다 담기엔 지면이 부족하다. 내가 알고 있는 노하우들을 잘 정리해 무조건 실력이 오르게 되는 공부법을 만들 것이다.

퍼스트 클래스 타고
세계여행 하기

내 생에 첫 해외여행은 가족과 함께 간 중국여행이다. 당시 나는 초등학교 6학년이었다. 비행기를 타는 것부터 설렜다. 말로만 듣던 중국이라는 곳에 간다는 사실이 너무 신기했다. TV에서만 보던 연변에 직접 가 보다니! 그리고 백두산 천지라니! 백두산의 절반은 북한 소속이고 절반은 중국 땅이다. 북한 땅을 바라보며 천지에서 찍은 가족사진은 아직도 집 안 거실에 걸려 있다. 호텔에서 먹은 느끼한 중국탕수육은 아직도 잊히지 않는다.

중국여행은 다른 면에서도 기억에 남는다. 벽이 없는 화장실이라든가, 너무나 더러웠던 동네 뒷골목, 그리고 70년대 우리나라를 보는 듯한 거리 풍경 등이 그랬다. 중국 변두리 지역은 잘사는 도시가 아니었던 것이다. 한국에서의 삶에 감사한 마음을 갖게 한 여행이기도 했다.

두 번째 해외여행지는 미국의 캘리포니아였다. 고등학교 당시 나는 운 좋게 전교 1등을 했다. 그리고 미국에서 사시는 고등학교 선배님들의 초청으로 열여덟 살 때 10일간 미국의 서부를 여행했다. 영화에서만 보던 라스베이거스, 디즈니랜드, 유니버설 스튜디오, 요세미티국립공원, 시카고, UCLA 등등을 구경했다. 그랜드캐니언은 정말 환상적이었다. 그곳을 구경하려고 작은 비행기를 탔었는데 멀미가 나서 고생한 기억 또한 생생하다.

여행 내내 챙겨 주시고, 내리사랑을 몸소 보여 주신 선배님들께 너무나 감사했다. 나도 나중에 내 후배들을 챙겨 주고 싶다는 생각이 들었다. 마지막 날 밤에는 미국에 사시는 선배님들과 가족들이 한데 모여서 파티를 했다. 미국 여행 소감을 발표하고, 멋진 사람이 되겠다고 다짐했던 그 순간을 아직도 잊을 수가 없다.

세 번째 여행지는 필리핀이다. 사실 나는 해외여행을 그렇게 좋아하진 않는다. 실컷 즐겁게 놀다 오구선 무슨 소리냐고 생각할 수도 있다. 이유는 돈이 많이 들기 때문이다. 엄두를 못 냈다는 표현이 정확할 듯하다. 그래서 소소하게 국내에서 못 해 본 것들부터 하자, 라는 마인드였다. 필리핀은 추진력이 강한 대학 동기들 덕에 갈 수 있었다. 졸업여행 차 동기들과 보라카이 해변에 다녀온 것이다.

동남아 여행은 처음이었다. 12월임에도 무척 더웠지만, 아름다운 해변과 현지 분위기를 즐길 수 있어서 좋았다. 입맛이 까다롭지 않은 편이라 그런지 고기 위주의 식단도 마음에 들었다. 마치 수행평가를 준비하듯 여행 계획을 치밀하게 짜고 갔다. 스노클링, 다이빙, 래프팅 등등 액티비티는 모조리 다 해 봤다. 동선을 잘 짜서 최적화된 루트를 따라 돌아다녔다. 꼭 가 보아야 할 음식점들과 관광지도 다 가 봤다. 친구들에게서 여행을 계획적으로 하는 방법을 배울 수 있었다. 해변에서 발야구를 하며 노을을 구경하던 순간이 잊히지 않는다.

한때 취직을 목표로 영어공부를 했었다. 그러나 반드시 들어가고 싶은 회사가 없다 보니 자연스레 공부를 안 하게 되었다. 동기가 부족했다. 학원을 다니면서 토익 공부를 해 봤자, 외국인을 만나면 한마디도 못할 것 같았다. 스스로가 한심했다. 글로벌 시대에 진정으로 필요한 역량은 스피킹이라고 판단했다. 그래서 토익 스피킹 학원과 회화 학원을 다녔다. 하지만 회화 초보들끼리 모여서 공부하니 실력이 늘지를 않았다. 무엇보다 학원에 있지 않을 때는 영어를 쓰지 않으니 계속 제자리걸음이었다.

외국인 친구를 만들면 되지 않을까 생각했다. 혼자 이태원의 펍에 가서 외국인들에게 말을 걸었다. 몇몇 친구들을 사귀긴 했지만 매일 만나질 않으니 큰 진전이 없었다. 학교 내에서 회화 스터디를 만들고 공부하기도 했다. 미국 드라마를 분석하고 단어를 외우고, 내 생각을 이야기했다. 많이 배우게 되었지만, 역시나 한계가 있었다. 뭔가 나를 더 극한의 환경으로 몰아넣어야 했다.

영어권 국가이면서 한국인이 적은 곳이 영국 또는 아일랜드였다. 영국은 물가가 비싸니만큼 나는 아일랜드를 선택했다. 졸업하자마자 떠났다. 주위에선 만류했다. 졸업 후 취직 전까지 공백기가 길수록 취직에 불리하다는 것이었다. 하지만 나는 여차하면 눌러앉을 생각이었다. 때문에 마음 편히 졸업을 하고 가기로 결정했다.

처음 한 달간은 실감이 나지 않았다. 인터넷에서만 보던 유럽의 거리를 내가 걷고 있다. 도시 곳곳에 아름다운 성이 있다. 사방에 외국인이 있다. 그들에겐 내가 이방인이다. 매일이 신기하고 놀라운 일들의 연속이었다. 영어학원에서 만난 유럽 각지의 친구들은 나를 좋아해 줬다. 그들은 나보다 자신감이 넘쳤고 말을 잘했다. 나는 그들보다 수줍어했지만 문법은 뛰어났다. 서로서로 부족한 부분을 배우며 친해졌다.

비슷한 일상이 반복되고, 매일 보는 풍경에 익숙해진다. 관광이 아니라 삶인 것이다. 생존을 위해 알바를 하지만 큰돈은 벌지 못한다. 1유로라도 더 아끼려고 버스 대신 걸어 다녔다. 동네에서 가장 싼 마트를 찾아다닌다. 외식은 비싸서 집에서 요리를 해 먹었다. 마늘을 사더라도 껍질째 있는 더 저렴한 것으로 샀다. 하지만 그러한 경험들마저 기뻤다. 자립심이 길러지는 느낌이었다.

아일랜드에 다녀온 뒤 영어실력이 많이 늘었다. 그러나 가치관이 바뀐 것이 가장 큰 수확이었다. 나는 군대를 다녀온 직후 이른바 '꼰대마인드'가 강한 복학생이었다. 한국이라는 좁은 땅에서 경쟁하며 지내다 보니 속도 좁았고, 유교사상이 가득했다. 하지만 유럽 각지의 친구들, 특히 스위스 친구들과 친해지며 그들의 열린 사고방식을 배울 수 있었다. 다른 사람의 시선보다는 나 자신에게 솔직하고 충실하게 사는 법을 배우게 되었다. 나이에 관한 벽도 많이 허물어졌다. 이제는 나보다 어린 사람들에게도 존댓말을 쓰는 게 더 편하다.

영어학원에서 친해진 유럽 친구들은 날 집으로 초대했다. 영국에도 가 보고 스위스에도 가 봤다. 거기서 받은 황송한 대접을 잊을 수가 없다. 그들은 같이 여행을 가자고도 많이 제안했다. 하지만 나는 돈이 충분하지가 않았다. 영국까지 가는 비행기는 겨우 2만 원이면 가능했다. 5만 원이 안 되는 가격으로 네덜란드나 아이슬란드에도 갈 수 있었다. 조금만 남쪽으로 가면 모로코를 통해 사하라 사막 투어도 할 수 있었다. 하지만 돈은 부족하고 집에서 빌리기는 싫어서 그냥 포기했다. 참 아쉬운 순간들이다.

남들에 의해 경험했던 외국여행. 그리고 혼자 판단하고 경험한 아일랜드까지. 많지 않은 세계여행 경험이지만 난 많은 것들을 느껐고 행복했다. 지금은 일에 몰두하고 싶고 또 그래야 하는 시기다. 하지만 한국을 벗어난 세상을 경험할 때의 설렘을 기억한다.

나는 성공해 퍼스트 클래스를 타고 다시 유럽에 간다. 아프리카를 가 보고 남미를 구경한다. 가격 눈치 보지 않고 먹고 싶은 것을 먹는다. 좋은 호텔에서 잘 수 있다. 퍼스트 클래스에서 와인 한 잔을 마신다. 지금까지의 행복했던 여행들보다 더 행복한 미래의 여행을 그린다. 현실의 벽에 부닥쳤던 나는, 비현실적인 사람이 되어 세계여행을 떠난다. 곧 그럴 것이다!

좋은 집에서
파티하며 지내기

나는 충남 공주시의 어느 마당이 있는 집에서 자랐다. 텃밭에서는 호박이 자랐으며, 장독대에는 된장이 넘쳐 났다. 강아지와 고양이를 길렀고, 친구들과 마당에서 축구를 하며 놀았다. 날이 좋으면 고기를 구워 먹기도 했다.

언뜻 보면 여유로운 전원생활 같지만 사실은 그렇지 않았다. 집이 낡아서 그런지 벌레들, 특히 '꼽등이'가 굉장히 많았다. 도둑고양이가 들어와서 부엌의 미역국을 휘저어 놓기도 했다. 바퀴벌레는 기본이며, 때때로 온 집 안을 정체불명의 날파리들이 뒤덮기도 했다. 그중 재래식 화장실을 사용할 때가 가장 힘들었다. 더러운 것은 둘째치더라도, 일을 볼 때면 모기와 파리들이 가만두질 않았다. 너무 짜증이 났다. 전 세계의 모든 모기들을 멸종시키는 것이 꿈이었을 정도다. 당시에 나는 모두가 그런 곳에서 사는 줄 알았다.

한옥식 집에서 나오고 나서 조금은 나아졌다. 새롭게 이사 간 집은 자그마한 복층 빌라였다. 2층까지 있었지만 집은 좁았다. 그래도 전보다는 낫다고 생각했다. 그렇게 몇 년을 살다가 열 살 때 서울로 이사를 왔다. 17평짜리 작은 빌라였다. 아버지는 교사셨다. 적은 월급으로 네 식구가 함께 살았다. 큰 집을 구입할 형편이 못 되었다. 우리 가족은 아껴 가며 살아야 했다. 나는 양념치킨을 정말 좋아했다. 치킨 한 마리를 시켜 먹으면서도, 이게 집안 경제에 타격을 주지 않을까 걱정하며 지냈다.

중학생 때의 일이다. 하루는 친구네 집에 놀러 간 적이 있었다. 평창동의 5층짜리 단독주택이었다. 아버지가 사업을 한다고 하셨는데, 어떤 사업인지 기억이 나진 않는다. 내 기억에 남은 것이라곤 집이 너무 커서 미로 같았다는 것이다. 나는 당시 사춘기를 겪고 있었고, 우리 집은 너무 좁았다. 때문에 친구들을 집에 한 번도 데려오지 않았었다. 그 친구네 집 지하실에 마련된 노래방에서 노랠 부르며, 나도 큰 집에서 살고 싶다는 생각만 들었다.

집으로 인해 가장 고생했던 시절은 뭐니 뭐니 해도 아일랜드에서 살 때다. 영어를 잘해 보고 싶어 대학 졸업 후 혼자서 무작정 아일랜드로 떠났다. 처음 한 달간은 적응하기 위해 홈스테이를 선택했다. 매달 일정 금액을 지불하고 현지인의 집에서 방을 얻어 지내는 것이다. 모든 시설이 깔끔했다. 매일 요리도 해 주신다. 같이 대화하며 영어실력도 늘릴 수 있다. 홈스테이는 정말 좋다. 문제는 돈이다. 돈을 아끼고자 한 달 뒤에 나는 브라질 학생 3명이 사는 집으로 이사를 갔다.

한 집에 4명이 살면서 집값을 나누어 내면 경제적으론 훨씬 이득이다. 하지만 다른 문제가 있었다. 먼저 집이 너무 낡았다. 화장실도 좁고, 빨래를 널 공간도 부족했다. 하지만 난 그러한 부분엔 큰 욕심이 없었다. 때문에 참을 만했다. 그러나 진짜 문제는 다른 곳에 있었다. 브라질 학생들이 너무나 시끄럽다는 것이다!

나는 브라질 남학생과 한 방을 썼다. 그런데 그는 항상 큰 소리로 친구들과 통화를 했다. 조용히 해 달라고 해서 좀 나아지긴 했었다. 거실에선 브라질 친구들 3명이 모여서 모국어로 크게 떠들고 즐겁게 놀았다. 같이 어울려 놀면 어떨까 생각도 해 보았고 시도도 했다. 하지만 영어를 잘하는 친구들도 아니었고 성향도 맞지가 않았다. 4명의 사람이 동등한 위치에서 서로 배려하며 살길 기대했다. 하지만 그들의 아지트에 얹혀사는 느낌이 들었다. 결국 3주 만에 새집으로 이사를 하고 만다.

아일랜드에서의 세 번째 집은 깔끔한 최신식 아파트였다. 지인의 소개로 정말 운 좋게도 태국 가족을 알게 되었고, 방 하나를 빌려 쓰게 되었다. 모든 시설들은 깔끔했다. 공간도 넓었고, 좌식 형태로 지내는 것도 잘 맞았다.

그 가족은 태국식당을 운영했다. 나는 공짜로 태국 요리들을 맛볼 수 있었다. 나는 보답으로 다양한 한국 요리들을 해 줬다. 제육볶음, 닭볶음탕 등을 해 줬다. 맵긴 했지만 반응은 좋았다. 유치원에 다니는 그 집 딸아이는 나와 영어실력이 비슷했다. 우리는 같이 대화하고 놀면서 지냈다. 두 번의 이사 끝에 만족스러운 집을 얻은 것이다! 집이 편안해지니 다른 것들에 집중할 수 있었다. 그렇게 짧은 외국 생활은 성공적으로 끝났다.

좋은 집에서 지내려면 돈이 있어야 한다. 큰 집에 사는 사람은 거기에 걸맞은 부를 누리고 있는 것이다. 또한 생활용품, 자동차 등등 다른 부분에서도 고가의 제품을 사용할 것이다. 결국 좋은 집에서 살고 싶은 내 욕망은 경제적인 자유를 누리고 싶다는 말과 같은 것이다.

넓은 집에 관한 경험은 많다. 내가 과외를 했던 성북동의 어느 집은 영화 〈기생충〉에 나오는 집과 똑같았다. 마당은 잔디밭으로 금세라도 바비큐 파티를 열 것만 같은 분위기였다. 한강이 보이는 지인의 집은 내가 결코 살 수 없는 다른 세상의 공간 같았다. 높은 곳에서 내려다보는 서울은 너무나 아름다웠다. 스위스 친구의 집은 알프스 산맥이 보이는 호화로운 저택이었다. 그 집에서 위스키 한 잔을 마시며, 나도 반드시 큰 집에 살면서 친구들을 대접하리라 다짐했다.

직접 가 보지 않더라도 인터넷을 통해서 멋진 집들을 많이 볼 수 있다. 전 국민이 다 아는 가수 서태지는 자기 능력으로 돈을 벌었고, 거대한 저택에서 지낸다. 축구 실력 하나만으로 최고의 자리에 오른 박지성은 부모님에게 넓은 집을 선물해 주었다. 여러 성공한 유튜버들은 새로운 집을 장만하고, 자랑하는 영상을 올린다. 유명해진 아이돌은 호화로운 집에서 지낸다. 그리고 힘들었던 시절을 이야기한다.

나는 부자로 태어나지 않았다. 그래서 그런지 자기 힘으로 부를 거머쥔 사람들에게 관심이 많다. 그런 사람들을 보면 부럽기도 하고 자극을 받기도 한다. 단순노동으로 돈을 벌어서는 큰 집을 살 수 없다. 서울의 집값은 너무 비싸다. 지금의 성장 기울기로는 도달할 수 없다. 하지만 근거 없는 자신감을 갖고 믿음으로 나아간다.

내가 경험한 것들을 상품화한다. 내 가치를 남에게 판다. 그리고 성장한다. 좋은 결과는 나를 더 자극한다. 또한 좋은 결과는 또 다른 아이디어를 낳는다. 힘이 난다. 더 열심히 일해서 더 좋은 결과를 만든다. 그 와중에 부는 축적된다.

서울 근교에 땅을 산다. 집은 두 채를 짓는다. 하나는 내 집이고 하나는 부모님 집이다. 부모님 집은 예쁜 '땅콩집'으로 짓는다. 나를 위해 고생하신 부모님은 노년을 편안히 보내신다. 내 집은 내가 디자인하고 설계한다. 넓은 마당엔 수영장이 있고 큰 진돗개가 뛰어논다. 아침마다 뒷동산을 오르며 같이 운동한다. 날씨가 좋은 날엔 테이블을 깔고 지인들을 초대한다. 엠티를 온 것 같은 기분이다. 고기를 구워 먹고 와인을 마시며 놀다가 잠든다.

내 개인 연구실과 서재는 따로 있다. 나는 끊임없이 자기계발에 몰두한다. 거실엔 커다란 TV와 소파가 있다. 극장에 갈 필요가 없다. 방음이 잘되는 집 안 노래방에선 언제든지 스트레스를 풀 수 있다.

정말 멋진 나만의 집. 나는 곧 이사 간다.

PART
7

최고의 작가이자
드림 워커로서
긍정적 영향력
행사하기

· 박혜주 ·

박혜주
라이프 코치, 드림 워커, 감정노동 관리자, 영업하는 누나, 직장인, 여행자,
자기계발 및 동기부여 작가

대학 졸업 후 공장부터 마트 행사, 국가 행사, 청원경찰, 과외, 창업, 호텔, 패스트푸드점, 맨몸 어학연수, 멕시코 1달 살기, 호프집, 옷가게, 곱창집까지 20개가 넘는 일과 다양한 경험을 한다. 도전하는 습관 그대로 실전 영어 회화를 공부하고 싶어 미군 부대 일을 지원했다. 회사에 다니면서도 행복을 찾을 수 있다는 희망을 몸소 실천하고 자신을 찾는 과정을 통해 'ME FIRST'를 외친다. 직장이나 삶에서 감정 관리를 잘할 수 있게 솔루션을 제시하며 회사원이자 작가로서 실천적인 삶을 살고 있다.

작가로
상위 10% 안에 들기

어린 시절 내가 가장 좋아한 것은 독서와 글짓기였다. 출판사를 다녔던 아버지의 영향도 있었다. 하지만 책을 읽다 보면 자연스럽게 책 속으로 빠져 들어갔다. 재미있게도 학교에서 글짓기 대회가 있으면 무조건 상을 탔다.

"위 어린이는 문학에 대한 재능이 남달리 뛰어나 앞으로 미래의 문학계를 이끌어 갈 자질이 인정되어 졸업에 즈음하여 이에 상장을 줍니다. 2000년 2월 17일 전교생 대표 글짓기 상. 박혜주."

교육부가 후원하고 사단법인 〈한국안보교육협회〉가 주최한 '북한 바로 알기 운동 남북한 생활상 비교 글짓기 교내 대회'에서 입상했을 때도 나는 몰랐다. 제2 건국운동 실천 과제의 일환으로 〈광명청년회의소〉가 주최한 '기초 질서 지키기' 백일장 시장상을 탔을 때도 나는 몰랐다. 2003년 양성평등 글짓기 대회에서 최우수상을 탔을 때도 나는 몰랐다. 내가 좋아하고 잘하는 것이 글짓기라는 것을 말이다.

책을 좋아했고 글로 표현할 때 좋았다. 내 생각을 정리해 글로 나열할 때 행복했다. 환경의 날, 통일 안보, 소감문 쓰기, 기행문, 시화 부문, 일기 부문, 독후감 쓰기 등 살아오면서 받아 온 수많은 백일장 상장과 글쓰기 상들이 내 인생에 힌트를 주고 있었다. 그럼에도 불구하고 어른이 된 후 나는 글쓰기를 까맣게 잊었다.

나를 찾는 과정을 통해 내가 무엇을 잘하는지 그리고 어떤 것을 좋아했는지 명확히 알았을 땐 책을 쓰고 싶었다. 어떤 주제가 주어져도 쓸 자신이 있었다. 다만 성인이 되어 글을 쓰지 않은 지 10년이 지났다. 그리고 영어영문학과를 졸업하고 지속적으로 사용한 언어가 영어였다. 그런 점으로 미루어 나는 한국어와 영어 그어느 것도 잘하지 못하는 바보가 되어 있었다.

신기하게 여덟 살부터 열아홉 살까지 11년간은 꾸준히 글을 썼다. 30장이 넘는 글짓기 상들은 내가 글을 꾸준히 썼다는 걸 보여 준다. 그리고 난 스무 살부터 서른세 살까지 단 한 자의 글도 쓰지 않았다. 대학생활을 하면서 조별 과제를 위한 파워포인트와 에세이 작문 과제를 한 것을 빼곤 말이다. 딱히 내 생각을 풀어낸 적이 없었다. 여행을 다니면서 일기를 쓰곤 했는데 그게 만약 글쓰기라면 글쓰기였겠다.

때론 글 쓰는 행위가 오글거린다고 생각하기도 했다. 책을 쓰고 작가가 된다는 생각은 하지도 못했다. 작가라는 직업은 꽹장히 고귀하고 고고하며 배고픈 일처럼 느껴졌기 때문이다. 20대에 일반적이고 평범한 대부분의 사람들처럼 취업을 준비하고 취직을 해야 했다. 남들이 가는 길대로 나도 모르게 데굴데굴 굴러갔다. 정신을 차렸을 땐 이미 7년 차 회사원이 되어 있었다.

사실 난 회사생활이 좋았다. 근무 환경도 좋았으며 자유롭고 즐거운 분위기였다. 어디든 속하게 되면 재미있게도 새로운 세상을 만나게 된다. 알지 못했던 분야를 배우게 되고 새로운 지식이 쌓인다. 마음의 확장만큼 지식이 확장되는 경험 역시 매력적이다. 대부분의 사람들이 할 수 있는 경험을 한다는 것도 축복이다.

내가 회사원이 아니었다면 회사원을 위한 책을 쓰지 못할 것이다. 내가 학생이 아니었다면 그들을 대변하는 사람이 되지 못할 것이다. 내가 사업을 해 보지 않았다면 사업자의 마인드도 생각하지 못했을 것이다. 만약 내가 누군가로부터 공감을 얻는다면 두루두루 부단히 살아왔기 때문일 것이다.

대기업을 다니면서 많은 것을 배웠다. 원하는 게 있고 얻고 싶은 게 있으면 손해를 감수하더라도 최대한 빠르게 취해라. 어차피 그 손해는 한시적일 뿐이니 시간을 벎으로써 얻어지는 가치를 생각해라. 그들은 무엇이 고장 나면 재구매를 위한 시간을 소비하지 않는다. 즉각적으로 행동하고 매출을 올린다. 이미 완벽한 프로세

스가 구축되어 있는 만큼 시간을 낭비하는 행위가 최소화된다. 연 매출 4,500억 원 이상의 거대 조직의 생리. 이를 연결하는 촘촘한 협업. 그 구성원으로서 혼자가 아닌 여럿의 힘을 배우며 진정한 가치 창출의 힘을 알 수 있었다.

어릴 때부터 욕심이 많았던 난 내가 가지고 싶은 것 하고 싶은 것은 어떻게든 했다. 못 하는 것이 있을 땐 악바리처럼 이를 악물고 꽁지라도 따라갔다. 회사생활을 하면서 업무를 완벽하게 하고 싶다는 생각이 들었다. 그러면서 나도 모르게 이를 악무는 버릇이 생겼다. 숫자와 씨름해야 하고 실수를 용납하지 않는 성격 탓에 매번 습관적으로 정신을 집중했다. 어느 날 승모근이 뭉쳐 어깨가 두툼해지고서야, 턱이 아프고 거북목 증상이 나타나고서야 비로소 완벽한 업무에서 벗어날 수 있었다. '충분히 잘해 왔어.' 나를 인정한 순간 선물을 주고 싶었다.

매번 긴장하고 살았던 삶에 진정한 선물이 된 건 글쓰기다. 생각이 커지고 마음이 넓어지는 과정 속에서 내가 느낀 작은 생각들을 기록하고 풀어내고 싶었다. 유일하게 자신 있고 재미있었던 글쓰기와 독서를 떠올린 그 순간 책을 써야겠다고 다짐했다. 삶의 다양한 모습 속에는 회사원인 나도 있었지만 잊고 있던 나도 있었기 때문이다.

작가 타이틀을 가진 회사원이야말로 내가 생각하는 정확한 이상향에 가까웠다. 현실에 안주하는 듯 안주하지 않는 이중적인 삶이 마치 일탈을 하는 기분이 들었다. 마치 비밀 요원이 된 듯한 느낌도 들었다.

결심한 순간 주저하지 않았다. 책을 쓰기 전과 쓴 후의 모습을 상상했을 때 나에겐 책을 쓰는 것이 발전적이었다. 무언가를 다르게 행동하지 않으면 지금과 똑같은 회사원으로 남을 터였다. 어제보다 발전된 모습으로 살기 위해선 어제와 다른 행동을 하면 된다. 목표를 정한 순간 빠르게 실행하는 일만 남았다. 시간을 낭비하고 싶지 않았다. 때문에 이 분야에서 최고를 찾아 배우고 글을 쓰기만 하면 될 뿐이었다.

한책협의 김태광 대표는 사업적으로 천재적인 수완을 가지고 있다. 내가 유심히 본 부분은 책과 잡지의 최단기간 최대 출판 부문상을 탄 이력이었다. 내가 배우고 싶은 부분을 정확히 가진 사람이었기 때문에 나는 곧장 문을 두드렸다. 성공하기 위해선 성공한 사람을 따라 하기만 하면 된다. 내가 책으로 성공하기 위해선 김태광 대표를 따라 하기만 하면 된다. 그처럼 부단히 글을 쓰고 그처럼 행동하고 그처럼 생각하면 된다. 성공한 사람은 항상 자취를 남긴다. 나는 그의 자취를 똑같이 따라 한다. 그러면 나 역시 그 분야에서 성공할 것이다.

좋아하는 일을 하기 위해 돈을 벌기로 했다. 회사를 다녀야 할 진짜 이유가 생겼다. 돈을 벌어야 책을 쓸 수 있다. 배고픈 작가에게서 글이 나온다지만 난 배고프면 글이 잘 나오지 않는다. 허기져서 글에 집중할 수가 없다. 기본적인 안정이 깔려야지만 나를 위한 글이 나온다.

내가 잘하고 좋아하는 분야를 발견했으니 난 앞만 보고 달릴 것이다. 지속적으로 책을 꾸준히 쓸 것이다. 두 달에 1권씩 책을 쓸 것이다. 완성하지 못한다고 해도 세 달에 한 번씩 책을 쓸 것이다. 10년 동안 하지 않았던 나의 모든 글쓰기를 지금부터 지속적으로 할 것이다. 작가라는 타이틀로 상위 10% 안에 들 것이다. 가장 많이 글을 쓴 작가도 좋고 베스트셀러, 스테디셀러 작가도 좋다. 어떤 것이라도 좋은 만큼 난 지속적으로 꾸준히 글을 쓸 것이다. 그렇게 내가 좋아하고 잘하는 분야에서 상위 10% 안에 들 것이다.

글을 쓰는 건 나에게 스트레스 해소의 과정이다. 책상에 앉아서 글을 쓰는 순간 정신이 맑아지고 행복하다. 잠을 자기 싫을 만큼 그동안 쓰지 못한 생각들을 풀어내고 싶어 손가락이 근질거린다. 최고에게 배웠기 때문에 빠르게 나아갈 수 있다. 난 내가 좋아하고 잘하는 분야에서 최고가 될 수 있는 행운을 움켜쥐었다. 난 정말 럭키 걸이다.

감정노동자를 대변하는
최고의 조력자 되기

수많은 아르바이트를 해 보며 경험을 쌓았다. 빵집부터 공장까지, 때론 다양한 단기 행사도 했었다. 외국에 나가서도 마찬가지였다. 돌고 돌아 미군을 위한 고객서비스를 할 땐 경험들이 합쳐져 좋은 성과를 냈다. 난 항상 고객의 입장을 대변했다. 어떻게 하면 최선의 결과를 낼 수 있을지 매일 고민했다.

반대로 감정노동자인 나에게도 물었다. 난 잘하고 있는가? 내 감정은 존중받고 있는가? 감정이 고객에게 어떤 영향을 끼치고 있는가? 그런 물음들은 나아가 도대체 감정노동이 무엇인가로 연결되었다. 감정노동자의 범주는 어디까지인가? 어떻게 해야 옳은 감정노동을 할 수 있는가? 확대해 감정노동과 한국의 문제점이 보이기 시작했다. 고객은 진짜 왕인가? 한국은 왜 감정노동자를 하대하는가?

감정노동의 범주는 단순히 서비스직에만 국한된 것도 아니었다. 내 주위의 모든 사람이 감정을 사용하는 감정노동자였다. 하지만 그들은 본인이 감정노동자인지도 인식하지 못한다. 직장생활 중 조직생활도 감정노동이다. 어떻게 조직문화에 융화되어 상사와 좋은 관계를 유지하고 협력사와 협업할 수 있는지. 이 모든 과정에는 감정이 들어간다.

하지만 단지 업무의 모양이 다르다는 이유로 그들을 보호해 줄 장치는 마련되어 있지 않았다. 2019년이 되어서야 '직장 내 괴롭힘 금지법'이 시행되었고 근로기준법이 개편되었다. 누군가 죽어 나가고 문제가 생기니 이제야 급하게 법을 만든 것이다. 문제는 진정한 해결책조차 알지 못한다는 것이다. 정책을 만드는 그들은 단 한 번도 감정노동을 해 본 적이 없기 때문이다. 그들은 단지 현상을 막기 위해 금지법만 만들었을 뿐이다.

나는 감정노동자였다. 누군가를 만나 영업을 하고 서비스를 제공하는 데도, 회사생활 속 인간관계를 맺는 데도, 매번 감정을 사용했다. 사람과 사람, 관계 안에서 감정을 소비하고 이익을 창출하는 것이 일상이었다. 그랬던 만큼 나는 자연스럽게 내 감정을 지키는 법을 알게 되었다. 업무로부터 나를 지키기 위해 매번 스스로를 단단하게 만들었다. 그러면서 어떻게 하면 수익을 올릴 수 있을지 고민했다.

그 결과 나는 나를 지키며 매출을 올릴 수 있는 방법이 있다는 것을 알게 되었다. 그리고 이를 직장 동료, 친구들에게 알려 주었다. 그들과 나는 함께 변화했으며 앞으로 나아갔다. 그리고 나는 깨달았다. 나뿐만 아니라 감정노동에 노출되어 있는 친구, 동료 그리고 노동자들을 위해 그 방법을 정리해 알려야 한다는 것을 말이다.

"개구리 뒷다리, 따라 해 보세요. 개구리 뒷다리이이이, 스마일."

심리상담가, CS 강사들은 이론에만 충실하다. 고객서비스 강의를 할 때 그들이 하는 말은 매번 똑같다.

"웃으세요. 멘트 기억하세요. 맺음말 잘하세요."

강사라는 사람들이 이론에 짜 맞춰진 정형적인 강의를 한다. 솔직히 말해 고객서비스나 감정노동에 대해 진정한 고뇌를 했는지 의심도 든다. 그들은 과연 최전방에서 전력을 다해 고객서비스를 했던 사람들인가. 이런 의구심이 들 때 그들 역시 고객서비스를 잘 알지 못한다는 생각을 한다.

나를 만족시키지도 못하면서 무슨 교육이란 말인가. 적어도 고객서비스를 교육하는 사람들은 본인들의 고객인 직장인들을 만족시킬 만한 교육을 들고 와야 하는 것 아닌가. 하루에 수백 명, 수천 명의 고객을 상대하면서 얼굴 근육에 경련이 올 때까지 개구리 뒷다리만 연습한다고 한들 고객이 만족하겠는가. 억지웃음만큼 인위적이고 무서운 건 없다. 기업에서 보여주기 식으로 시행하는 억지웃음 만들기 교육만 배우고 나면 현장에서는 매번 통곡소리가 난다.

《90년대생이 온다》에서 임홍택 작가는 이런 말을 했다.

"사전에서 꼰대란 은어로 '늙은이'를 지칭하거나 학생들의 은어로 '선생님'을 이르는 말이다. 그러나 아거가 2017년에 쓴 《꼰대의 발견》에 따르면 오늘날 꼰대라는 단어는 특정 성별과 세대를 뛰어넘어 '남보다 서열이나 신분이 높다고 여기고, 자기가 옳다는 생각으로 남에게 충고하는 걸, 또 남을 무시하고 멸시하고 등한시하는 걸 당연하게 여기는 자'를 지칭한다.

꼰대들은 본인의 과거 경험에 비춰 현재를 마음대로 판단한다. 그들에게 9급 공무원을 준비하는 요즘 세대는 세상의 힘든 일들은 하기도 전에 포기하고, 도전하고자 하는 의지나 패기도 없으며, 근성 따위는 없고, 편한 직업만 찾는 이들로 비춰진다."

유난히 자신을 잘 아는 90년대생들에게는 이러한 모습이 더 강하게 보인다. 부당하면 때려치우고 아니다 싶으면 아니라 말한다. 이직은 일상이며 하고 싶은 일을 하며 산다. 9급 공무원이 뭐가 나쁜가. 회사나 직장은 더 이상 의미가 없다. 또박또박 돈이 나오는 연금복권 같은 공무원, 공기업은 본인의 삶을 살기 위한 옵션일 뿐이다.

디지털 정점의 시대 그리고 최대의 취업난 시대에 태어난 그들은 사람과의 관계 자체에 피로감을 느낀다. 본인의 삶이 최우선이며 피로한 것은 하고 싶어 하지 않는다. 나의 시간, 나의 사람, 나의 것이 가장 중요하다. 동기부여 없이는 감정노동을 견디지 못한다.

하지만 그들도 알아야 한다. 그놈의 연금복권 같은 직장생활을 버티려면 감정노동을 알아야 한다는 걸 말이다. 노량진 학원에서 악착같이 공부해 공무원이 되면 꿀 빠는 사회생활이 기다리고 있을 것 같은가? 아니다. 진정한 꼰대와 마주치는 새로운 시험이 기다리고 있을 뿐이다. 시민들을 위한 진정한 서비스 최전방인 동사무소에 있을 것이다.

버티며 참던 시대는 끝났다. 하지만 적어도 연금복권을 주는 곳에서는 어쨌든 버텨야 할 것 아닌가? 반대로 조직도 어떻게 해야 새로운 조직원들을 묶을 수 있을지 반드시 고민해야 한다. 일탈하는 90년대생에게 수익을 창출할 수 있게 해 주는 동기 말이다. 조직도 개인도 지금은 진정한 재정비를 해야 할 시기다.

누군가에게 내 감정을 전달해 기쁨을 주었고, 때로는 해결사가 되기도 했다. 영업의 최전선에서 목소리를 내고 마음을 전달해 수익을 냈다. 때론 회사의 한 구성원으로서 좋은 인간관계를 유지하고 협업했다. 즐겁게 녹아들었던 이 모든 일련의 과정은 결국 업무의 일환이고 노동이다. 정당한 보상과 휴게시간을 원하는 건 당연한 일이다.

하지만 당연한 걸 요구하는 것이 이상한 사회가 되어 버렸다. 어느새 직장 내 괴롭힘, 따돌림에 예민한 사람이 되어 있다. 노조에 들면 배신자가 되고 부당한 인사이동이 일어난다. 거기다 불공평한 낙하산들이 즐비하다. 사회는 우리에게 참아라, 버텨라 가르친다. 하지만 세상은 변했고 옛날과 다르다. 참는 시대도 버티는 시대도 끝났다.

내 사람들이 아프다. 버티고 참으며 열심히 살았던 그들이 무기력을 호소한다. 폭음을 하고 신세를 한탄하며 현실을 회피한다. 살아야 할 이유, 살아가야 할 꿈을 잃는다. 우울증, 알코올 의존증, 알코올 중독증, 일 중독증 등 무언가에 중독된 채 살아갈 뿐이다. 부단히 달리기만 했던 그들은 상상의 종착점을 만나고 나서야 현실을 본다. 그 현실은 차갑고 냉정하며 아름답지도 않다. 그리고 여유와 행복을 주지도 않는다. 잘못되었다는 것을 인지한 순간 방향을 잃고 무기력해진다.

나는 그들을 위해 방향을 잡아 주고 앞으로 나아갈 수 있게 하는 조력자가 될 것이다. 내 경험을 바탕으로 그들을 이끌어 줄 수 있는 사람이 될 것이다. 감정노동에 노출되어 있는 노동자들이 올바른 방향을 잡을 수 있는 방법을 정리한 책을 쓸 것이다. 진정한 고객서비스와 현장 경험을 바탕으로 허구가 아닌, 진짜 그들을 대변할 수 있는 방법을 제시할 것이다. 한국의 고객서비스 문화와 감정노동에 대한 인식을 변화시킬 수 있도록 선두에서 목소리를 낼 것이다. 약자를 위한 최고의 조력자가 될 것이다. 나아가 한국의 발전에 한 획을 그을 예정이다.

최고의 드림 워커이자 드림 헬퍼가 되어
전 세계에 나를 알리기

삶은 참 재미있다. 내가 경험했던 모든 사건과 사고들은 지금 내 모습과 연결되어 있다. 무심히 넘어갔던 작은 일들이 모여 현재의 모습으로 나타난다. 초등학교 일기장만 봐도 내가 무엇을 상상하고 원했는지, 그리고 왜 내가 지금 이 모습으로 있는지 알 수 있다.

5월 14일 목요일 날씨 : 맑음, 제목 : 푸른 꿈을 가슴에 안고
장래희망은 소설가. 즉 작가다. 나는 작가라는 꿈을 안고 열심히 노력한다. 내가 존경하는 인물은 안데르센이다. 안데르센은 가난하지만 스스로 노력해서 글을 썼다. 어린이와 어른이 함께 읽는 동화를 만들어 책, 이야기를 남겼다. 나는 그런 작가가 되고 싶다. 그런 작가가 되려면 용기를 가져야겠다고 생각했다. '푸른 꿈을 가

슴에 안고.' 푸른 꿈에 대한 희망을 가지면 꼭 장래희망을 이룰 수 있다는 생각이 든다.

열두 살의 박혜주 어린이는 푸른 꿈을 가슴에 안고 작가가 되고 싶어 했다. 하지만 입시 준비와 취업 준비, 취직을 하면서 꿈이라는 것을 잊고 살았다. 까마득하게 잊고 있던 어린 시절의 꿈을 글을 쓰게 되면서 확인했다. 10권이 넘는 어린 시절 일기장을 뒤져보며 도대체 나는 어떤 사람이었는지 원초적인 것부터 알아 가기 시작했다. 순수하고 때 묻지 않았던 시절의 나와 지금의 나를 두고 되물었다. 그리고 나는 다시 푸른 꿈을 꾸던 시절로 돌아왔다.

하지만 지금의 난 그때와 다르다. 많은 것을 경험했고 현실을 직시한다. 그리고 그 모습이 내 글에 다양한 모습으로 보인다. 꿈으로 돌아오기까지 나에겐 20년이라는 시간이 걸렸다. 누구는 빠르다고 할 것이고, 누구는 늦다고 할 것이다. 어떤 이는 허황되다 할 것이고, 바보 같다고 할 것이다.

꿈을 잃어버린 20년 동안 경험한 모든 것들이 지금의 나라는 사람을 만들었다. 결국 꿈을 찾기 위해 도전했던 작은 경험들 덕분에 나는 다시 푸른 꿈속으로 들어갔다. 신기하게도 스치듯 지나갔던 모든 사건사고들이 마치 지금의 나를 위해서 필요했던 훈련 과정이었다는 생각이 든다.

나의 모든 경험 조각들은 결국 연결되어 나에게 또 다른 꿈을 꾸게 한다. 이렇게 사는 것이 맞는가? 왜 꿈이 없는가? 무엇을 위해 열심히 사는가? 때론 좌절하고 절망하기도 한다. 나에게는 왜 이런 시련들이 닥치는가? 스스로를 내려놓고 버리는 과정도 반복했다. 다행히 정말 좋은 사람들을 만났으며 그들로 인해 성장하고 나아 가며 감사했다. 그렇게 우리는 서로를 끌어 주고 밀어주며 마주 보 았다.

꿈을 잃어버린 사람들에게도 사실 꿈이 있었다. 꿈이라는 말이 사치처럼 느껴지는 어른이 되면 켜져 있던 꿈의 불꽃이 꺼진다. 초 등학교 졸업앨범을 보면 사진 밑에 장래희망이 적혀있다. 선생님, 과학자, 연예인, 작가, 발명가 등 분명 우리가 꿈꿨던 모습들이 있 었다.

그러다 공부를 하면서 꿈은 학교가 되고, 나아가 들어가고 싶은 직장이 된다. 꿈과 연결되면 더할 나위 없겠지만 대부분 성적에 맞 추느라 스펙에 맞추느라 여념이 없다. 우여곡절 끝에 직장에 들어 가면 다시 목표를 잃고 방황한다. 돈을 벌어 집도 사야 하고 결혼 도 해야 하며 노후를 준비해야 한다. 꿈은 순식간에 돈 벌기로 바 뀐다.

고뇌와 방황, 바닥을 치는 과정을 통해 내가 느낀 것이 있다. 기 대는 고통의 원천이며, 바닥 밑에는 또 바닥이 있다는 것, 정상 위엔 내려가는 길뿐이라는 것이다. 위만 보고 정상에 올라가다 보면 잘 내려가는 법을 알 수 없었다. 기대를 하면 반드시 고통이 따랐다. 내가 밑바닥이라고 생각하면 항상 그보다 더 깊은 바다이 있었다. 내가 아는 것은 빙산의 일부일 뿐 거대한 무언가는 나를 항상 이리저리 끌 뿐이었다. 나는 세상의 누군가 그려 놓은 큰 그림 안에서 끌려다니는 작은 개미일 뿐 특별하진 않았다.

세상 일이 내 마음대로 되는 게 아무것도 없다 할지라도 내 마음 단 하나는 내가 정할 수 있었다. 그래서 다시 되묻고 물었다. 그리고 결심했다. 하고 싶은 것을 하자. 앞으로 나아가기 위해서는 맷집을 기르거나 아무것도 하지 않는 것이 좋다. 아무것도 하지 않으면 적어도 반이라도 가기 때문이다. 하지만 난 전자를 택했다.

내 특기는 실패였으며 내 장기는 실패해도 일어나기였다. 한번 넘어져도 다시 일어났다. 실패하면 그걸 바탕으로 다른 실패를 했다. 실패가 쌓이고 쌓이니 실패를 적게 하는 노하우가 생겼다. 어느 순간 주저하지 않게 되었다. 쓰린 패배감 역시 이미 아는 것이었다.

실패해 보니 내가 무엇을 잘하는지도 눈에 보였다. 그리고 이를 바탕으로 또 다른 계획을 세웠다. 삶의 우선순위가 생기니 빠르게 앞으로 나아갈 수 있었다. 주저할 이유가 없었기 때문이다. 적어도 아무것도 안 하는 사람보다 원하는 것을 얻을 확률이 컸다. 실패하고 우두커니 있으면 결정적으로 아까운 세월이 지나간다. 어차피 가만히 있지 않을 거라면 빨리 일어나 앞으로 나아가는 것이 최선이었다. 그래서 나는 다시 또 일어섰다.

상대방에게 좋은 영향을 주는 것을 좋아하며 그 과정과 결과에 뿌듯함을 느낀다. 그 과정 속에서 나 역시 성장하고 나아가며 삶의 감사를 느낀다. 어린이와 어른이 함께 읽고 느낄 수 있는 이야기를 쓰고 싶다. 그들에게 잃어버린 꿈을 찾을 수 있게 도와주고 끌어주고 싶다. 누군가 나로 인해 변화하고 나아갈 수 있기를 바란다.

세상이 아무리 회색빛이라도 마음속에 있던 푸른 꿈을 꺼낼 수 있다면 그 이후의 세상은 내가 원하는 색깔로 변하게 될 거라는 것을 알게 할 것이다. 칙칙한 세상이지만 희망과 꿈을 가진다면 그 이후의 삶은 훨씬 풍요롭고 행복할 것이다. 한국에 국한된 것이 아닌 전 세계의 모든 사람들이 공감하고 영감을 얻을 수 있는 이야기를 쓸 것이다. 좋은 영향력을 행사할 수 있고 감사하는 마음을 알 수 있도록 좋은 조력자가 될 것이다. 다양한 경험을 통해 느꼈던 이야기들로 여러 분야에서 꿈을 찾을 수 있게 도와주는 드림 헬퍼이자 드림 워커로 살 것이다. 드림 워커로 사는 것이 실패한 삶이 아닌 진짜 성공을 위한 길이라는 데 목소리를 낼 것이다.

딕 워트하이머는 이런 말을 했다.

"인생의 목적은 성숙하지 않기 위해 싸우는 것이다."

만약 성숙이 꿈의 불꽃이 꺼지는 것이라면 나는 성숙하지 않겠다. 부단히 철없이 나를 찾으며 살겠다. 그런 과정을 통해 누군가 잃어버린 꿈의 불꽃을 다시 켤 수 있다면 난 성숙하지 않기 위해 계속 싸울 것이며 앞으로 나아갈 것이다. 아침에 눈을 떠 잠자기 전까지 내가 하고 싶은 일을 하며 살 것이다. 그리고 그것이 좋은 영향력으로 행사되는 삶을 살 것이다. 최고의 드림 워커이자 드림 헬퍼가 되어 전 세계에 나를 알릴 수 있도록 꾸준히 나아갈 것이다.

네트워크 플랫폼을 구축해
다양한 사람들과 소통하기

세상은 넓지만 가까워졌다. 인터넷이 발달하고 소통이 자유로워졌다. 문화의 경계선은 보다 모호해졌다. 한국에는 더 이상 노벨문학상을 탄 서적만 들어오지 않는다. 다양한 책들이 수입되어 우리에게 이야기를 들려준다. 세상에는 다양한 관점과 시선으로 이야기를 쓰고 말하는 사람들이 생겨나고 있다.

중요한 것은 그들 역시 태초에 작가는 아니었다는 점이다. IT기업 회사원도 있었으며 정신과 의사도 있었다. 때론 평범한 주부가 인생의 철학을 담아 책을 썼다. 어떤 이는 강간을 당하거나 성적 학대를 받은 일생일대의 사건을 책으로 쓰기도 했다. 그들은 항상 같은 이야기를 했다. 나 자신을 믿어라. 내가 상상하는 것은 이루어진다. 높은 야망과 꿈을 가져라. 그런 이야기를 계속해서 전파했다.

작가들은 알에서 깨어나 삶의 가치를 깨닫고 누군가를 감화시키기 위해 글을 쓴다. 수많은 작가들 중 살아남는 자는 몇이나 될까. 작품성과 운, 두 마리 토끼를 잡기 위해선 어떻게 해야 할까? 전 세계에서 유일하게 작가 등용문이 있는 한국에는 아직 노벨문학상 수상자가 단 한 명도 없다. 결정적으로 시인은 전 세계에서 가장 많고 이미지는 누구보다 고고하지만 그만큼 가난하고 배고픈 직업이다.

새로운 네트워크 플랫폼 시장이 열렸다. SNS를 통해 마케팅을 하고 지식을 판매하고 소통하던 서비스는 그 범위가 확대되어 플랫폼이라는 새로운 공간을 만들어 냈다. 다양한 SNS와 유기적으로 결합해 새로운 가치를 창출한다. 재미있게도 '공간의 제공'이 포인트다. 누군가 판을 깔아 놓으면 필요를 하는 사람들이 제각기 모여 서로의 니즈를 충족시킨다. 결국 윈-윈 관계가 성립되는 곳이다.

플랫폼은 과연 어떻게 수익을 낼까? 사실 광고 수익이 대부분이다. 하지만 필요를 위해서 움직이는 이 시장이 결국엔 훨씬 더 커질 것이다. 플랫폼 - 플랫폼과의 협업, 반드시 개인의 가치 창출을 위한 도구로 사용될 것이라 생각된다.

한국은 인터넷 강국이다. 5G를 최초로 실현했고 전 세계에서 가장 빠른 속도의 인터넷으로 정보를 취할 수 있다. 변화에 가장 빠르게 적응하는 사람들이 바로 한국인이다.

나는 디지털의 최전선에서 일했으나 결과는 색다르게 책 쓰기로 돌아왔다. 자기계발서의 본고장이라는 미국, 미국인들과 일했지만 아날로그의 시작인 책 쓰기로 돌아왔다. 빠르게 변화하는 사회 속에서 내가 느꼈던 경험을 기반으로 동기부여와 자기계발을 위한 책을 쓰는 중이다.

내가 흥미로웠던 부분은 테드(TED)다. 이곳은 일종의 재능기부 무대이자 지식, 경험의 공유 체계다. 주제를 제한하지 않고 모든 지적 호기심을 충족하는 게 목표이며 18분 안에 강연을 마무리해야 하는 곳이다. 아마 비슷한 예로 한국에는 〈세바시〉라는 프로그램이 있을 것이다. 알리고 싶은 지식을 공유함으로써 동기부여와 자기계발을 고취시킨다.

내가 원하는 것은 책을 쓴 작가들이 강연할 수 있는 공간이다. 뜨거운 열망을 가지고 본인의 이야기를 작성한 사람들을 위한 플랫폼. 작가와 가깝게 소통할 수 있는 공간 말이다. 어떤 작가라도 독자들과 수평적으로 소통해야 한다. 난 일반인과 작가가 함께 모여 토론하고 강연할 수 있는 공간을 만들고 싶다.

다양한 사람들의 경험을 직접적으로 느끼거나 알고 싶어 하던 시기는 없었다. 그러나 이제는 소통이 모든 일에 근간이 되었다. 불안하고 감정이 고갈되는 사회인 만큼 보다 더 강하고 확실한 것에 목말라할 것이란 생각이 든다.

작가는 그들에게 무언가를 알려 주는 오아시스가 될 것이라 확신한다. 책을 쓴 사람들은 자신만의 줏대가 있다. 그들은 자신이 생각한 내용을 알리기 위해 글을 쓴다. 그들이 강연을 통해 직접적으로 알린다면 책은 재생산될 것이다. 또한 그들의 이야기는 전파될 것이다. 소통의 창구는 누군가에게 긍정적인 영향을 끼칠 것이다. 그 과정을 SNS를 통해 공유하고 전 세계로 송출할 것이다. 그렇게 전 세계인을 감화시킬 수 있을 것이다.

외국인들도 우리의 이야기를 들으며 긍정적인 영향을 받는다. 한국인들의 끈기와 작품성, 동양 고유의 미를 알리고 싶다. 개척해 나가는 인생의 스토리를 전 세계인과 공유함으로써 공감과 응원을 얻고 싶다. 나아가 밀리언셀러라는 새로운 도서시장의 판을 만들고 싶기도 하다.

미국인에게 고객서비스와 영업을 할 때 확실히 알았다. 한국인의 정, 긍정적이고 친절한 마음이 그들을 움직인다는 것을. 사람은 다 똑같다. 얼굴색만 다를 뿐 추구하는 가치는 결국 일맥상통한다. 그렇기 때문에 세상 간의 간격이 좁아질수록 갈 수 있는 길은 많아진다. 다름이 인정되며 새로운 시야가 생기게 된다. 한국의 출판시장과 작가들은 우물 안 개구리에서 벗어나 더 큰 세계로 뻗어 나갈 수 있다. 한류열풍이 불었고 드디어 방탄소년단이 미국인들의 마음을 사로잡았다. 다음 순서는 당연하게 문학이 될 것이다.

서구 문명은 매번 우리의 문을 두드렸다. 그들은 우리를 지배했고 불공정거래를 했으며 자신들이 옳다고 말해 왔다. 강하기 때문에 따르라 말했으며 주도적인 성장에 대해 말해 왔다. 한편으로는 감사와 헌신에 대해 이야기하기도 했다. '아메리칸 드림'은 무에서 유를 창출했다. 평범한 주부가 강연가가 되고 가난한 소녀가 토크쇼의 주인공이 되는 곳이다. 과거의 한국 사회에서는 상상할 수 없는 일이었다. 지금 우리는 미국의 최저임금을 따라잡았고 선진국의 반열에 올랐다. 현재 '코리안 드림'을 실현하고 있다.

평범한 사람이 책을 쓰고 강연을 하고 목소리를 낸다. 한국의 가수들이 외화를 벌어들이고 한국의 예능과 드라마가 전 세계로 수출된다. 책도 이제 전 세계로 빠르게 퍼질 것이다. 세계의 다양한 나라의 문학은 한국에 미친 듯이 수입되었다. 뜨거운 교육열과 입소문이 합쳐졌기 때문일 것이다.

외국의 선진 문화가 갖는 장점은 이미 한국 사회에 흡수되었고 우리는 이를 이미 새롭게 재창조했다. 그리고 충분히 수출할 수 있는 역량을 가지고 있다. 문화의 선진국이었던 한국에 노벨문학상이 단 하나도 없었던 이유는 폐쇄적인 출판시장 때문이었을지도 모른다.

지금은 세계로 한국의 책을 끄집어내야 한다. 영상과 강연을 통해 전 세계인에게 동기부여 해야 할 것이다. 또한 그들이 자연스럽게 한국인의 책을 궁금해하게 만들어야 한다. 자발적으로 그들이 번역하고 수출할 수 있게 만들어야 할 것이다.

부담스럽지 않으면서 자연스럽게 다가갈 수 있는 플랫폼이 생긴 다면 작가와 독자 모두 성장할 수 있는 좋은 발판이 될 것이라 확신한다. 작가 역시 누가 찾아 줘서 움직이는 것이 아닌 스스로 개척해 본인을 알릴 필요가 있을 것이다. 프로필을 올리고 온라인에서 본인의 강연을 들을 사람을 모집한다. 학생, 회사원, 주부 등 다양한 계층이 자신이 선택한 작가에게 직접 강연료를 준다.

작가는 단체를 넘어 개인에게 멘토가 되어 줄 수도 있을 것이다. 본인의 생각을 함께 나눔으로써 서로가 성장하는 환경이 주어질 것이다. 나아가 작가 역시 인지도를 쌓을 수 있을 것이다. 작가들끼리 협업해 자기계발과 동기부여를 위한 프로젝트를 실행하고 영역을 넓힐 수도 있을 것이다. 그리고 이것은 공신력을 가질 것이다.

사실 작가는 정말 배고픈 직업이다. 책을 쓴다고 해서 성공이 보장되는 것도 아니다. 그렇기 때문에 자신의 이야기를 단단하게 적어야 한다. 줏대가 있는 마음은 인종을 넘어 세계인의 공감을 얻을 것이기 때문이다. 내 것으로 채워 넣어야 한다. 그래야 끝까지 살아남을 수 있다. 때문에 내 마음의 정확한 확신을 가지고 실행해야 한다.

나의 글이 긍정적인 영향력을 펼칠 수 있다는 것을 확신한다. 그런 마음과 플랫폼이 합심한다면 자연스럽게 긍정적인 가치를 창출할 수 있을 거라고 나는 확신한다. 현명한 '기버'가 되어 작가와 일반인 모두에게 긍정적인 영향을 주고 싶다.

장학재단을 설립해
진정한 성공 길잡이 되기

내가 생각하는 진정한 성공은 감사다. 살아 있음에 감사할 수 있어야 하며 걸을 수 있음에도 감사해야 한다. 자판을 칠 수 있는 손을 가진 것에도 감사하며 글을 쓸 수 있는 기회에도 감사한다.

바쁜 현대인들은 시작을 항상 잊는다. 감사의 마음을 잊는 순간 내가 어디에서 왔는지 태초의 마음을 잃게 되고 길을 잃는다. 어린아이가 걸음마를 처음 배울 때처럼 감사를 시작해라. 작은 시작은 우리의 삶을 마주 볼 수 있게 한다. 내가 무엇을 비워 냈는지 정확하게 쳐다볼 수 있게 될 것이다. 그렇게 부족한 나를 인정하며 진정한 나를 찾을 수 있다.

매 순간을 감사로 채우면 자연스럽게 베풂의 길이 열린다. 베푸는 행위는 다른 이에게 긍정적인 영향을 줄 수 있다. 결론적으로 이는 더 큰 행복으로 나에게 돌아오게 된다. 우리가 언제나 감사하는 마음을 가져야 하는 이유다.

오늘 아침 출근할 수 있음에도, 누군가에게 감사를 말할 수 있는 입을 가진 것에도, 단풍이 지는 순간을 바라볼 수 있는 눈에도 감사할 줄 알아야 한다. 그래야 세상을 또 다른 눈으로 바라볼 수 있으며 자연의 위대함에 겸손할 수 있게 된다. 작은 친절로 사랑을 전달할 수 있게 되며 앞으로 나아갈 수 있는 원동력을 얻을 수 있다.

우리가 살고 있는 세상은 '중간'을 인정하지 않는다. 너무 많고 비슷하며 결핍마저 애매하기 때문이다. 이런 사람은 알을 깨고 세상 밖으로 나오기가 힘들다. 왜냐하면 알 속에서도 충분히 살 만하기 때문이다.

"알을 깨고 나와 보렴. 엄청난 모험이 기다린단다. 지렁이와 먹을 것이 넘쳐 나고 시원한 공기를 무한정으로 얻을 수 있지."

아름다운 말로 포장한 글들은 세상 밖으로 나와 보지 못한 이들에게 만족감을 준다. 한계를 극복하라는 말에 열광하며 가진 것에 대한 감사를 잊는다. 그 글들은 이 악물고 달려 성공하거나 실패하는 게 옳다고 말한다. 그들이 알을 깨고 나오기 전 이런 이야기를 해 줬다면 얼마나 좋을까?

"잡는 법과 나는 법을 알기 위해 엄청나게 노력해야 해. 가끔 너의 것을 노리는 적을 만나기도 하고 맹수를 만나서 죽을 수도 있어."

삶의 성공은 과연 무엇일까? 사람마다 성공의 가치는 제각기 다르다. 누구는 명예일 수 있고, 어떤 이는 행복일 수 있으며, 어쩌면 돈일 수도 있다. 내가 생각하는 성공의 가치는 행복이었다. 하루를 긍정적으로 살아가고 작은 것에 감사하며 내 사람들에게 최선을 다하는 삶. 이것이 내가 원하는 가치였고 성공이었다.

매 순간을 반성하고 나아갈 수 있음에 감사했다. 평범한 인간이었지만 이렇게 살아감으로써 진짜 나의 가치를 발견하고 나아갈 수 있었다. 물론 일련의 여러 사건들이 나를 더욱 강하고 단단하게 만들었다. 꿈꾸지 못하는 삶, 잘못된 선택, 끝까지 하지 못한 후회. 특히 미흡하고 덜 익은 나이도 한몫했다. 그렇지만 무던히 감사했다. 실패할 수 있음에도 감사했다. 그럼에도 불구하고 일어날 수 있음에 감사했다. 나는 단지 그렇게 나아갈 뿐이었다. 그렇게 꾸준히 실천하다 보니 어느새 남들은 나에게 에너지가 넘친다고 말했다. 정신력 하나는 인정해야 한다고 말했다.

나와 비슷한 사람들과 내화하면서 내가 생각보다 전사의 기질을 가지고 있다는 것도 알게 되었다. 소심하고 낯가림이 심했던 여자아이는 어느 순간 칼을 뽑으면 무라도 썰어야 하는 사람이 되어 있었다. 꾸준히 감사를 행하는 마음은 나를 앞으로 나아가게 했고 변화시켰다. 집순이었던 나를 집 밖으로 끌고 나왔다. 어린 시절 잊고 있던 작은 꿈을 생각나게 했다. 실패하고 좌절했던 순간마다 다시 일어날 수 있는 원동력이 되어 주었다. 그 결과 나를 다시 보게 되었다.

우울하고 비겁했던 시절을 이겨 내기 위해 이를 악물고 발버둥 쳤던 나. 바닥을 치고 다시 일어났지만 또 넘어져 더 깊은 바닥으로 떨어졌던 나도 있었다. 주저앉아 울면서 내가 무엇을 잘못한 거냐고 묻던 나도 있었다. 불공평하다 세상을 욕하는 나도 있었다. 그렇게 계속 나 자신을 내려놨다. 부족함을 인정했고 결핍과 상실을 마주 보았다.

돈을 따르는 나를 속물이라고 느끼면서도 돈을 좋아하는 나를 인정했다. 마음의 소리를 듣고 무엇을 원하는지 내 욕구에 충실해지기로 했다. 나는 명예, 돈, 행복, 건강 모든 것을 가지고 싶어 하는 욕심 많은 사람이었다. 열망이 있었기 때문에 매번 좌절했고 욕심이 많기 때문에 행동했던 사람이었다. 괴리감이 들었다. 현실을 마주했을 때 이질적인 무언을 느꼈다. 착한 사람 그리고 효녀가 되고 싶은 나를 마주했다. 난 가식적인 내 모습을 반성했다. 그리고 착한 척하던 것을 멈췄다.

실패하고 주저앉았던 나를 위로했다. 충분히 그럴 수 있다고 말해 줬다. 그렇게 진짜 나를 만났다. 그 과정에서 새로운 변화가 생겼다. 세상을 바라보는 또 다른 시야가 생겼다. 모든 과정을 겪은 후 나 자신에게 솔직해졌다. 그리고 나를 똑바로 봤기 때문에 줏대가 생겼다.

이리저리 끌려다니던 나는 죽었다. 다름을 인정하는 유동적인 마음에 내 선이 확실히 세워지자 내가 원하는 대로 움직일 수 있었다. 하고 싶은 일을 하다 보니 감사의 마음이 절로 나왔다. 매 순간이 행복했고 즐거웠다. 그러다 재미있는 사실을 정면으로 마주하게 된다. 내가 아무리 나를 찾고 행복을 찾는다 한들 세상이 나를 인지하지 않으면 결국 구름 위를 떠다니는 나비처럼 보인다는 것이었다.

누군가는 나에게 안주한다 하면서 한계 이상으로 나아가길 바랐다. 이제 겨우 내 위치에서 행복을 찾은 사람에게 앞으로 나아가라는 사회. 충분히 노력했고 넘어졌고 일어나기를 반복했다고 생각했다. 이제 겨우 행복한 방법을 찾았는데 왜 나를 움직이라고 하는지 이해할 수 없었다. 내 기준에서 최선을 다했다 한들 사람들은 눈에 보이는 것만 믿었다. 그게 현실이었다.

"열심히 살아왔습니다. 최선을 다했어요. 제가 여기서 얼마나 노력했냐면요…."

"증거 있니?"

뭐든 애매하고 보통인 나에게 증거는 현재의 내 모습이었다. 지긋지긋한 개미굴 같은 인생에서 행복하고 긍정적인 것이 나의 장점이었다.

"좋은 학벌, 부자, 지식이 전부는 아니잖아요. 그들도 행복하게 살고 싶을 텐데? 행복한 사람이 부자가 되면 행복한 부자지만 그냥 부자는 그냥 부자잖아요!"

증거가 필요하다는 생각을 하지 못했었다. 단지 행복하고 감사하며 사는 것이 중요했었다. 그런 나를 한심하게 바라보거나 이상주의자, 때론 바보같이 해맑다고 말하는 사람도 있었다. 리플리 증후군으로 의심받기 전에 남길 만한 무언가 필요하다. 베푸는 삶을 살고 싶다. 나의 경험이 누군가에게 힘이 될 수 있기를 바란다. 평범하기 때문에 비교를 당했고 매번 실패하고 넘어졌지만 도전하는 나를 보며 누군가는 안주하지 않길 바란다.

이야기에 힘이 들어가 잊어버렸던 꿈을 꾸었으면 좋겠다. 막연한 동기부여가 아닌 직접적인 솔루션을 제시하고 싶다. 평범한 보통의 사람. 중간의 존재이지만 난 충분히 열심히 살아왔고 다른 길을 가고 있지만 행복하다는 것을 말이다.

거창한 창작물이 아니라 진짜 내 이야기로 좋은 영향을 주고 싶다. 그리고 이 이야기는 첫 책의 프롤로그가 될 것이다. 계속해서 도전할 것이고 써 나갈 것이다. 수익을 베풀어 장학재단을 설립할 것이다. 꿈을 찾고자 하는 이들을 위해 가치 있게 사용할 것이다. 그들도 나처럼 목소리를 낼 수 있게 장려할 것이다. 구약성서 〈욥기〉 8장 6절에는 이런 글귀가 있다. "네 시작은 미약하였으나 네 나중은 심히 창대하리라."

미약한 우리에게는 충분히 창대해질 수 있는 기회가 있다. 우리는 처음부터 창대하지 않았기 때문이다. 겸손하고 감사한다. 부족함을 반성하고 친절과 사랑을 베푼다. 나아가 좋을 영향력을 끼칠 수 있다면 그 끝은 창대할 거라 믿는다.

PART
8

행복 메신저가 되어
성공을 꿈꾸는
사람들과
희망 나누기

· 김민숙 ·

김민숙 문제성 피부 전문가, 여행 작가, 동기부여가

문제성 피부를 관리하는 피부 디자이너로 숍을 운영 중이다. 여행을 하면서도 피부 관리를 하는 방법을 유튜브 채널 '부자언니TV'를 통해 공유할 예정이다. 현재 여행에 관한 개인저서를 집필 중이다.

크루즈로
전 세계 여행하기

전 세계인이 여행에 열광하고 있다. 여행하며 배우고, 느끼고, 나누고…. 일상생활이 여행인 라이프. 여행이 일상인 라이프. 누구나 꿈꾸고 바라는 생활 여행! 당신은 어떤 여행을 꿈꾸고 있는가?

어릴 적 나는 부산에서 태어나 부산을 떠나 본 적이 없는 말 그대로 부산 촌년이었다. 낚시를 좋아하는 아버지를 따라 부산 근교 바닷가에 여러 번 가 본 거 빼고는.

그러던 어느 날 스물한 살 사회 초년생 때의 일이다. 선배의 권유로 일본을 경험할 수 있는 기회가 생겼다. 그런데 부모님을, 그리고 부산을 한 번도 떠나 본 적이 없는 나로서는 무척이나 겁이 나고 용기가 나질 않았다.

일본에 가면 눈 감고 코 베인다. 사람 조심해라, 등등. 여러 우려 섞인 말들을 들었다. 그럼에도 불구하고 나는 용기를 내어 비행기 티켓팅을 했다. 그러곤 두려움에 취소하기를 여러 번 반복했다. 그렇게 우여곡절 끝에 생에 첫 비행기를 타고 도착한, 나의 첫 외국 여행지 일본!

헉. 아니, 이런. 여기가 외계인가? 지구인가? 언어도 안 돼, 길도 몰라. 나 혼자 외톨이가 되지 않았나! 아, 외롭다. 한문 주소 한 장 들고 물어물어 찾아간 숙소 그리고 여행. 지금 생각해도 아찔하다. 얼마 전 크루즈여행을 하며 들른 일본에서 언니에게 지난 에피소드를 이야기하기도 했다. 그 밖에도 단체들 쫓아다니느라 행군하는 느낌이었던 두 번째 베트남 패키지여행. 세 번째 홍콩 패키지여행.

그리고 네 번째, 혼자 간 미국 여행. 부산을 떠나 본 적 없던 영알못 부산 촌년이 미국행 비행기를 탄 것이다. 그리고 그것을 통해 외국여행에 나름 자신이 붙었다.

미국에서 귀국할 당시 나의 나이는 25세. 30세가 되기 전 꼭! 유럽 배낭여행을 꿈꿨지만 삶은 그렇게 호락호락하지 않았다. 유럽 여행은커녕 가까운 제주도도 못 가고 있으니 말이다. 계획한 대로 만 살아지면 얼마나 좋을까만….

그렇게 시간이 흘러 흘렀고, 내 나이 38세에 결혼이라는 여행이 찾아온다. 미국을 여행할 당시인 15년 전. 그때 누군가 꼭 가 보라고 추천해 줬던 멕시코 칸쿤. 너무너무 황홀하고 멋있다고. 유럽인들이 은퇴 후 살고 싶어 하는 곳이라고. 그때 그곳을 추천해 주던 그 누군가의 반짝이던 눈빛. 떨리는 목소리에서 느껴지던 설렘. 입가의 미소까지.

너무 궁금해 무작정 꼭! 한 번은 칸쿤을 가 보겠다 마음먹었었다. 15년이 흐른 38세에도 같은 마음이었다. 그래서 나는 신혼여행지로 칸쿤을 선택하게 되었다. 나보다 더 여행을 알지 못했던 신랑은 나에게 미루듯 나의 선택을 존중한다 했고.

나는 그렇게 신혼여행 스케줄을 짜게 되었다. 그런데 여행을 준비하는 일은 어지간히 스트레스였다! 준비해 본 사람만이 아는 스트레스. 아시는 분은 아실 테다.

나는 여기저기 돌아다니는 것을 싫어하는 신랑을 위해 올인크루시브(호텔이나 리조트 안에서 다 해결되는)를 선택했다. 1인당 400만 원, 둘이서 800만 원이 넘는 높은 가격을 지불했다. 그 덕분에 둘이서 골프도 치고, 먹고 싶으면 언제든 먹고, 휴식했다. 나름 대만족이었다.

그렇게 돌아오는 비행기 안에서 결혼 1주년 기념으로 꼭 다시 오자며 새끼손가락 걸고 약속했던 때가 엊그제 같은데….

그 후 1년, 내 나이 서른아홉에 나는 인생 최고의 여행을 접하게 된다. SNS를 통해 지인이 1년에 몇 번씩 크루즈를 타고 여행하는 것을 보게 되었다. 그것도 아주 저렴하게. 1인당 100만 원 정도로. 제주도에 가는 경비 정도로 말이다.

헉! 그게 가능하단 말인가? 유람선 아냐? 누군가는 1인당 몇 백만 원에서 몇 천만 원이 드는 크루즈여행을 위해 적금도 들고 상조도 들고 그러던데…. 에이, 무슨 100만 원으로 말도 안 돼!

이랬던 내가 지인으로부터 방법을 전수받고서 결혼 1주년 기념으로 2019년 4월에 싱가포르에서 크루즈여행에 도전했다. 목돈이 부담스러워 미리 적금 들듯 매월 적립했다. 그 덕분에 50% 반값으로 크루즈를 예약할 수 있었다. 나는 떠나는 비행기 값(부산 출발행이 인당 30만 원대였다)만 가지고서 싱가포르로 날아갔다.

싱가포르에 도착해 숙소 근처도 둘러보고 다음 날 여유 있게 지하철을 타고 크루즈터미널에 도착했다. 그리고 내 입에서는 억 소리가 났다. 이것이 실화인가? 내 눈앞의 저 배가 내 배야? 흐엉 믿기지가 않아! 지인의 사진으로만 보던 배! 럭셔리 크루즈가 내 눈앞에 떡하니, 이 거친 바람에 미동도 없이 서 있는 게 아닌가? 그때부터 심장이 두근두근 요동치기 시작했다. 배에 올라타서는 말문이 턱 막히고, 입을 다물 수가 없었다! 이곳이 배 안이라는 게 믿기지 않을 정도로 으리으리했다. 환호성을 올리며 행복에 겨워 어깨가 절로 둥실거렸다.

첫 크루즈여행인지라 많은 준비를 못했음이 아쉬웠다. 나는 바로 다음 배를 검색하기 시작했다. 다음번에는 멋진 드레스 한 벌과 비키니를 꼭 준비해야겠다면서.

삼시세끼를 먹고, 마시고, 자고, 놀고. 이 모든 것이 이곳 배 안에서, 그것도 무료로 즐길 수 있다는 게 믿기지 않았다. 그렇게 4일이 빠르게 지나가고 아쉬움을 남긴 채 한국으로 귀국했다. 그러자 SNS를 통해 알게 된 많은 지인들이 크루즈여행을 궁금해했다. 나는 즐겁고 행복했던 크루즈 이야기를 들려줬다.

용기 있는 여성, 50대의 우리 언니. 나의 인생 친구이자 동반자. 마음을 나누는 내 베프와 크루즈를 예약했다. 언니와 상해 출발로 열캐리비언 스펙트럼 호를 미리 예약하고 3개월. 더디게만 지나가는 시간이 야속하기만 했다.

드디어 D-day. 2019년 9월 18일 상해로 출발했다. 처음 접하는 그 느낌, 그 설렘을 알기 때문에 언니의 반응을 내심 궁금해하며 크루즈터미널에 도착. 혹시나가 역시나였다. 엄청 큰 배의 입구를 보고 언니는 감탄을 금치 못했다. 그리고 바다가 보이는 발코니 뷰에서의 아침. 매일 다른 음식을 무제한 제공해 주는 식당들. 퀄리티 높은 공연. 스파, 헬스, 쇼핑 등…. 이것들은 우리 언니의 마음을 홀딱 빼앗아 버리기에 충분했다. 망망대해를 바라보며 "와~ 숙아, 와~ 숙아."를 연발하던 우리 언니. 전세방이라도 없냐며 아쉬움을 금치 못한다. 아들, 딸, 신랑, 부모님 등 소중한 사람들을 떠올리며.

다음번엔 지중해, 유럽 쪽을 계획하자며 그렇게 아쉬운 5일을 보내고 돌아왔다. 돌아올 때는 누구나 같은 마음이듯 또 다른 여행을 꿈꾸고 계획해 본다.

대부분의 사람들은 크루즈여행은 돈이 많아야 되고, 시간이 많아야 갈 수 있는 줄 안다! 하지만 그렇지 않은 나는 내 나이 마흔에 인생 최고의 여행을 접하게 되었다. 누구나 꿈꾸고 바라는 럭셔리 크루즈여행을.

마음만 먹으면 지금 당장이라도 떠날 수 있는 크루즈여행. 매일 짐 싸서 이사 다니고, 행군하듯 따라다니는 패키지여행과는 비교도 할 수 없다. 때로는 즐거움을, 때로는 여유로움을, 때로는 스펙터클함을 모두 느끼게 해 주는 여행. 전 세계 사람과 소통하고, 문화를 배우고, 언어가 되게 하는 여행. 내가 전 세계를 크루즈로 여행하고 싶은 이유다.

SNS 마케팅으로
인맥 만들기

현재 전 세계의 수많은 사람들이 열광하며 푹 빠져 있는, 내 손 안에 없어서는 안 되는 보물 1호는 무엇인가? 바로 휴대전화라고 해도 과언이 아닐 것이다.

휴대전화는 단순히 전화만 걸고 받고 하던 시대를 지났다. 지금은 내 손안의 사무실, 휴대용 컴퓨터 역할까지 해내고 있다. 그러면서 전 세계의 남녀노소 할 것 없이 없어서는 안 되는 필수품이 되었다.

이 작은 기계 안에는 정보 전달, 소통, 관리, 즐거움 등 다양한 콘텐츠들이 즐비하다. 그중에서도 단연 1등은 SNS 기능이라 할 것이다. 이제 편지나 전보로 소식을 전하던 시절은 지났다. 인터넷 매체를 활용해 이메일로 소식을 전하게 되었다. 스마트폰의 활성화로

어플 클릭 한 번으로 전 세계 사람들과 소통할 수 있게 된 것이다.

학창시절 컴퓨터를 통해 소통하던 소셜네트워크 서비스. 온라인 플랫폼의 대명사 미니홈피 싸이월드를 기억하는가? 집 나간 첫사랑을 찾아 주고, 그리웠던 친구들과 소통하게 해 주던, 그 시절 안 하는 사람이 없을 정도였던 소통의 장소.

2000년 초 이메일로 소통하던 일본 유학시절과 다르게 1년 정도의 미국 생활에서는 향수병이란 걸 모르고 지냈던 거 같다. 그 비결은 매일 매 순간 가족, 친구들과 서로의 일상을 무료로 공유하는 싸이월드 미니홈피라는 플랫폼이 있었기 때문이다. 그렇게 대화와 소통이 가능했기 때문이다. 그래서 잘 이겨 나갈 수 있었다고 생각한다.

그 미니홈피를 벗어나 이제는 혁신적인 내 손안의 플랫폼, SNS의 시대다. SNS를 통해 만남을 갖는다. 결혼도 한다. 같은 취미를 가진 사람들끼리 모임을 가지기도 한다. 맛집을 알아볼 때도, 여행을 갈 때도, SNS 검색은 기본적인 습관이 되었다. 현재 장사를 하는 사장님들이라면 업종을 불문하고 SNS 홍보는 기본 중의 기본이다. 현재 피부 숍을 운영 중인 나도 인스타나 카카오스토리, 블로그 등으로 가게 홍보를 하고 있으니 말이다.

또한 SNS를 통해 많은 부자들이 탄생했다. 수많은 유명 기업들도 SNS를 통해 소비자와의 소통, 홍보, 마케팅을 하고 있다. 신세계

백화점의 경우 2010년 트위터 개설 2주 만에 팔로워 수가 2만 명을 돌파했다. 고객들의 말에 실시간으로 답변하면서 백화점을 마치 친구처럼 편안하게 받아들이게 만들었다.

그리고 GS숍은 2~4명씩 팀을 만들어 상품을 사면 팀원들의 구매금액을 합산해서 적립금을 지급하는 행사를 벌였다. 총 2,000여명 참석한, 작은 행사 동안 신규 고객은 10%만 늘었다고 한다. 특이한 점은 이후 참여 인원이 계속해서 급속도로 늘어났다는 것이다. 이는 구전이 강한 SNS의 특징을 다시 한 번 확인시켜 준다.

무지했던 영업시절 나는 매월 적게는 몇 백만 원에서 많게는 1,000만 원 이상의 급여를 받는 사람들이 부러웠다. 나는 왜 이렇게 가난하고, 못 배우고, 돈 많은 친구도 하나 없는지 원망만 하던 시절이 있었다. 남들은 친구들이, 가족들이 떡하니 큰 계약도 잘해 주더구먼. 나는 왜 이럴까?? 하고 자괴감에 빠지기도 했다.

화장품과 보험 영업일을 하고 있을 때였다. 나는 그냥 단순히 친구들이 부러워할 만한 장소, 나의 생활, 맛집. 카페의 여유로움, 새로 산 옷이나 가방같이 취미활동으로만 SNS 활동을 하고 있었다. SNS의 효과를 단순하게만 생각했었던 때다.

그러던 어느 날이었다. 같이 입사한, 나보다 한참 어린 친구가 한 명 있었다. 그런데 나이가 어린 데 비해 아이가 셋이나 되었다. 그녀의 영업성과는 처음에는 고만고만했다. 그러더니 어느 순간부터 계속 상승세를 타기 시작했다. 주 5일만 근무하는 금융 쪽 특성 상 주말은 쉬는데도 월요일 아침부터 실적 게이지가 하늘을 찌를 듯 올라가는 게 아닌가. 나는 도대체 어떻게 그렇게 하는 것인지 방법을 묻고 싶었다. 하지만 친분이 두터운 편도 아니었고, 자존심 때문에 결국 물어보지 못했다. 물어봤다 해도 영업 특성상 비법을 알려 주기 꺼렸을 수도 있다.

돌고 돌아 내 귀에 들어온 그녀의 비법은 바로 카페 홍보 마케 팅이었다. 이 친구는 앞서 말한 대로 입사 전 어린 나이에 아이가 셋이나 되었다. 그랬던 만큼 지역 맘 카페를 통해 엄마들과 공감대 를 형성하면서 소통하며 지내고 있었던 것이다.

입사 이후 어린이 보험을 판매했던 그녀는 자신의 경험 이야 기를 카페 맘들과 SNS를 통해 소통했다. 그러면서 자연스럽게 문 의를 끌어오고 홍보 효과를 얻었던 것이었다. 이것이 워킹맘이 월 700~800만 원의 수입을 가져갈 수 있었던 비결이자 SNS의 대단 한 효과다.

그것을 알고 나는 세상은 변했는데 나만 변하지 못한 것이 아니 었나 싶었다. 그런 그녀를 보고 나는 취미로 하던 SNS 스타일을 정 보 전달 방식으로 바꾸었다. 이후 화장품이든, 보험이든 상품에 대 한 문의가 조금씩 들어오기 시작했다.

그렇게 인연이 된 고객들은 얼굴 한 번 보지 못했지만 때로는 선물을 보내기도 했다. 때로는 고객을 소개시켜 주기도 했다. 그러면서 매출은 상승세를 탔고 수입은 늘어 갔다. SNS를 통해 같은 분야의 사람들과도 소통하고 그로 인해 또 다른 더 크고 넓은 인맥들이 만들어져 갔다.

나는 현재 SNS로만 소통하고 지내는 지인을 통해 100억대 부자 부부와 인연을 맺게 되었다. 강연가, 사업가, 작가, 교육가로서 많은 사람들에게 꿈과 희망을 전하고 책을 써서 빠르게 성공할 수 있는 길을 코칭하고 있는 김도사, 권마담 부부다.

김도사님은 월 1,000만 원의 평생 직업을 가지는 비결로 책 쓰기, 카페 운영, 블로그, 유튜브, 인스타와 같은 온라인, SNS 마케팅을 꼽고 있다. 이것이 두 부부가 100억대 자산가로 성공할 수 있었던 비결이 아닌가 싶다. 나는 현재 그분들에게서 책 쓰는 법, 성공하는 법 등 다양한 고퀄리티 비법 교육을 받고 있다. 이 또한 SNS를 통해 맺어진 인연이다.

이렇듯 현재는 전 세계 모든 사람들과 소통할 수 있는 도구들이 너무 많다. 그냥 단순히 시간 때우기 식이 아니다. 정보를 수집, 전달하고 그로 인해 공감대를 형성한다. 그리고 그것이 매출을 일으키게 한다. 바로 돈이 되는 SNS다.

인맥을 만드는 SNS를 하라! 인맥이 없다고?? 그럴수록 지금이 SNS를 시작할 때다!

나만의
퍼스널 브랜드 만들기

세상에는 약사, 변호사, 디자이너 등의 전문직과 서비스직, 금융직, 교사직 등 많은 직업들이 있다. 우리나라에만 약 1만 2,000개의 직업이 한국직업사전에 등록되어 있다고 한다. 4차 혁명시대에 우주관광 비행사, 농업용 드론 전문가 등 새로 생길 직업도 있다. 하지만 약사, 변호사, 은행원, 보험설계사, 계산원, 택배원 등 없어진다고 하는 직업들도 많다. 이 많은 직업 중에 당신의 직업은 무엇인가?

나는 어릴 적부터 많은 직업을 경험해 봤다. 커피숍 알바, 네일 아티스트, 보험 컨설턴트, 콜센터 아웃바운드, 골프 캐디, 바(Bar) 운영, 옷가게 운영, 화장품 판매, 네트워크 마케팅, 반영구 아티스트 등. 그러다 현재는 문제성 피부를 디자인하는 전문가로 일하고 있다. 그렇게 열 손가락도 부족할 만큼 다양한 직업을 경험해 보았다.

사람들은 뭐 이리 많은 직업을 경험했지? 뭔가 한 가지를 꾸준히 못하나 생각할 수도 있다. 하지만 대단한 스펙도, 배움도, 경력도 없던 그 당시의 나에게는 최선의 선택이었다. 돈이 된다고 하면 뭐든 일단 부딪쳐 경험해 보는 나만의 도전정신이었다.

누구나 그러하듯 나도 돈을 벌어야 했다. 아니, 남들보다 더 많이 벌고 싶었다. 어릴 적 힘든 가정환경 속에 돈에 대한 불안감, 압박감이 컸다. 때문에 일반 회사원의 월급 정도로는 만족하지 못했고 성공하고 싶었다. 그래서 선택한 직업들이 빠르고 쉽게 시작할 수 있는 것들이었다. 내가 열심히 하는 만큼의 성과가 나의 몸값으로 돌아올 수 있는 것들이었다. 대부분 영업, 자영업 이런 종류의 직업들이었다. 항상 성공이란 단어와 부자라는 직업에 열정을 다했던 내 나름의 도전들이었다.

일반 사람들은 일이 힘들고 지치거나 자유를 원하거나 새로운 일자리를 원할 때, 또는 좀 더 많은 급여를 원할 때 대부분 자영업을 떠올린다. 나도 마찬가지였다. 처음 창업하는 분들은 노하우나 경험이 없어 실패할 확률이 높다. 그리고 그런 실패가 두려운 사람들은 프랜차이즈 사업을 하게 된다. 일반인보다는 더 많은 가맹비, 인테리어비, 교육비 등을 지불하면서 말이다.

나 또한 현재의 피부 숍을 오픈할 때 자격증만 가지고 있었다.

경험이 없었다. 때문에 교육이나 실무를 빠르게 배울 수 있는 곳으로 선택했다. 물론 가맹비나 로열티는 없었다. 하지만 제품 초도비용이 거의 2,000만 원이 들었다. 그 이후 재구매 비용까지 화장품 값만 4,000만~5,000만 원이 족히 들었다.

그럼 장사를 하면 과연 돈을 많이 벌 수 있는가? 현재 운영 중인 피부 숍을 예로 들어 보자. 인테리어비, 가게 월세, 비품비, 사용할 수많은 화장품 테스트와 초도 비용 등 최소 5,000만~6,000만 원 이상이 든다. 이 돈을 투자해 오픈하면 매달 유지비가 월세 130만 원, 인건비, 수도세, 전기세, 관리비, 카드 수수료에 매달 화장품 재구매 비용이 든다. 그 밖에 홍보비용, 대출이자, 각종 세금을 빼고 나면 실질적인 수입은?

거의 모든 자영업자들의 수입은 여러분들이 상상하는 그 이상의 마이너스일 것이다. 이래도 아직 창업을 꿈꾸는가? 그리고 무엇보다 창업은 내가 직접 일하지 않으면 안 된다. 아침부터 밤까지 고객을 기다리며, 갑이 아닌 을의 입장에서 영업을 하게 된다.

지금 열심히 사는 이유는 노후에 즐겁게 여행 다니며, 편하게 살고 싶기 때문일 것이다. 그러기 위해 지금 힘들고 고생이 되어도 참고 견디며, 열심히 하루하루를 살아간다. 또 다른 누군가는 좋아하는 것, 가지고 싶은 것, 취미, 여행 등 즐거운 라이프스타일을 위해 일하기도 한다.

나는 돈을 많이 벌어 좀 더 시간적, 경제적 자유를 누리고 싶어서 창업을 선택했다. 하지만 그랬던 창업이 오히려 이러지도 저러지도 못하게 나의 발목을 잡고 있다. 그래서 나는 1인 창업을 선택했고, 현재는 새로운 퍼스널 브랜딩을 시작했다.

과거의 나는 매월 1,000만 원 이상의 수입을 창출하는 월천 여사가 되고 싶었다. 강의도 하고 싶었고 누군가에게 희망을 나눠 주고 싶었다. 월 1,000을 벌게 되면 나의 가족, 주위의 힘든 사람들과 나누며 살겠다고 마음먹었지만 세상은 그리 호락호락하지 않았다. 나는 방법도 요령도 경험도 없이 막연하게 꿈만 컸었다. 그런만큼 얼마 가지 않아 지치고, 좌절했다. 이런 일이 반복되자, 나는 나름의 공부를 시작한다. 먼저 마케팅, 성공에 관한, 꿈에 관한 책들을 사서 읽었다. 유튜브 강의나 SNS, 오프라인 특강들을 찾아다니며 나를 끌어올리고자 무던히 노력했다.

화장품 방문판매 일을 하고 있을 때였다. 《세상은 문 밖에 있다》의 저자 아이디어 닥터 이장우 박사님의 특강에 참석한 적이 있었다. 그분은 글로벌 기업 3M에서 수세미 영업사원으로 시작해 직장생활 10년 만에 이메이션 코리아의 CEO가 되셨다. 브랜드 마케팅, 소셜미디어 전략, 디자인 경영, 바리스타, 와인, 여행 등 다양한 분야의 강연가와 전문가로 활동하신다. 나는 그때 그분의 특강을 듣고 나만의 퍼스널 브랜드를 만들어야겠다고 생각했다.

화장품을 판매하던 시절, 어떻게 하면 피부에 대한 고객들의 관심을 끌고 호기심을 유발할까 고민했다. 그러다 평소 나의 피부를 부러워했던 지인들의 감탄사에서 아이디어를 얻어 '꿀 피부 디자이너 쑤기'라는 닉네임을 만들어 보았다. 그러자 본인들도 꿀 피부가 될 수 있는지 문의가 왔다. 관심 끌기 정도는 성공했던 것이다. 물론 그걸로 대박이 나고 유명해지진 않았다. 하지만 퍼스널 브랜딩을 해야 하는 이유는 배운 셈이다.

요즘같이 트렌드가 빠르게 변하고 개성을 중요시하는 시대에는 1인 창업에 나만의 퍼스널브랜딩을 더해 전문성을 높여야 한다. 그래야 고객의 지갑을 열게 할 수 있다. 이것을 인정하고 실행에 옮기는 순간 당신은 이미 부자다.

내 나이 마흔, 불혹이다. 누구나 꿈꾸는 삶, 여유, 낭만 그리고 자유. 여기에 빠질 수 없는 여행. 지인을 통해 우연히 알게 된 크루즈여행을 통해 나에게 크루즈여행 작가라는 목표가 생겼다. 여행을 통한 행복과 여유를 모티브로 한 퍼스널 브랜드 만들기! 여행하는 작가! 생각만 해도 가슴 설레고 신이 난다.

사람들은 크루즈여행을 꿈의 여행이라고 칭한다. 누구나 버킷리스트에 다 써 보는 크루즈여행. 하지만 내가 경험해 본 바로는 크루즈여행은 절대 꿈의 여행이 아니다. 마음만 먹으면 지금 당장이라도 떠날 수 있는 가성비 대비 퀄리티 짱인 여행이다.

누구나 크루즈여행을 할 수 있게 좋아하는 여행을 하면서 돈도 버는 일! 월 1,000만 원 그 이상의 가치를 전하기 위해 나는 나만의 퍼스널 브랜딩을 시작한다. 나의 크루즈여행 이야기가 여러분이 삶에 꿈과 힐링을 선사할 것이다.

유튜브 '부자언니TV' 채널과 인스타그램 msms0420으로 놀러 오면 누구나 꿈꾸는 여행, 크루즈여행에 대한 모든 노하우를 만날 수 있다.

사람들에게
성공에 대해 강연하기

진정한 성공은 무엇일까? 여러분은 어떤 성공을 꿈꾸고 있는가?

사람들은 누구나 성공을 원한다. 항상 성공을 부르짖고 꿈을 이루고 싶어 한다. 그래서 성공한 사람들의 강연이나 강의를 듣는다. 책도 읽으면서 자기계발을 멈추지 않는다. 인터넷에 성공이라는 두 단어만 입력해 봐도 알 수 있다. 성공하는 법을 알려 주겠다는 컨설팅 업체들과 수많은 책들이 있다는 것을. 뿐만 아니라 성공에 대한 생각과 글, 카페, 블로그 등 수백만 건이 연관 검색어로 검색되고 있다.

스펙이 좋고 돈이 많아야 성공한 것인가? 그 기준은 누가 정해 주는 것인가? 억대의 고수익을 번다고 해서 그들이 다 성공했다고 할 수 있는가? "난 성공했어!"라고 자신 있게 말할 수 있는 사람들은 과연 몇 명이나 될까?

　나는 내가 좋아하는 일을 하며 멋지게 성공하고 싶다. 부와 자유를 누리며 누군가에게는 동기부여를 해 준다. 진정한 내면의 행복을 전달하면서. 멋지게 강연하는 강연가를 꿈꿔 본다. 보통 사람들은 남 앞에 나서서 이야기하는 것을 창피해한다. 그리고 많이 꺼려한다. 나도 마찬가지였다. 긴장하면 목소리부터 떨리고 머릿속은 새하얀 백지 상태가 되었다.

　보험회사에 입사했을 때다. 신입들은 한 달 교육 과정을 이수해야 한다. 이후 시험에 합격해야 현장에 투입된다. 예쁘고 젊은 여실장님이 한 달 동안 신입생을 교육한다. 전문적인 말투와 함께 위트까지 겸했다. 그녀가 진행하는 교육은 지루하지 않고 재미있었다. 많은 인원들 앞에서 떨지도 않는다. 하루 8시간 이상을 교육하는 그녀가 참 멋있어 보였다.

　한 달의 신입과정이 끝나 갈 즈음이다. 짝을 지어 동기들, 실장님과 함께 롤플레잉 연습을 할 때였다. TM은 전화상으로 상품 설명, 계약, 녹취까지 긴 대본을 끊어지지 않게 읽어 내야 한다. TM 특성상 롤플레잉은 당연한 것이었다. 앉아서 수업을 받거나, 수다를 떨 때는 긴장감이 전혀 없었다. 헤드셋을 끼고 다이얼을 돌리자 전화 연결음이 울리기 시작했다. 그러자 머릿속이 새하얀 백지 상태가 되어 버렸다. 그리고 목에서 소리가 나오질 않는다. 보기 쉽게 정리해 둔 스크립트, 즉 대본을 보고도 말 한마디 못했던 것이다.

그때 떨림과 창피함으로 당장 쥐구멍에라도 숨고 싶었다. 그만큼 기억하기조차 싫었다. 하지만 곧 적응하고 매출도 꽤 나오기 시작했다. 그러자 동기들에게 가끔 특강 교육을 하기도 했다. 교육실에서는 내가 계약했던 콜을 들려주며 상품 교육을 시켰다. 난 교육장 스피커에서 들려오는 내 목소리가 마냥 신기했다. 목소리를 가만히 경청해 본다. 쑥스러웠지만 뿌듯함은 이루 말할 수 없었다. 누군가와 성공 사례와 그 비법을 공유한다는 것이 이런 것이구나. 처음 맛본 희열이었다. 아주 작지만 소소한 나의 첫 강의였다.

함께 일하던 동료가 "숙아 너도 교육 실장하면 참 잘할 텐데…"라며 흘리듯 이야기했다. 그 말이 나에게 교육, 강연하는 사람으로서의 꿈을 갖게 해 주는 계기가 되었다. 아직도 그 말이 고맙고 잘해내고 싶은 내 꿈이다.

하지만 그 꿈을 이루는 것은 쉽지 않았다. 그렇게 몇 년의 시간이 흘렀다. 현재 나는 문제성 피부를 개선하는 피부 전문가로 활동하며 숍을 운영한다.

프랜차이즈 개념의 피부 숍이다. 매주 월요일에는 분당으로 와서 종일 교육에 참석한다. 그리고 나머지 요일에는 울산에서 숍을 운영한다. 시작할 당시 모르는 것이 많았다. 그래서 공부를 위해 매주 열심히 교육에 참여했다. 그 결과 숍의 매출도 꽤 잘 올랐고 고액 회원제도 잘 끊어 냈다. 그리고 이 사업의 핵심인, 가맹점을 오픈시키는 일도 함께 했다. 그렇게 파트너들도 생기면서 가맹점이 늘어났다.

그러면서 기존 원장님들의 눈에 띄기 시작했다. 강단에서 나의 성공 사례를 발표하는 일이 잦아졌다. 같은 업을 하는 원장님들께 내 경험을 공유하고 칭찬받았다. 누군가는 너무 고맙다며 인사도 했다. 잘하는 사람의 노하우를 무료로 배울 수 있다는 것이 누군가에게는 엄청 큰 힘이 된단다. 어설픈 나의 두 번째 강의였다.

하루는 파트너 사장님 오픈식이 있었다. 그날 소규모로 창업설명회를 함께 진행하기로 했다. 그런데 그 강의를 나보고 하라는 것이었다. 5분, 10분 동안의 사례 발표가 아닌 1시간이 넘는 강의였다. 그 강의를 나보고 하라는 것이었다. 너무 큰 부담감으로 인해 스트레스가 장난이 아니었다. 그냥 앞에서 사례를 발표하는 것과는 다른 문제였다.

그동안 많은 특강을 들으러 다니면서 나도 저런 강의를 해 보고 싶다! 생각만 했었다. 막상 닥치고 준비하려니 도통 아무 생각이 나질 않았다. 결국 강의 전날 밤 못 하겠다고 칭얼거렸지만 이미 때는 너무 늦어 버렸다. 지금 생각해도 말이 안 되는 이야기였다. 남들은 잘할 수 있을 거라고 했다. 하지만 부족한 자신감 때문에 나에겐 엄청난 스트레스가 되었다. 위가 찢어지는 듯한 고통까지 왔다.

긴장하면 목소리부터 떨리고 말이 빨라지고 머릿속이 새하얘지는 트라우마를 잘 극복할 수 있을까? 걱정이 앞섰다. 전날 새벽까지 연습했다. 그리고 다음 날. 만족스럽진 못했지만 별 탈 없이 마무리를 했다. 함께 참석했던 지인이 잘했다고 격려를 아끼지 않았다. 그런데도 복잡한 마음이 드는 것은 무엇 때문일까? 밀려드는 허탈감, 아쉬움. 그리고 해냈다는 뿌듯함.

묘한 기분이 들었다. 못하겠다고 난리, 난리를 쳤던 내가 맞나 싶을 정도였다. 강의가 끝나고 "언니 멋졌어요."라는 지인의 이야기에 다시 한 번 용기를 내 보고 싶어졌다. 물론 그녀에게는 으레 하는 인사치례였을지도 모른다.

그렇게 나는 성공자로서 누군가의 앞에 선다는 것, 비전을 전하는 것이야말로 진정한 행복이고 성공이라는 것을 몸소 깨달았다. 한두 번의 소소한 경험이 나의 생각을 변하게 만들었다. 물건을 파는 장사치가 아니라 꿈과 비전을 전달하는 메신저가 되어야겠다고 다짐했다.

극심한 떨림은 경험과 공부가 부족하기 때문에 심리적으로 불안해 야기된 것이다. 나는 잘해내고 싶다는 마음이 강했다. 내 욕심과 강박관념이 스트레스를 부른 것이었다.

처음부터 완벽한 사람은 없다. 계속 반복적으로 연습하고 부딪쳐 본다. 그러다 보면 익숙해지게 마련이다. 다른 사람들은 항상 나에게 "너의 말엔 힘이 있어.", "너는 말을 잘해."라고 이야기한다. 하지만 실상은 그렇지 않다. 자존감이 낮아서인지, 스킬이 부족해서 인지 멍석을 깔아 주면 너무 부담되고 답답함이 밀려온다.

그러면서 또 잘해내고 싶은 욕심과 꿈이 있다. 한두 번의 경험. 그것을 토대로 분석하고 공부해야겠다. 시련을 이겨 낸 스토리로 또 다른 누군가에게 꿈을 전달하고픈 마음이다. 꼭! 말을 잘해야 성공하는 것은 아니다. 하지만 뭐든 성공해 보면 안다. 그 경험에 의해 자연히 이야기보따리가 풀릴 것이다. 아줌마들이 모이면 시댁 이야기, 신랑이야기, 자식이야기를 늘어놓는다. 광분의 이야기가 하염없이 쏟아진다. 이런 것이 경험에서 나오는 현실감 넘치는 이야기 가 아닐까.

이것을 바탕으로 나처럼 말하는 것이 어렵지만 성공을 꿈꾸는 사람들에게 내 이야기를 나누고 싶다.

내가 진정으로 하고 싶은 일은 여행이다. 나는 여행가로 성공한 다. 그리고 크루즈를 타면서 전 세계를 여행하는 여행 작가로 다시 태어난다. 진정으로 즐기게 되면 누가 시키지 않아도 이야기가 술 술 풀리게 마련이다. 행복한 이야기, 즐거운 이야기, 꿈에 대한 이야 기. 내가 진정으로 즐기는 이야기야말로 최고의 성공, 최고의 특강 이지 않을까?

나는 '행복해서 여행하는 것이 아니라 행복하려면 여행을 해야 한다'라는 주제를 가지고 행복의 메신저로서 강연할 것이다.

행복한
단체 만들기

　현재 우리나라의 세계 행복지수가 얼마나 되는지 아는가? 점수로 볼 때 행복지수가 높은 최상위 나라는 핀란드로 7.0~7.6점대다. 최하위 나라는 2.9~3.0점으로 삶의 환경 자체가 열악한 나라다. 그렇다면 우리나라의 점수는? 5.87점으로 전 세계 57위다. 이 점수는 중간 정도로 꽤 괜찮아 보이는 듯하다. 하지만 절댓값으로 볼 때 우리는 불행하다고 느낀다.

　오늘날 우리의 행복은 단순히 돈을 많이 버는 데 있는 것이 아니다. 진정으로 하고 싶은 일을 하며, 자아를 찾아 가는 데 있다. 그것으로 인해 삶의 질이 향상되는 것. 그것이 진정한 행복이 아닐까 생각한다.

나는 행복한 비즈니스 단체를 만드는 것이 꿈이다.

사람들의 행복 첫 단계는 어떤 직업을 가지든 본인의 직업과 삶에 만족하는 것. 거기서부터 시작할 것이다. 어떤 직업이든 본인이 좋아하는 것을 하게 되면 성취감과 의욕에 불타게 된다. 하지만 나처럼 돈이 되는 일, 돈만 벌려고 하는 일은 쉽게 지치고 재미가 없다.

과거의 내가 그랬다. 꿈이 있거나 비전을 보고 일하는 것이 아니었다. 남들이 이거 해서 돈을 좀 벌었다 하면 따라 했다. 또 저거 해서 돈이 되더라 하면 저것도 따라 했다. 그렇다고 돈을 많이 벌어서 돈 버는 재미가 있는 것도 아니었다. 단순히 남들이 한다고 하니까 나도 해 보는 식이었다. 그러니 재미를 못 느끼고 쉽게 지치는 것은 당연한 일이었다. 지금은 트렌드가 빠르게 바뀌고 개성이 넘치는 시대다. 나만의 생각이나 노력 없이 주먹구구식으로 돈을 많이 번다는 것은 로또를 맞거나 사기일 수밖에 없다.

과거에 내가 여러 직업을 가질 수밖에 없었던 데는 두 가지 이유가 있다.

하나는 의식이 너무 닫혀 있었다. 그리고 성숙하게 성장하지 못했다. 기분이 좋으면 좋은 대로 싫으면 싫은 대로 그냥 그렇게 살아왔다. 뚜렷한 목표도 꿈도 없었다. 살아지는 대로 사니 잘 살았겠는가? 그랬을 리가 없다.

때로는 무엇이 옳고 그른지도 모른 채 상황을 정리했다. 그리고 일을 마무리했다. 어떤 사람은 착해서 그렇다고 한다. 하지만 절대 아니다! 그것은 분명 우유부단함 때문이었다. 분명 그것은 나쁜 것이고 나쁜 습관이다. 지금이라도 의식 확장을 통해 성숙된 삶을 살아야 한다. 여기에 〈김도사TV〉가 정말 많은 도움이 된다.

두 번째는 꿈을 꾸고 그려 나가는 방법을 몰랐다. 그리고 꿈을 이뤄 가는 방법을 몰랐다. 배움의 환경이 부족했던 탓이다. 친구들이 교복을 입고 학교를 가는 시간이면 나는 알바를 하거나 집안일을 했다. 공부하라고 잔소리하는 사람은 아무도 없었다. 이끌어 주고 당겨 주고 제대로 된 길 안내를 해 주는 사람이 없었다. 넉넉지못했던 살림에 자식들을 돌볼 마음의 여유가 없으셨던 부모님이다. 아니 그렇게 믿고 싶은 건지도 모르겠다.

그러다 보니 나의 미래나 직업에 대해 진정으로 깊이 생각하고 고민해 본 적이 없다. 돈을 벌어야 했다. 그래야 내가 누리지 못하고 있는 것들을 남동생에게라도 해 줄 수 있었다. 그 생각 하나였다. 그러다 보니 닥치는 대로 부딪쳐 보았다. 그러다 생각한 만큼의 수입이 되지 않으면 쉽게 포기하고 말았던 것이다.

글을 쓰면서 나의 과거를 뒤돌아보게 된다. 나는 어떤 환경에서 어떤 꿈을 가지고 살았는지 잠시 생각에 잠긴다. 아픈 과거, 힘들었던 시간. 되돌리고 싶지 않은 기억들이 많다. 하지만 과거 평계를 대고 싶지는 않다. 믿음과 의식이 부족했던 내 탓이다.

현재 나처럼 꿈이 무엇인지도 모르고 살아가는 사람들이 많을 것이다. 많은 사람들이 꿈이나 목표, 자기 일에 대한 확신이 없다. 그리고 방황하고 있다. 그런 사람들을 위한 많은 직업학교나 학원들이 있다. 하지만 나는 단순히 일이나 기술을 가르쳐 주는 그런 곳을 원하는 것이 아니다. 사람의 마음을 어루만지고 바라봐 주는 곳, 믿고 기댈 수 있는 따뜻한 안식처 같은 곳을 만들고 싶다. 그리고 그곳에서 사람들의 꿈을 찾아 주는 비즈니스를 하고 싶다.

　방법을 몰라서 제대로 된 직업을 찾지 못하는 사람들. 꿈은 있으나 환경이 힘들어서 방황하고 있는 사람들. 이런 사람들에게 꿈과 희망이 되어 주고 싶다. 그들에게 즐겁게 할 수 있는 일을 찾아 줄 것이다. 아직 늦지 않았다고, 제대로 다시 시작하면 된다고, 희망과 용기의 메시지를 전하는 메신저가 되고 싶다.

　그들이 행복해진다. 그러면 나도 행복해진다. 그들 또한 다른 누군가에게 꿈과 희망을 전한다. 많은 사람들의 자존감이 높아지고 스스로 행복할 수 있다. 그로 인해 나라가 밝아지고 미래가 밝아진다. 나는 밝고 꿈이 있는 사람들과 미래를 함께하고 싶다. 나의 책 쓰기 스승님이신 김도사님을 보며 감히 이런 꿈을 꾸어 본다. 그리고 우주에게 이룰 수 있게 해달라고 이야기한다.

　다음은 아이들이 행복할 수 있는 공간을 만드는 것이다.

　지금은 성인이 되었지만 어린 시절, 아프고 힘들었던 기억을 가슴에 묻고 산다. 꼭! 굳이 겪지 말았어도 되는 일들이 너무 많았다. 물론 나보다 더 힘들게 살아온 분들도 있을 거다. 하지만 나의 어린 시절은 기억도 상상도 싫을 만큼 끔찍했다. 고생은 사서도 한다고? 개뿔! 개나 줘 버렸으면 좋겠다.

스물네 살 때였다. 모임에서 보육원으로 봉사활동을 간 적이 있다. 나와 봉사자들이 마당으로 들어섰다. 아이들은 너무도 초롱초롱한 눈빛으로 두 발 벗고 뛰어나와 마중했다. 아이들과 함께 색칠 공부도 하고 종이접기, 공놀이도 하면서 즐거운 시간을 보냈다. 몸과 마음이 아픈 아이들을 위해 봉사를 하러 갔다. 하지만 너무 밝게 잘 노는 아이들을 보고 오히려 내가 힐링이 되는 느낌이었다.

그런데 유독 눈에 밟히는 한 남자아이가 있었다. 키도 덩치도 작았다. 잘 어울리지도 못하고 의기소침한 채 눈치만 보고 있었다. 같이 밥을 먹자고 다가가도 낯설어서인지 피하기만 했다. 밥도 담임 선생님하고만 먹으려 했다. 계속 곁눈질로 눈치만 보는 그 아이가 가엽고 안쓰러웠다.

밥을 다 먹고 아이들과 다른 시간을 가지러 갔다. 그때 선생님께서 이야기를 해 주셨다. 입양을 갔다 학대를 당했다고. 몸과 마음에 온갖 상처를 다 받고 돌아온 아이라고. 그 말을 듣는 순간 너무 가슴이 아파 눈물이 하염없이 쏟아졌다. 나의 과거와 현재, 미래까지 오만 가지 생각이 다 들었다. 나의 아픔은 비교도 안 되는구나. 어쩜 저렇게 작고 어린 아이에게 그런 몹쓸 짓을 할 수 있었을까? 어른들은 두 번의 상처를 저 어린 아이에게 준 것이다. 한참을 울고 또 울었다. 나보다 더 많이 아픈 아이. 가여운 아이다. 더 이상 그 남자아이를 제대로 쳐다볼 수 없었다. 나는 그 이후로 보육원으로는 절대 봉사를 가지 않았다.

성인이 되어도 아픈 과거나 상처는 쉽사리 지우기 힘들다. 하지만 나는 그것에 얽매여 살지 않으려 노력한다. 그런 힘들고 아픈 상처는 아예 주지도 받지도 않으면 좋겠다. 성숙되지 못한 어른들 때문에 생기는 아이들의 상처. 나는 그런 아이들을 위한 공간을 만들고 싶다. 이미 많은 분들이 좋은 곳에서 좋은 일을 많이 하고 계신다. 하지만 아픈 상처가 없었던 분들은 그런 일들이 얼마나 아픈지 잘 모른다.

한창 부모의 관심과 사랑이 필요한 시기의 아이들. 그때를 잘 넘겨야 아픔 없이 사랑으로 살아간다. 그런 사랑이 건강한 미래를 만든다. 아이들이 잘 자라야 한다. 나는 아이들의 빛이 되어 주고 싶다. 변화하는 세상을 꿈꾸며 나는 도전한다.

PART

9

백만장자
메신저로서
가치 있는 삶 살기

· 김우창 ·

김우창 콜센터 경력 10년 차 베테랑, 콜센터 취업 컨설턴트, 억대 연봉 텔레마케터, 자기계발 작가

10년째 보험 콜센터에 근무하고 있는 베테랑이다. H 보험사, A 보험사 등에서 연도대상, 해외연수 등 수많은 상을 받았다. 우연한 기회에 배달 일을 하던 동생을 보험 콜센터 억대 연봉자로 만들면서 자신에게 특별한 능력이 있다는 사실을 깨달았다. 그 후로 취업을 준비하는 사람들을 위해 네이버 카페 '한국텔레마케팅코칭협회' 와 유튜브 채널 '한국텔레마케팅코칭협회TV'를 운영 중이다. 현재 '청년 백수에서 억대 연봉 콜센터 팀장이 된 비결'을 주제로 개인저서를 집필 중이다.

가난한 사람들이 백만장자의 삶을
살도록 도와주는 메신저의 삶 살기

하루에 11억을 기부하는 사람을 본 적이 있는가?

나는 나의 스승님이신 한책협의 김태광 대표님의 추천으로 《나만의 생각》이라는 책을 읽다가 기부왕 찰스 F. 피니에 대해 알게 되었다. 현재까지 그가 자선단체를 통해 기부한 총 금액은 9조 5,000억 원. 세계 최고의 부자인 빌 게이츠와 워런 버핏 회장님의 스승님이라고 한다. 그분의 영향으로 기부 천사들이 더욱 확산되었다는 평가를 받는다고 한다. 최고 위의 최고인 것이다. 호텔식 용어로 치면 VVIP쯤 된다고 보면 된다. 자동차로 치면 슈퍼카로 불리는 페라리나 람보르기니급이다.

그는 자신이 가진 자산에 비해 매우 검소하고 손목시계도 15달러짜리를 차고 다니는 동네 아저씨 같은 사람이라고 한다. 자신의 이름으로 된 집도 없다. 자신의 이름으로 된 땅도 없다. 당신은 이것이 사실이 아니라고 말할 수도 있다. 하지만 이것은 사실이다. 그에게 누군가 물었다. "왜? 그렇게 많은 돈을 기부합니까?" 이 질문에 그는 이렇게 대답했다고 한다.

"내가 기부를 하는 이유는 내가 필요한 것보다 많은 돈이 생겼기 때문입니다. 전 돈을 정말 좋아하지만, 돈이 내 삶을 움직이지는 못합니다. 내가 이렇게 된 것은 어머니의 가르침 때문이었습니다. '너는 커서 선행을 하면서 살아라. 반드시 남몰래 하는 선행이어야 한다.' 그래서 생각했습니다. 나는 꼭 성공해서 많은 사람에게 도움이 되는 삶을 살 것이다. 그리고 그 꿈은 이루어졌습니다. 나는 나의 자산을 자녀에게 물려줄 생각은 없습니다. 자녀에게는 일을 통한 돈의 가치를 물려주고 싶습니다. 방학 때마다 아이들이 직접 용돈을 벌도록 하는 것은 아이들의 미래를 위해 매우 중요하다고 생각합니다."

그는 노동해서 부자가 된 것이 아니다. 자신의 사업을 해서 부자가 되었다. 그리고 그 사업을 통해서 많은 사람의 행복과 희망의 전도사 역할을 해낸 것이다. 당신이 일반 직장인이라면 이렇게 엄청난 일을 할 수 있을까? 전문가들은 말한다. 사업을 잘 꾸려 나가려면 '내가 이 사업을 왜 하는가?'라는 본질적이고 명확한 목표의식을 가져야 한다고. 그러지 않으면 망할 수밖에 없다, 라고 말이다.

나는 스무 살 중반쯤 미국의 LA 한인타운에서 친구와 함께 식당을 운영한 적이 있었다. 그 레스토랑은 잘못된 경영으로 인해 완전히 망했었다. 2006년 그 당시 40만 달러면 큰돈이었다. 여기저기서 자금을 마련해 공동사장으로서 일식당을 운영했는데 완전히 망한 것이다. 장사의 기본은 단골이다. 사람들에게 좋은 음식을 제공하고 고객들이 맛있어서 두 번 세 번 오는 것. 그것이 몇 년 지속되면 단골손님이 된다. 이것이 음식 사업의 가장 중요한 선순환 구조다. 오는 사람이 또 오고 또 오는 구조 말이다.

하지만 나는 사업을 하면서 그것이 보이지 않았다. 오로지 이번 달에 나가야 하는 임대료, 인건비만 생각했다. 그러자 돈 욕심이 생겨 실수를 저지르고 말았다. 식당에서 쓰는 소스나 생선 같은 중요한 재료도 저렴한 중국산을 사용했다. 나는 이것이 얼마나 잘못된 일인지를 몰랐다. 몇 년 만에 바로 문을 닫게 되었다. 나에겐 큰 시련이었다.

내가 만약 그때 '단골손님 확보'라는 명확한 목표를 가지고 사업을 했다면 정말 유명한 일식당이 되었을 것이다. 그때는 20대 후반이라 너무 어렸다. 경험이 없다 보니 그런 실수를 한 것이었다. 나는 다시는 그런 실수를 하지 않을 것이다.

당시 어릴 적에 망해 봤던 경험은 큰 교훈이 될 것이라는 주변 분들의 말이 너무 고마웠다. 하마터면 타락의 구렁텅이로 빠질 수도 있는 그런 위험한 시기였기 때문이다. 그때의 나의 경험은 지금 성공할 수 있는 재료가 된다고 생각한다. 김치찌개는 오랫동안 묵은 김치로 끓이는 것이 더 맛있다. 성공도 그런 것이 아닐까? 나의 실패들은 묵은 김치처럼 깊은 맛을 내는 재료가 될 수 있다고 생각한다.

나의 스승님, 한책협의 김태광 대표님은 항상 이렇게 말한다.

"당신이 직장인의 삶을 계속 살아간다면 당신은 절대 부자가 될 수 없다."

"나는 책을 200권을 쓰고, 800명의 작가를 배출해 낸 책 쓰기 대한민국 1호 명장이다. 그런 내가 자신 있게 말한다. 당신의 사업을 해야 부자가 될 수 있다."

"당신의 책을 써서 1인 창업을 하라. 그것이 부자가 되는 가장 빠른 방법이다."

당신이 만약 온종일 업무에 시달리며 부장님 눈치나 보면서 칼퇴근을 간절히 바라는 직장인이라고 하자. 그러면 당신은 절대 부자가 될 수 없는 조건에 속해 있는 셈이다. 좋은 부모가 있다면 아닐 수도 있다. 하지만 요즘 용어로 흙수저 인생은 절대 자본주의 사회에서 부자가 될 수 없다.

누군가 이런 말을 했다. "정년퇴직하고 남은 건 구두하고 가방밖에 없다."라고 말이다. 집은 팔아서 애들 학비에, 결혼자금에 충당하고 자신에게 남은 건 달랑 구두하고 가방이라니 말이 되는가? 이 사회는 지금 뭔가 잘못된 길을 마치 꽃길이라고 말하고 있다. 드라마 〈미생〉이 인기가 많았던 이유도 그 때문이 아닌가? 너도나도 대기업에 못 들어가면 백수로 살고 말지 뭐, 라는 식의 태도를 버리지 않는다면 당신은 자본주의 사회에서 절대 부자가 될 수 없다.

브렌든 버처드의 《백만장자 메신저》라는 책에 이런 말이 나온다.

"메신저 산업에서는 시간과 가치가 비례하지 않는다. 하루 정도 투자해 훌륭한 연설문을 작성해 두면 전문 강사로서 강연할 때마다 1만 달러에서 5만 달러를 받을 수 있다. 1년에 다섯 번만 연설한다고 하면, 투자한 시간 대비 소득이 괜찮지 않은가. 주말에 진행할 세미나를 준비하는 데 2주를 투자했는데 이 세미나에서 1인당 참가비 1,000달러를 받고 500명의 참가자를 모집하는 데 성공했다면 당신은 2주 만에 50만 달러를 벌게 되는 것이다. 또는 한 달동안 기획하고 촬영한 온라인 교육 동영상을 1,000명이 100달러를 내고 구입할 수도 있다. 그러면 한 달을 투자해서 10만 달러를 벌게 된다. 즉, 메신저 세계는 일반적인 시급 노동과는 거리가 멀다."

나는 결심했다. 내가 콜센터에서 성공한 방법으로 콘텐츠를 만들 것이다. 그것으로 나는 1인 창업을 해서 메신저의 삶을 살 것이다. 나의 콘텐츠를 개발하고 또 개발해서 기가 막힐 일을 할 것이다. 한번 들으면 모두가 놀라는 강의 콘텐츠 말이다. 그리고 많은 사람을 백만장자로 만드는 기업가가 될 것이다. 누군가는 이렇게 말할 수도 있다. "너는 돈도 없고, 인맥도 없고, 재능도 없잖아?" 라고. 그렇게 말하는 사람에게 이렇게 말해 주고 싶다. "당신은 당신의 일이나 하세요. 남의 일에 간섭하지 마시고요."라고 말이다.

드림 킬러는 나의 성공에 전혀 도움이 되지 않는다. 나는 이 작업을 가지치기 작업이라고 부르고 싶다. 나무가 크게 자라고 높이 올라가려면 잔가지들은 모두 쳐내야 한다. 그래야 태풍이 와도 끄떡없는 거목이 된다고 생각한다. 나는 가난한 사람들을 부자로 만드는 것이 국가가 반도체를 수출하는 것보다 대한민국에 더 크게 이바지한다고 생각한다. 그렇다고 해 주면 좋겠다. 그리고 그것이 내가 태어난 이유라고 생각한다. 1인 기업가로 성공하는 그날을 기다리며 오늘 하루도 기쁜 상상의 나래를 펼칠 것이다. 마치 이루어진 것처럼 말이다.

벤츠 타고 다니는
베스트셀러 작가, 유명 강사 되기

여러분은 꿈을 가지고 있는가?

8,500만 원으로 창업해 14년 만에 170조 원의 매출을 올린 사람이 있다. 그는 작은 키에 못생긴 얼굴을 가졌지만 꿈 하나로 세계를 놀라게 했다. 그는 세계 최대 온라인 기업 알리바바닷컴의 마윈 회장이다. 그는 꿈의 중요성에 대해 이렇게 말한다.

"가난보다 무서운 것은 꿈이 없는 삶입니다. 꿈은 미래의 희망이기 때문입니다. 꿈이 있다면 누가 비웃거나 비난해도 신경 쓰지 않죠. 자신이 가야 할 길을, 자신이 지금 하고 있는 일의 본질을 잘 알아야 합니다. 자신이 무엇을 하고 있는지조차 모르는 삶보다 끔찍한 것은 없어요."

성공한 사람들은 대부분 꿈이 있는 사람들이다. 모두 다 꿈에 취해 살다 보니 방법이 보이고, 꿈에 취해 살다 보니 좋은 결과를 이뤄내는 것이다. 그들은 꿈이 없이는 하루도 살 수 없다고 말한다.

하지만 일반 사람들은 꿈이 없는 인생이 마치 당연한 것처럼 사는 것을 보게 된다. 짧다고 하면 짧은 인생. 길다고 하면 긴 인생여정이다. 그 인생 동안 재능이라는 자신의 날개를 한번 세상에 펼쳐 보지도 못하고 죽음을 맞이한다면 얼마나 무의미한 인생이 될까? 자신이 이루고 싶은 재능과 능력을 창고에 넣어 두고 사는 사람들을 보면 마치 예전의 나를 보는 것 같다.

나는 어릴 적 꿈이 없었다. '인생 뭐 있나? 그냥 살다 가는 거지 뭐'라는 위험한 생각을 하면서 살았다. 드림킬러를 자처하고 남의 꿈을 욕하고 비웃기를 좋아했다. 인생이 잘 풀릴 수가 없는 조건을 모두 갖추고 있었다. "네가 뭐? 대통령이 되겠다고?", "네가 공부만 잘하지 다른 건 못하잖아?" 잘되는 사람을 시기하고 질투하며 내 젊은 시절을 다 보냈다. 마치 그것이 내가 세상에 존재하는 이유인 것처럼 행동했다. 돈이 많은 사람은 모두 사기꾼이라고 생각하며 내가 많이 벌지 못하는 것을 합리화했다. 그런 것이 잘 사는 거라는 착각의 덫에 빠져 살았다. 불행을 마치 훈장처럼 머리 위에 달고 살았던 것이다. 정말 미친 듯이 내 멋대로 살아 보니 많은 문제점이 발견되었다.

세상은 베풀어 준 만큼 다시 돌려준다는 말이 있지 않던가? 나는 그런 세상을 향해 매일 쓰레기를 배출하고 있었던 것이다. 더러운 말버릇, 고약한 심성, 폭력적인 성향 등 난장판으로 인생을 살다 보니 그때부터 자연스럽게 인생이 꼬이기 시작했다. 자연의 법칙은 위대하다. 베푼 만큼 돌아오니 말이다.

그 결과 인간관계는 더욱 악화되어 부모님과도 다투는 일이 잦아졌다. 회사일도 내 혈기대로 하다 보니 사장님과 싸우고 잘리는 경우가 많았다. 돈에 대한 부정적인 인식 때문에 들어온 돈은 투자로 이어지지 않았다. 그냥 다 소비되어 어디론가 사라져 버렸다.

그러다 서른 살이 되어서 '아, 이건 뭔가 잘못된 것 같다'라는 생각이 문득 들었다. 이렇게 계속 살아도 괜찮은 걸까? 라는 미래에 대한 두려움에 한동안 시달리기도 했다.

뭔가 불안하고 걱정이 많아지자 내 문제의 해결책을 찾아 지푸라기라도 잡는 심정으로 책을 닥치는 대로 읽어 보았다. 이렇게 살다가는 정말 죽을 것 같았기 때문에 그랬던 것 같다. 마치, 내 체력을 다해 높은 산 정상에 올랐는데 깜빡하고 물을 안 가져와 사방을 뒤지며 먹을 물을 찾는 심정이었다.

그런 심정으로 서점에서 책을 수십 권을 골라 읽었다. 그러던 중 남인숙 작가가 쓴 책을 보다가 뭔가 내 머리를 강타하는 것을 느꼈다. 책 속의 어느 한 구절에서 나는 몸을 움직일 수가 없었다.

"똑똑한 사람은 스스로 초라하게 만들지 않는다. 행복한 사람에 대한 편견을 버려라. 불행한 사람만이 인생을 안다고 착각하지 마라. 나보다 나은 조건에서 출발해서 행복하게 사는 사람들을 질투하며 내 에너지를 허비하는 대신 내 행복에 집중해야 한다. 인내를 모르면 성취도 영원히 없다. 타인의 장점을 자기 것으로 만들어라."

인류의 역사가 예수님을 기준으로 BC, AD로 나뉘듯 그날 이후로 내 인생은 비포, 애프터로 나뉘게 되었다. 그날 이후로 내 인생에는 많은 변화가 찾아 왔다.

만약 그때 나에게 책이 없었다면 나는 정말 사회부적응자로 전락해 버렸을 수도 있었겠다, 라는 생각이 들었다. 좋은 책은 내 인생의 나침반이라는 생각을 하게 되었다. 그 후로 좋은 책을 골라 읽었다. 평소보다 독서량이 엄청나게 늘어났다. 가끔 책에 취해 밤을 꼬박 새운 적도 있었다. 책 속의 영웅들, 천재들과 대화하는 것이 무척 좋았다.

독서를 많이 해 본 사람이 느끼는 게 있다. 일단 독서를 안 하는 친구와는 자동으로 멀어지게 된다는 것이다. 맨날 뭐 하고 놀지? 하고 걱정하는 친구와도 멀어지고, 시간만 나면 여자들과 놀러 다니는 친구와도 멀어지게 된다. 내가 책에서 만나는 사람들은 모두 성공한 사람들, 경영 천재들, 위대한 인물들이기 때문이다. 레벨의 차이가 심하게 나면 둘 중 한 명이 상대를 거부하게 된다. 마치 자석의 N극과 N극이 만나면 멀어지는 것처럼 말이다.

그러던 어느 날 나에게 꿈이 생기게 되었다. 책 속의 천재들과 친하게 대화하고 놀다 보니 그들의 사고방식이 내 머릿속에 돌아다 니고 있었다.

'나도 저런 사람들처럼 가치 있고, 사회에 도움이 되는 사람이 되어야겠다.'

'많은 사람들을 치유하고, 행복하게 해 주고, 백만장자로 만드는 베스트셀러 작가가 되어야겠다.'

'브라이언 트레이시처럼 나도 많은 사람들을 부자로 만들어 주 는 사람이 되자.'

많은 사람들이 내 책을 읽고 힘을 얻고, 살아갈 이유가 생기고, 삶이 더 행복해진다면 대통령보다 더 세상에서 가치 있는 일을 하 는 것이다. 내가 북한을 갈 수는 없지만 내가 쓴 책은 북한에 가서 많은 일을 할 수 있다. 내가 아프리카 오지에서 아이들을 만날 수 는 없지만, 내가 만든 책은 그 아이들에게 희망과 꿈을 전해 줄 수 있다. 꿈은 사람을 움직이게 하고, 꿈은 세상을 보다 밝고 가치 있 게 만들어 주기 때문이다. 내 인생을 한탄하고, 부모를 원망하며 살았던 내가 변하기 시작했다.

세계적인 성공학 강사 브라이언 트레이시는 이런 말을 했다.

"좋아하는 일로 돈을 벌어야 부자가 될 수 있다."

나는 내가 좋아하는 일을 찾았다. 책을 쓸 때만큼은 정말 행복하다. 나는 내가 좋아하는 일을 해서 세계적인 베스트셀러 작가가 될 것이다. 그럼으로써 독자도 나의 책을 읽고 부자가 되고 나도 부자가 되는 멋진 인생을 살고 싶다. 고급 승용차를 타고 다니며 많은 사람들에게 선한 영향력을 끼치는 삶을 살고 싶다. 나를 응원해 주고 성장시키는 사람은 바로 나 자신이다. 할 수 있다고 믿고, 당당하고 멋지게 살고 싶다.

당신도 이 책을 보고 뭔가 느꼈다면, 당신이 좋아하는 일을 찾아라. 그리고 그 좋아하는 일로 돈을 벌어라. 세상은 당신을 기다려 주지 않는다. 지금 당장 당신의 꿈을 찾아 멋있는 여행을 떠나기 바란다. 분명 운명의 여신은 당신을 도와줄 것이다. 하늘은 스스로 돕는 자를 돕는 법이니까.

나의 성공을 내조할 수 있는 현명한 아내와 결혼하고 함께 세계여행 다니기

당신은 결혼에 대해 거부감을 가지고 있는가? 나는 결혼에 대해 심한 거부감을 가지고 있었다. '나는 왜? 결혼에 대해 두려움을 가지고 있을까?'라는 물음에 대한 해답을 찾기 위해 서점에 들른 적이 있었다. 서점가에 결혼에 관한 책들이 쏟아져 나오고 있었기 때문이다. 나는 결혼 관련 인기도서로 등극한 법륜스님의《스님의 주례사》라는 책을 읽게 되었다.

"결혼할 때는 두 가지를 기억해야 해요. 첫 번째는 내가 사랑하고 내가 좋아할 뿐이지 상대에게 대가를 요구하면 안 된다는 겁니다. 두 번째로 안 맞는다는 것을 전제로 출발해야 합니다. 그러니까 출발할 때는 양쪽이 맞는 건 10퍼센트고 안 맞는 게 90퍼센트에서 출발해서 결과는 공통점 90퍼센트, 차이점 10퍼센트를 목표로 만들어 가면 됩니다."

이 책에서 강조하는 내용은 결혼 상대자에게 대가를 바라고 뭔가를 해서는 안 된다는 것이다. 그리고 서로 오랫동안 삶의 방식이 다른 환경에서 살다가 만났기 때문에 100% 맞는 것은 힘들다는 것이다.

이 두 가지는 결혼에 대한 나의 생각을 '아~ 정말 해 볼 만한 것이다', '서로 조금만 노력하면 행복할 수 있겠구나'라고 바뀌게 해 주었다. 뭔가를 해 주고 대가를 바라는 것은 사람이라면 당연한 것이다. 사회생활의 기본은 기브 앤 테이크다. 1개를 주면 반드시 1개 이상은 받는다는 사고방식이 우리의 머릿속에 자리 잡고 있다. 그것은 결혼을 망치고 방해하는 가장 큰 요소라고 책에서는 강조한다.

결혼하면 상대가 나의 가족이 되는 것이다. 부모가 자식에게서 식비를 받는가? 집세를 받는가? 학원비를 청구하고 안 주면 학원을 그만 보내는가? 그냥 해 주는 것이다. 조건 없는 사랑. 물론 집세나 밥값을 자녀에게서 받는 사람도 있을 것이다. 하지만 가족이라는 개념은 너의 것과 나의 것에 경계가 없는 것이다. 그래서 결혼은 한쪽이 돈이 너무 많아도 문제가 생기고, 한쪽이 너무 똑똑해도 안 된다는 말이 있는 것 같다. 연구 결과에 따르면 '상대와 나의 경제력이나 학력이 비슷할수록 결혼이 행복하다'라고 한다. 내가 돈이 많다고 아내나 남편을 마치 가정부를 부리듯 한다면 결혼 생활을 오랫동안 지속할 수 없는 것이다. 돈 많은 사람과 결혼해서 더 불행해지는 이유도 여기에 있다. 예전에 〈사랑과 전쟁〉이라는, 실화를 바탕으로 한 드라마에서 이런 내용을 본 적이 있다.

'A 씨의 애지중지 키운 딸이 5년 전 의사와 결혼을 준비하고 있었다. 상견례까지 다 마친 상황이다. 그런데 갑자기 딸이 파혼을 선언했다. 그리고 다니던 회사의 사장의 아들과 결혼하겠다고 했다. A 씨는 안정된 직장의 의사를 추천해 주었지만, 딸은 회사를 물려받을 사장의 아들에게 더 관심이 많았다. 그러다 사장의 아들과 관계를 가지고 아이를 덜컥 임신해 버렸다. 문제는 사장 아들의 집안에서 일어났다. 사장 아들의 어머니는 A 씨의 딸에게 '당장 헤어지고, 아이는 지워라', '10억을 줄 테니 임신중절수술을 하라'라고 제안했다. 하지만 여자는 20억을 달라고 요구했다. 여자의 무리한 요구에 "네 맘대로 해라."라는 답변이 돌아왔고, 여자는 회사를 상속받을 목적으로 그냥 아이를 출산하게 된다. 하지만 사장 아들은 그녀의 심보를 눈치채고 다른 여자와 결혼하게 된다. 낙동강 오리 알 신세가 된 여자는 친자확인과 위자료 10억 원 소송을 법원에 내게 된다. 법원에서는 불행하게도 위자료 1,000만 원, 양육비 100만 원의 판결을 내리게 된다. 여자는 남자의 사랑을 받지도 못하고, 미혼모로 살아야 하는 비참한 결과를 맞는다.'

무모한 결혼은 비참한 결과를 만들어 낸다. 이 사회가 만들어 낸 결혼에 대한 환상이 사람들로 하여금 더욱 결혼에 대해 증오심을 가지게 만든다. 요즘 정말 TV만 켜면 호텔 사장과 말단 사원이 우연히 만나 결혼에 성공하는 내용이라든지, 갑자기 나타난 아이가 친아들이라며 사장 자리를 달라거나 재산을 요구한다든지 하는, 말도 안 되는 설정의 드라마가 대박 히트를 치고 있다.

나는 이렇게 생각한다. 비슷한 사람끼리 정말 사랑 하나로 모든 것을 견뎌 낼 수 있는 결혼이 가장 이상적인 결혼이라고. 서로를 존중하고 배려하는 것도 포함해서 말이다.

그렇다면 잘 사는 부부들은 어떤 가치관을 가지고 살까? 갑자기 궁금해졌다. 가장 이혼율이 높다는 연예계에서 오랫동안 잉꼬부부로 소문난 최수종, 하희라 부부는 TV 프로그램에 나와서 이렇게 말했다. "사랑에 유효기간이 어디 있습니까?" 그리고 이런 이야기도 했다. "결혼 전 궁합을 봤는데 1년 안에 이혼한다고 하더라고요." 그들은 후천적인 노력으로 나쁜 궁합도 극복할 수 있다고 하면서 이렇게 말했다.

"저희는 결혼 25년 동안 한 번도 싸우지 않았습니다. 그 비결을 말하라고 하면 이렇게 말하곤 합니다. 저는 제 부인을 딸처럼 생각합니다. 그럼 싸울 일이 없어져요. 보통 딸이 실수를 할 때 크게 야

단치는 부모는 없습니다. 이해하려고 노력하죠. 저는 아내에게 큰 기대를 하지 않습니다. 아내라고 생각하면 그럼 문제가 생깁니다. 기대하는 것이 많아서 그런가 봐요. 이벤트도 자주 해 줍니다. 무미건조한 결혼생활보다 가끔 이벤트가 있으면 신혼으로 돌아간 기분이에요."

과연 대단한 부부가 아닐 수 없다. 자식같이 여긴다는 말은 서로 귀중한 존재라고 생각하는 것이다. 결혼했으니 '잡은 고기에게 밥을 주지 않는다'라는 말을 하는 사람들처럼 살지 않는 것이다. 서로 간섭하지 않고 배려해 준다는 말. 정말 최고의 결혼 비결이다. 성공을 응원해 주는 현명한 배우자와 만나 결혼하는 것이 나의 버킷리스트다. 그리고 함께 세계여행을 다니는 것이 나의 꿈이다.

내가 원하는 현명한 배우자라는 것은 외모나 재산을 말하는 것이 아니다. 나의 성공을 진심으로 응원해 주고, 내조를 잘해 주는 사람을 말한다. '돈이나 벌어 와'라고 하는 사람은 만나지 않을 것이다. 행복한 결혼이란 상대방과 내가 100%를 맞추어 가는 멀고먼 여정이다.

나와 생각과 습관이 100% 맞는 사람은 없다. 모래사장에서 잃어버린 반지를 찾는 것보다 더 어려울 것이다. 나는 마음의 문을 활짝 열고 배우자를 맞이할 준비를 할 것이다. 이 글을 읽고 계신 여러분도 그랬으면 좋겠다. 우리의 행복은 다른 데 있지 않다. 내 마음의 주인은 바로 남이 아닌 우리 자신이기 때문이다.

아프리카에 학교를 지어
재단 이사장 되기

예전에 서울 숭실대학교에서 열린 강연회에 참석한 적이 있었다. 베스트셀러 작가이자 강연가인 이지성 작가의 강연회였다. 내가 평소 즐겨 읽었던 《꿈꾸는 다락방》의 주인공을 만나는 것 자체가 너무 설렜다. 그는 강연장에서 왼손에 한 권의 책을 들고 이런 말을 했다.

"필리핀에 세계 3대 최빈국 '톤도'라는 마을이 있습니다. 혹시 거기서 지금 무슨 일이 일어나는지 알고 계십니까? 매년 쓰레기 산에서 산사태가 일어나 수백 명이 깔려 죽는 마을입니다. 오늘 아침에 같이 놀던 아이가 쓰레기더미에서 음식을 잘못 주워 먹어 시체로 발견되는 마을입니다. 아이들이 놀이터에서 놀다가 실종되고 다른 곳에서 장기가 적출되어 사망하는 마을입니다. 저는 이 사실을 듣고 매우 큰 충격을 받았습니다. 돈 버는 나의 목적과 의미에 관해 다시 생각해 보는 계기가 되었습니다. 그래서 2010년부터 이곳에 학교를 지어 주고 빵 공장을 지어 주고 있습니다. 여러분은 그냥 귀로만 듣고 흘리실 겁니까? 이 책의 수익금은 전액 그 마을을 위해 사용됩니다. 아이들의 식비와 학교 운영비로 사용됩니다. 여러분도 동참해 주시기 바랍니다."

정말 감동적인 강연회였다. 나는 어떻게 하면 성공하고 잘사는지에 대한 방법을 찾으러 강연회에 갔다. 하지만 그보다 더 중요한 사실을 깨닫게 되었다. '나보다 더 힘들고 어렵게 사는 사람들을 위해 나는 무엇을 할 수 있을까?'라는 질문을 하게 되었다. 이것을 두 글자로 하면 '비전'이라고 말하고 싶다. 꿈 너머 꿈에 관한 것이다.

당신은 죽기 전에 꼭 이루고 싶은 비전이 있는가? 나는 한 가지 비전을 품고 살고 있다. 나의 버킷리스트 중 한 가지가 책이 없고, 학교가 없어 공부할 수 없는 아이들에게 학교를 지어 주는 것이다. "네가? 학교를 짓는다고?"라고 말하는 사람도 있을 것이다. 난 믿는 것이 한 가지 있다. 우주의 법칙이다. 우주는 내가 상상하고 꿈꾸는 것을 이루어 준다고 믿는다.

여러분이 아침에 배가 고파서 맛있는 음식을 상상했다고 가정해 보자. 그 꿈은 100% 이루어지게 되어 있다. 안 먹으면 배고파 쓰러질 수도 있기 때문이다. 나의 꿈도 그렇다. 내가 학교를 짓겠다는 꿈을 꾸고 간절히 소망한다면 그 꿈은 이루어진다. 안 이루어지면 죽을지도 모를 만큼 고통스럽다면 그 꿈은 100% 이루어진다. 간절하게 끌어당길 때 꿈을 이루어 주는 것이 우주의 법칙이기 때문이다.

중국의 루쉰이 쓴 《고향》이라는 책에 이런 글귀가 있다.

"희망이란 본래 있다고도 할 수 없고, 없다고도 할 수 있다. 그것은 마치 땅 위의 길과 같은 것이다. 본래 땅 위에는 길이 없었다. 걸어가는 사람이 많아지면 그것이 곧 길이 되는 것이다."

아무도 가지 않는 길이라고 할지라도 많은 사람이 가면 그것이 바로 길이 된다. 처음부터 정해진 길은 존재하지 않는다. 희망도 그렇다. 희망을 가슴에 품고 살아가는 사람에게는 희망이 존재하는 것이고, 그렇지 않은 사람에게는 희망은 없는 것이다.

나는 어릴 적 매우 가난하게 살았다. 희망이나 비전 같은 것은 나에게 사치였다. '오늘 엄마가 도시락을 싸 주실 것인가?'가 그날그날의 관심사였다. 아버지의 사고로 집안은 급격하게 기울어졌고,

학교에 도시락도 못 싸서 갈 때도 많았다. 지금은 모든 학교에 급식이 제공되어 그럴 일은 없다. 하지만 그때는 공부하고 싶어도 먹고 사는 일에 허덕이는 부모님께 책 살 돈을 달라고 말하기도 미안했었다. 가장 중요한 점은 공부를 왜? 열심히 해야 하는지에 대한 이유를 몰랐다. 그러다 보니 공부에 대한 열정과 의욕이 생기지 않았던 것 같다.

어느 날 아버지가 나에게 물었다. "너는 커서 뭐가 될 거냐?" 나는 "네, 아버지처럼 열심히 일해서 삼겹살을 많이 먹을 수 있도록 부자가 되는 것입니다."라고 말했던 기억이 난다. 그러자 아버지는 "자고로 사내대장부는 꿈이 커야 한다."라고 가르치셨다.

지금은 비전이 생겼다. 나는 돈을 많이 벌어야 한다. 분명한 목적이 있기 때문이다. 벌어들인 돈을 좋은 곳에도 쓰고, 내 꿈에도 쓰고 싶다. 나중에는 이지성 작가처럼 "내 책의 수익금 전액은 돈이 없어 밥을 못 먹는 아이들에게 전달됩니다."라고 말하고 싶다.

어느 날 잡지를 보다 대치동의 학원 강사로 유명한 K 강사에 대한 기사를 읽은 적이 있다. 그는 연봉 1억이 넘는 유명강사였다. 학원장을 시켜 줄 테니 그 자리를 맡아 달라고 하고, 분점을 내줄 테니 대표직을 맡아 달라고 하는 문의가 빗발치는 VIP 강사였다. 그는 수억 원과 좋은 조건을 거절하고 이렇게 말한다.

"제가 하는 입시교육은 아이들에게 전혀 도움을 주지 못합니다. 그런 교육을 이제는 더는 하고 싶지 않습니다. 저는 아이들에게 진짜를 교육하고 싶습니다. 진짜 교육이란 명문대를 나와 잘나가는 직장에 들어가게 하는 교육이 아닙니다. 빵이 없어 못 먹는 어려운 아이들에게 도움을 줄 수 있게 만드는 교육입니다. 책이 없어 책을 못 보는 아이들에게 도움을 줄 수 있게 만드는 교육입니다. 그런 교육이 세상을 변화시키는 인재를 만들어 낸다고 생각합니다. 저는 아이들을 명문대에 많이 진학시켜 보았지만, 큰 보람은 느끼지 못했습니다. 우리나라 교육 현실을 보면 미래를 이끌고 나갈 인재는 나올 수 없습니다. 저는 명문대보다 아이들에게 더 중요한 가치관을 심어 주는 작가가 되고 싶습니다."

그 강사는 수억 원의 강사료를 포기하고 지금은 작가로 활동하고 있다. 책을 써서 수익금으로 많은 아이들을 도와주는 삶을 선택한 것이다. 그는 하루하루가 무척 행복하다고 한다. 아이들의 편지를 읽고 눈물을 흘리기도 한다. 공책 한 권에 고마워서 세상을 다 가진 듯한 눈빛을 하는 아이들을 보면 삶이 즐거워진다고 한다. 나는 잡지를 보며 많은 깨달음을 얻고 눈물을 흘렸던 것을 기억한다. 우리는 우리의 자녀, 아이들에게 무엇을 줄 수 있는가? 그저 공부를 잘해서 좋은 대학에 가는 것이 아이 인생의 최대 목표가 되어야 하는가?

나는 나의 버킷리스트인 학교를 지어 주고 빵과 먹을 것을 주는 일을 죽기 전에 꼭 이룰 것이다. 이 글을 쓰면서 벌써 감동의 물결이 넘치고 꼭 책을 써야겠다는 생각이 확고해진다. 이 꿈은 반드시 이루어질 거라 확신한다. 세계적인 부자이자 자선사업가인 빌 게이츠가 한 말이 생각난다. "가치 있는 삶을 살아야 합니다." 나는 세상의 정해진 틀에서 벗어나 새로운 비전을 가지고 살고 싶다. 더욱 가치 있는 삶. 당신도 충분히 할 수 있다.

좋은 멘토를 만나고
가르침을 받아 2,000% 성장하기

유럽 10개국에 700여 개 매장을 가진 도시락재벌 켈리 최 회장을 아는가? 당시 빈털터리 40대 한국인이 유럽에서 성공했다는 기사가 연일 화제였다. 그녀는 프랑스에서 친구와 광고 관련 사업을 하다가 망하게 된다. 9년 동안 회사를 운영했지만 사업은 실패로 끝났다. 그녀에게 남은 건 빚 10억 원뿐이었다. 그녀는 죽음을 생각하기도 했을 만큼 힘들었다고 고백한다. 그러다 '어머니의 딸로서 이러면 안 되지' 결심하고 그녀는 사업 관련 책 100권을 읽고 멘토를 찾기 시작했다고 한다.

"'유명한 사람은 내게 관심이 없을 거야'라는 생각을 버리세요. 들이대세요. 다만 들이대더라도 '센스 있게' 해야 합니다. 멘토로 삼고자 하는 사람의 저서와 인터뷰를 모두 읽으세요. 그 사람의 약력·철학·비전을 달달 외우세요. 이렇게 하고도 해결 못한 궁금증이 있다면 메일을 보내 보세요. 진정성이 통하면 아무리 바쁜 사람이라도 답해 줍니다."

그녀는 각고의 노력 끝에 프랑스 대통령이 행사마다 찾는다는 초밥 장인 야마모토 씨에게서 초밥 만드는 법을 전수받았다. 김밥 도시락으로 미국에서 성공한 스노우폭스 김승호 회장에게서는 경영방식을 배웠다. 그리고 맥도날드 유럽 CEO 드니 하네칸(Denis Hannequin)에게서는 글로벌 시스템을 배웠다고 했다.

멘토들의 조언을 듣고 바로 실행에 옮기는 사람은 정말 간절한 사람이다. 대부분의 사람들은 조언을 해 주면 "그래 그렇게 좋은 거 너나 해라."라고 하며 귓등으로 듣기 일쑤다.

한 분야에 최고의 전문성을 가진 사람을 장인이라고 한다. 떡볶이를 만들더라도 최고의 맛집으로 인정받았다면 대통령이라도 그 장인에게 배워야 한다. 나의 현재 모습이 전문가가 아닌 일반 등급이라면 전문가에게 조언을 구하고 실행에 옮길 준비를 해야 한다.

나는 살면서 30대까지 멘토가 없었다. 매일같이 어울리는 사람들은 모두 나와 같은 수준의 친구들뿐이었다. 미래에 대한 비전은 없고, 매일 술이나 퍼마시고 놀러 갈 궁리만 하는 친구들이었다.

어느 날 친구 한 명이 술을 먹다 시비가 붙어서 같이 경찰서에 갔던 적이 있었다. 그때 이런 생각이 들었다. '내가 이런 친구들과 계속 만나야 하나?' 난 그 자리에서 결단했다. '관계를 깔끔하게 정리하자.', '쓰레기도 분리수거를 해야 한다. 내 주변의 사람들도 마찬가지로 분리수거를 해야 할 필요가 있다. 어쩔 수 없이 끌려다니는 인생을 살지 말아야 한다.'

그날 이후로 난 그 친구들에게 카톡 차단, 문자 차단, 전화 차단을 걸어 버렸다. 그 친구들에게는 미안하지만 난 더 이상 그 사람들에게 내 시간을 쓰고 싶지 않았다. 그 후로는 좋은 책을 보고 세미나를 들으러 다니는 시간이 많아졌다.

그러던 찰나에 한책협의 김태광 대표님을 만나게 되었다. 지금 내가 이렇게 책을 쓰게 만들어 주신 장본인이시다. 그분은 900명의 작가를 배출한 분이다. 200권의 책을 쓴 분이다. 이건 뭐 기네스북에 올라가야 할 일이 아닌가?

그분의 1일 특강에 참여하게 되면서 나의 한계가 적나라하게 드러나게 되었다. 마치 여자들이 화장을 고칠 때 거울로 자신의 얼굴을 들여다보는 것처럼 말이다. 대표님은 내 현실을 거울로 들여다보게 해 주셨다. 나에게는 천사 같은 분이다.

나는 나의 멘토를 김태광 대표님으로 정했다. 지금의 나를 만든 것은 쓰레기 분리수거를 했던 일이다. 그 당시에는 어려운 결정이었다. 하지만 과감하게 실행에 옮겼다. 당신도 지금 당장 관계의 쓰레기 분리수거를 실시하라. 당신의 재능을 끌어올려 줄 수 있는 멘토를 찾아서 2,000배 성장하는 사람이 되어라. 배워야 한다. 내가 지금 부족하다면 배워야 산다. 나보다 더 발전적인 사람을 만나야 한다. 축구선수 박지성과 피겨요정 김연아처럼 말이다.

축구선수 박지성 선수에게는 히딩크 감독이 있었고, 피겨여왕 김연아 선수에게는 브라이언 오서 코치가 있었다. 그들이 그런 멘토를 만나지 못했다면 동네 축구나 스케이팅을 하고 있을 것이 뻔하다. 세계에 대한민국을 알리는 일은 하지 못했을 것이다.

그들이 처음부터 세계적인 선수였을까? 아니다. 그 사람들에게도 아무것도 모르던 새내기 시절이 있었다. 나도 그렇고 당신에게도 분명히 새내기 시절이 있다. 지금 당장 잘되는 사람들을 보고 배 아파하지 않기를 바란다. 그들도 시작은 초라했다. 우리와 그들의 다른 점은 딱 한 가지다. 훌륭한 멘토를 가지고 있는가?의 차이일 뿐이다. 그들은 훌륭한 멘토의 영향을 받아 크게 성장할 수 있었던 것이다.

혹시 탈옥수이자 강도 살인범 신창원을 기억하는가? 그는 강도 살인으로 무기징역을 선고받았다. 억울해서 탈옥을 하고 2년 6개월 만에 다시 잡혀 오게 된다. 그때 이런 말을 했다고 한다.

"저는 어릴 적 어머니가 일찍 돌아가시고, 불우한 가정에서 자랐습니다. 아버지는 매일 폭력적으로 저를 때렸고, 수박서리를 하던 저를 소년원에 보내셨습니다. 그 후로 전과자로 낙인찍혔고 또래 친구들은 저를 멀리했습니다. 소년원 친구들과 더욱 친하게 지내게 되었습니다. '부자들의 집만 털자'라고 생각하며 친구들과 강도행각을 벌이다가 친구가 우발적인 살인을 저지르게 되었습니다. 그런데 그 친구는 부자여서 좋은 변호사를 선임해 풀려나고 저만 무기징역을 선고받았습니다. 억울해서 탈옥을 했고, 2년 6개월 만에 다시 잡혀 왔습니다. 저를 이렇게 만든 건 5학년 때의 학교 선생님입니다. 그 선생님은 저에게 '야, 미친놈아, 돈도 없는 게 학교는 왜 와? 빨리 꺼져'라고 말했습니다. 만약 그때 그 선생님이 내 머리를 한 번만 쓰다듬어 주었다면 지금의 저는 없었을 겁니다."

'근묵자흑(近墨者黑)'이라는 말이 있다. 자신도 모르게 친구들과 주변 사람들에게서 영향을 받게 된다는 말이다. 신창원이 만약 좋은 선생님, 좋은 멘토를 만났다면 과연 이런 일이 발생할 수 있었을까? 그럴 수 없다. 이 사회가 문제이기도 하고 그의 불행한 가정도 문제다. 하지만 그는 쓰레기 분리수거를 잘못했던 것이다. 오로지 사회에 대해 악한 감정만을 가지고 살아서 비참한 결과가 나온 것이다.

주변을 보면 '대통령을 탄핵시키자', '조국을 끌어 내리자'라고 말하는 사람들을 보게 된다. 부정적인 감정은 부정적인 결과를 만들어 낸다. 나는 그들이 현재 자신이 처한 문제에 집중하지 말고, 훌륭한 멘토를 만들어 더 밝고 희망적인 사람들이 되기를 바란다. 나는 내 삶의 100가지 문제를 바라보기보다 1가지 희망을 바라보고 과감하게 번지점프를 하고 싶다. 과거에 집착하지 않고 미래의 희망을 바라보는 그런 멋진 삶을 살고 싶다. 그것을 이루어 주는 분이 바로 멘토다. 당신에게는 지금 당신을 이끌어 줄 멘토가 있는가?

PART
10

배움을
가까이하고
즐겁게 나누기

· 신디샘 ·

신디샘 유대인식 언어학습법 연구가, 영어교육 전문가, 에듀테이너, 김포영어학원 공동대표,
Motivation Speaker, Marathoner

넘치는 에너지와 밝은 웃음으로 '김포신디샘'이라는 닉네임으로 2006년부터 현재까지 영어교육사업을 하고
있다. 지혜로운 미국 유대인 남편 저스틴과 결혼하여 유대인의 교육에 깊은 관심을 갖게 된다. 배우기를 즐거워
하는 아이, 책을 좋아하는 아이, 영어로 세상에 꿈을 펼칠 수 있는 아이로 성장시킬 수 있도록 교육사업을 하
고 있다. 경험과 독서가 자녀교육에 있어 우선이라고 생각한다.

Cindy's Town
건립하기

나에겐 초등학생 때부터 해 오던 행복한 습관 하나가 있다. 건물을 우선 그리고 1층부터 6층까지 하고 싶은 사업을 집어넣고 상상하던 습관이다. 처음에는 1층에 문방구를 넣었던 것 같다. 중학교 때는 이모가 해 주시는 맛있는 음식을 매일 먹을 수 있게 식당을 넣었었다. 고등학교 때는 산울림이라는 멋진 밴드를 알게 되어그 음악을 늘 감상할 수 있는 음악감상실을 넣었다.

그러고 나서 시간이 많이 흘러 신체적인 청춘시절은 모두 아쉽게 흘러갔다. 하지만 우주를 알게 된 내 의식세계의 청춘시절은 아마 지금인 듯싶다.

초등학생 때 가졌던, 건물 하나에 내가 하고 싶은 것들을 모아두고 많은 이들을 행복하게 해 주고 싶었던 꿈. 그 꿈을 이제 다시

선명하게 계획하고 실천한다. 그때에 비해서 더 원대해지고 사업성
도 생각해 보는 어른스러움과 함께. 상상의 힘을 잃지 않았다는 게
얼마나 행복한지 모르겠다.

어렸을 때는 그저 상상하는 것이 즐거웠다. 그리고 성장해 오면
서도 상상하는 습관은 계속 이어져 왔다. 나는 영어학원이라는 교
육 사업을 하면서 멘털을 강하게 유지하기 위해 마라톤을 시작했
다. 상상보다는 몸으로 부딪치는 일을 더욱더 하긴 했다. 하지만 상
상의 힘이 오늘의 나를 있게 했다고 확신한다.

이런 상상을 할 때마다 나의 어머니는 "넌 참 대단하다. 난 널
믿는다. 넌 한다면 하는 애니까."라고 나를 격려해 주셨다. 이상하
게 나도 내가 계획하면 언젠가는 될 거라 믿었다.

나는 지금 김포에서 영어학원을 하고 있다. 5세의 귀여운 어린
아이들부터 검정고시를 준비하시는 할머니, 이민을 계획하는 가장
인 아버님, 아나운서를 꿈꾸는 예쁜 대학생까지. 정말 다양한 사람
들에게 영어라는 멋진 인생무기를 장착시켜 주고 있다.

초반에는 내게 찾아온 사람들이 과연 영어를 성공적으로 장착
할 수 있을까 확신이 들지 않기도 했다. 아마도 그때가 학원사업을
하면서 제일 힘들었던 시기였던 것 같다. 하지만 지나고 나니 이제
알겠다. 참으로 어리석은 생각이었다는 것을. 요즘에는 내게 오는
모든 사람들에게 영어성공의 확신을 심어 준다. 당연히 내가 그런

결과를 믿고 있으니까. 그래서인지 학원생활이 매우 즐겁다. 전에는 힘든 걸 숨기고 아이들을 대하려니 숨쉬기조차 힘들었다. 그래서 긴 호흡을 위해 마라톤을 시작하고 뛰고 숨 쉬는 리듬을 익혔다.

이제 학원사업은 성공적으로 안착되었다. 한책협을 통해 의식 확장을 더욱 확고히 하게 되었다. 그런 지금, 초등학교 때부터 그려온 나의 건물, '신디의 타운'을 구체적으로 세우고자 한다.

미국에 가서도 아이들을 위해 만들어진 미니 골프코스를 눈에 담아 왔다. 외국인까지 다양하게 먹을 수 있는 글로벌 레스토랑을 열어야겠다는 생각에 식당 분위기도 꼼꼼히 봐 왔다.

그리고 그 위층에는 지금 내가 운영하고 있는 영어학원을 체험프로그램과 더불어 멋지게 꾸미고 싶다. 한국에서 영어학원을 하면서 아이들이 롤 플레이를 할 수 있고 오감을 자극하는 공간을 함께 꾸몄으면 하는 생각이 늘 있어 왔기 때문이다. 이런 살아 있는 체험학습은 아이들의 장기기억으로 남아 진짜 영어실력이 될 수 있다.

그런 결과를 얻게 되면 한국에서 슬픈 기러기아빠는 자취를 감추지 않을까? 행복을 위해 결혼을 선택한 한 남자가 자식 뒷바라지를 위해 희생을 강요당하는 현실을 보면 참 마음이 아프다. 가족은 함께 있어야 된다고 생각한다. 하지만 기러기아빠들은 낮에는 직장에서 밤에는 집에서 혼자 모든 걸 감수해야 한다.

그래서 나는 영어를 확실하게 내 것으로 만들어 낼 수 있는 프로그램과 환경이 갖추어진 공간을 '신디의 타운' 메인에 확보할 것이다. 아이들이 즐겁게 수업할 때 엄마들이 힐링하며 기다릴 수 있는 공간도 생각해 두었다. 샴푸, 마사지, 네일 케어, PT 등. 엄마들을 젊게 꾸며 줄 핫맘스클럽을 만들 것이다. 그리고 나 역시도 이곳을 자주 이용하며 젊은 엄마, 멋진 엄마, 세련된 엄마의 이미지를 계속 유지해 나갈 것이다.

그리고 맨 위층에는 '신디의 오피스'가 마련된다. 러닝머신과 20분 낮잠공간이 확보된 나만의 아이디어 캐이브다. 지금도 나에겐 순간순간 아이디어가 떠오를 때마다 메모하는 습관이 있다. 이 '신디의 오피스'에서 더 큰 세계, 더 큰 미래, 더 큰 꿈을 계속 키워 나갈 생각에 지금도 가슴이 뛴다.

마지막으로 꿈의 공간, 옥상이다. 낮에는 이곳에서 아이들이 미니어처 골프와 수영을 할 것이다. 잔디로 채워진 넓은 공간에서 피크닉을 할 수도 있고, 원두막에서는 아이들이 일기나 글을 쓰거나 책을 읽기도 할 것이다.

밤에 꿈의 공간은 신나는 풀 바로 바뀐다. 외국인과 한국인, 젊은 친구들이 즐길 수 있는 핫 데이, 또 가족이 캠핑하며 빔으로 영화를 보면서 소중한 추억을 만들 수 있는 공간이 요일별로 이벤트식으로 펼쳐진다.

내게는 미국에서 사시는 시부모님과 친척들이 있다. 그들의 공간은 가족을 위한, 친구를 위한, 또 나를 위한 휴식 공간들이 주다. 하지만 한국에는 아직 휴식 공간이 많이 부족한 것 같다. 직장을 위해 잠시 쉰다는 느낌까지 받기도 한다.

우리에게는 이번 소중한 인생을 행복하게 살아가야 할 의무가 있다. 함부로 시간을 버리거나 나 자신을 소중하게 생각하지 않으면 절대 안 된다. 나는 내가 행복하게, 내 가족이 행복하게, 내 주변 사람들이 나로 인해 행복하게 성장하기를 꿈꾼다. 그래서 '신디의 타운'이 필요하다. 많은 사람들이 주말에 또는 저녁에 그리고 힐링이 필요한 때 '신디의 타운'을 떠올렸으면 한다. 그렇게 머물렀다 갈 때는 얼굴에 한가득 미소가 지어지는 그런 공간을 만들 것이다.

나는 작가다. 내가 이 세상을 떠나도 나의 자식과 손주들은 나의 생각과 꿈을 책을 통해 계속 접할 수 있다.

나는 에듀테이너다. 항상 배움을 가까이하고 내가 배운 것을 즐겁게 나눠 주려 한다. 한국의 많은 아이들은 배움을 즐거워하지 않는다. 그것은 아직 배움의 즐거움을 접하지 못했기 때문이다. 바로 그래서 배움의 즐거움을 즐겁게 알리는 일이 내 일이라 생각한다.

나의 버킷리스트의 첫 번째, '신디의 타운' 세우기. 철근과 콘크리트만 없을 뿐 내 가슴과 머리, 우주님의 손길 속에서 벌써 이루어지기 시작했다.

정원과 개인극장이 연결된,
뷰가 아름다운 저택 갖기

김밥 파는 CEO 김성호 회장님의 책을 읽으며, 그분이 가정이란 공간을 참 많이 소중하게 생각하심을 알게 되었다. '완전체로 성공하신 분들은 그렇구나! 나처럼 불완전하게 성공한 사람들이 오로지 사업만을 생각하는구나. 그래야 성공으로 갈 수 있다고 생각하는구나!' 그때부터 나는 가족과 함께하는 가정이란 공간에 대한 상상을 마음껏 하지만 구체적으로 하기 시작했다. 김성호 회장님은 특히나 클래식 음악을 가정에서 좋은 사람들과 들을 수 있도록 연주회를 마련하고 음식을 나눈다고 한다. 나는 그 부분이 참으로 멋져 보였다.

'그래, 나도 그렇게 살자.' 그때부터 미래의 아름다운 '신디의 하우스'에서는 항상 음악이 흘렀다. 나의 남편 저스틴과 나는 음악을 참 좋아한다. 우리가 미국에서 데이트할 때는 여러 콘서트와 축제에 참여했다. 그러면서 뮤지션들을 정말 가까이 그리고 오랜 시간 접할 수 있었다. 그때는 참으로 행복했다. Lollapalooza, Jack Johnson, James Blunt, The Black Keys…. 그리고 시카고의 재즈 바들 등. 시간이 오래 지나 한국에서 사는 지금도 미국에서 들었던 음악들이 생생하게 내 귓가에 남아 있다.

가정이 단순히 밥을 먹고 잠을 자는 공간이 아닌, 좋은 사람들과 이야기하고 음악을 듣고 명작을 감상하는 공간이 된다면? 우리의 인생은 더욱더 충만할 거란 생각이 든다. 그리고 '신디의 하우스'에서는 토론과 강연도 할 수 있게 만들 것이다. 유명하고 존경받는 작가님을 초대해 내가 정성껏 준비한 음식을 대접해 드릴 것이다. 작가님으로부터 책에 관해서 인생에 관해서 듣는다면 얼마나 행복할까? 내 남편, 내 아이들, 내 친구들, 내 꿈맥들과 함께 의식이 확장되는 시간을 나의 집에서 가질 수 있다면 얼마나 멋질까?

아주 오래전에는 인스타그램도, 블로그도, 유튜브도 없었다. 그때는 책과 현실이 아주 다른 세계였다. 나의 의식이 성장할 수 있도록 좋은 책을 써 주신 작가님들을 실제로 만난다는 건 상상도 못할 일이었다. 하지만 지금은 너무나 멋진 세계가 펼쳐져 있다. 전에는 상상도 못한 작가님과의 시간이 노력을 하면 이뤄지기 때문이다. 존경하는 작가님을 내가 노력하면 충분히 만날 수 있고, 강의를 들을 수도 있고, 조언까지 받을 수 있는 너무나 멋진 세계에 우리는 살고 있다.

신디샘은 에듀테이너다. 그리고 또한 작가다. 이 책을 읽고 있는 당신도 얼마든지 작가를 실제로 만날 수 있다. 당신이 작가가 될 수도 있다. 이러한 인연들이 멋진 나의 집에서 이뤄질 것이다. 아름다운 음악과 존경하는 작가님과 함께 의식이 확장될 것이다. 하지만 신디의 하우스에는 몸을 건강하고 탄탄하게 만들 수 있는 공간도 물론 마련될 것이다.

한강 뷰를 바라보며 러닝머신을 타고, 알록달록 예쁜 요가복을 입고 전문 강사님의 레슨을 받거나, 심장이 터질 듯한 줌바댄스를 함께 추기도 한다. 장식장에는 그동안 내가 참여했던 각종 마라톤 대회의 메달들이 보기 좋게 장식되어 있을 것이다. 그리고 나는 친구들이 방문했을 때 그것들을 대놓고 자랑할 것이다.

보통 사람들은 자랑을 싫어하는 경우도 있다. 자랑할 일이 없는 사람들은 다른 사람들의 자랑할 일을 축복해 주지 않는다. 나에게는 훌륭한 인맥들이 많다. 그들은 나의 일들에 대해 진심으로 축복해 준다. 그들에게 대놓고 자랑해도 오해하지 않는다. 그런 나의 꿈맥들과는 모든 게 즐겁고 모든 대화가 우주의 힘을 끌어모은다.

신디의 하우스에서는 책도 함께 읽고 음악도 같이 감상하다가 편한 운동복을 갈아입고 산책을 나설 수도 있다. 10킬로미터 러닝을 할 수도 있고, 마라톤대회 전날에는 함께 보양식을 해 먹을 수도 있다.

나의 집이 이렇게 편안하고 완벽하게 꾸며져 있어서 꿈맥들이 항상 '신디의 하우스'에 머물려고만 하지 않을까 걱정하지 않아도 된다. 나의 꿈맥들은 모두 분위기만 다를 뿐 '최고의 하우스'들을 가지고 있기 때문이다. 혹여 아직 가지지 못한 꿈맥도 함께 의식이 성장하면 조만간 갖고 싶은 것들을 모두 갖게 될 것이다.

전에는 나만 생각하고 나만 잘살고자 치열하게 고민했다. 하지만 지금의 나는 그렇지 않다. 지금의 나는 함께 성장하고 함께 행복해지고 싶다. 앞으로 나의 도움을 필요로 하는 사람에게 적극적으로 도움을 줄 것이다. 도움을 줄 수 있는 사람이 되어 많은 이들을 성장시킬 것이다. 남에게 도움을 주고자 하는 사람은 본인의 배움을 끊임없이 갈고닦는다. 그래서 남을 돕는 사람은 그 자신도 끊임없이 성장한다.

이 책을 읽는 당신도 서로가 끊임없이 도와주고 성장하는 모임을 적극적으로 찾기를 희망한다. 만약 없다면 나의 모임인 한책협을 소개해 주고 싶다. 한때의 고통과 아픔을 책으로 승화시킨 천재작가들의 모임이다. 이곳에서는 서로를 축복해 준다. 전에는 누군가를 축복해 준다는 것이 어색하기도 했으나 이제는 일상이 되었다.

한책협의 대표이신 김태광 작가님은 한국에서 무수한 작가님들을 배출하셨다. 곧 한국에서만이 아닌 미국 진출을 계획하고 계신다. 나 역시도 미국에 이런 '신디의 하우스'를 만들어 미국 꿈맥들을 많이 초대하려 한다.

나는 남편 저스틴으로 인해 마음만 먹으면 미국에 수시로 갈 수 있다. 그리고 한책협의 김도사님은 좋은 글감이 있으면 수시로 글을 쓸 수 있도록 이끌어 주신다. 평생 한 번 계획할 크루즈여행도 1년에 네 번은 다녀올 수 있게 꿈맥 권마담님께서 길을 소개해 주셨다.

정말 일어날 수 없는 일이라 생각되는 것은 없다. 원하는 것을 상상하고 계속 행동하면 이루어진다. 많은 사람들이 버킷리스트를 가지고 있다. 정확하게 말하면 버킷리스트를 가지고만 있다. 이뤄질 거라고 생각하지 않는다. 그래서 행동하지도 않는다.

2019년 9월, 나는 이 글을 쓰면서 이미 이뤄진 모습을 결말의 관점에서 상상한다. 눈을 감으면 '신디의 하우스'에서 흘러나오는 음악과 밝은 웃음소리, 꿈맥들의 에너지를 그대로 느낄 수 있다. 당신도 당신만의 하우스를 지금 세우길 바란다. 그 하우스에서 흘러나오는 음악, 웃음소리, 꿈맥들의 에너지까지 함께 상상해 보길 바

란다. '당신만의 하우스'를 상상한다면 결국에는 나도 이루고 당신
도 이룰 것이다.

3

아이돌 외모의
지혜로운 비서 두기

몇 해 전 '성공실천사관학교'라는, 학원장들의 학원 운영에 관한 수업을 받은 적이 있다. 거기서 담임을 맡아 주신 한수위 소장님께서 여러 좋은 말씀을 많이 해 주셨다. "학원은 원장님 같은 강사 한 명만 있으면 성공합니다." 그 말을 들은 나는 '그래? 그럼, 나 같은 사람을 찾아야겠군!'이라고 생각했다. 그리고 '나는 어떤 사람이지?' 곰곰 생각해 보았다.

먼저 나는 나의 성공을 믿고 있는 사람이다. 그래서 일희일비하지 않는다. 물론 기쁠 때와 서운할 때가 있다. 하지만 그 감정에서 최선을 다해 빠져나오려고 한다.

학원을 13년 정도 하다 보니 나만의 기준이 선명하게 생겼다. 예를 들어, 학부모님이 상담을 위해 입구에 들어오시면 '아, 이분은 학원쇼핑을 다니시는 중이시구나'라는 느낌이 온다. 또는 '이분은 나를 신뢰하시고 오신 분이니 이 아이의 미래를 책임진다는 마음으로 정성껏 상담해 드려야겠구나' 마음먹기도 한다. 그 외에도 '이분은 등록을 하더라도 곧 다른 학원으로 이리저리 아이를 돌리실 분이니 적극적인 등록 권유는 하지 않아야겠다'라는 기준이 생기는 것이다. 학원은 교육 사업이다. 교육과 이윤을 함께 가져가야 하기 때문에 항상 멘털 관리가 중요하다. 이때 나의 멘털을 관리해 주는 나 같은 비서가 필요할 거란 생각이 들었다.

나는 나의 비서에 관한 기준을 정확하게 갖고 있다. 여자여도 되고 남자여도 된다. 하지만 운동을 통해 자기관리를 하는 사람이어야 한다. 배가 나왔거나 나이에 비해 노안인 사람은 자기관리를 안 하는 사람이다. 그런지라 내 기준에는 맞지 않는다. 또한 영어를 두려워하는 사람도 내 기준에는 맞지 않는다. 세계를 안을 수 있는 사람이어야 하기 때문이다. 영어라는 도구를 적극적으로 활용해 더 많은 기회를 누릴 자세가 되어 있어야 한다.

아이돌 외모에는 여러 가지가 있다. 내가 생각하는 아이돌 외모는 타고난 이목구비가 예쁜 사람을 말하지 않는다. 외모에서 풍겨 나오는 매력이 넘치는 사람이다. 손톱과 발톱이 항상 단정하게 정리되어 있어야 한다. 또한 헤어스타일이 올드하지 않아야 한다. 청바지를 입든 정장을 입든 자기 것으로 충분히 소화할 수 있는 사람이어야 한다.

나는 결혼을 한 사람이다. 따라서 남편이 있다. 현재 내 남편, 저스틴은 이러한 기준에서 볼 때 배가 나온 것을 제외하곤 모두 갖추었다. 그러니만큼 사람들은 말한다. "남편 저스틴이 신디의 비서로 딱 좋겠네!" 그러면 나는 아니라고 단번에 이유를 말한다. 남편은 결혼하고 쭉 운전도 해 주고 학원 수업도 해 주고 나의 멘털도 관리해 주는 등 좋은 친구 역할을 해 왔다. 내가 성공하고 싶은 이유 중의 첫 번째가 그를 행복하게 해 주고 싶기 때문이다. 아름다운 이 지구에서 누려야 할 것이 아주 많은 만큼 그도 이젠 그가 하고 싶은 일을 해야 한다. 따라서 나의 비서로 함께 있어 달라고 하는 것은 나의 성공하고 싶은 이유에 위반된다.

나는 살면서 포기라는 것을 잘하지 않는다. 마라톤을 할 때도 그렇고 학원사업을 할 때도 그렇고 아들을 원할 때도 그랬다. 나는 내가 성공한다는 결말의 관점에서 상상하고 꿈을 이뤄 왔다. 마라톤 4킬로미터에서 시작해서 42.195킬로미터를 완주하고 아파트 한 칸의 공부방에서 시작해 이제 100평가량의 대형학원을 운영하고 있다. 남편과 연애할 때도 결혼하면 아들을 낳아야 한다고 계속 남편을 압박해 소원대로 잘생기고 지혜로운 아들, 쉐인을 낳았다.

그런데 이런 나에게도 포기한 것이 두 가지가 있다. 첫 번째는 운전이고 두 번째는 수영이다. 현재 나는 매일 새벽 6시에 수영 강습을 받고 있다. 여전히 물은 무섭고 두렵다. 하지만 매일 연습하면 결국엔 잘할 거라 믿고 매일 새벽 6시에 두려운 물속으로 들어간다. 그래서 현재는 포기한 것이 운전 하나다. 나에게는 타고난 운전 미숙 감각과 도로에서의 공포감이 있다. 그래서 운전은 안 하는 게 여러 가지로 나의 인생에서 현명한 판단이라 생각했다. 그런 만큼 앞으로도 운전은 계속 안 할 생각이다.

그러니만큼 나의 비서는 운전을 매우 잘해야 한다. 남편 저스틴은 운전을 너무나 잘한다. 그런데 운전을 너무나 싫어한다. 장거리 운전을 해야 할 때는 중간 중간 지루하지 않게 내가 떠들어 대야 하고 손도 주물러 주어야 한다. 그래서 나의 비서는 운전을 잘할 뿐 아니라 운전을 재미있어해야 한다. 나는 미국과 한국을 오가며 강연을 하고 사업을 하고 책을 쓸 때 나를 힘껏 도와줄 수 있는 비서가 꼭 나타날 것이라고 믿고 있다.

마지막으로 나의 비서에게 바라는 것은 미래에 나의 일들을 모두 주관적으로 해낼 역량을 갖추었으면 좋겠다. 말도 안 되는 욕심이라고 말할 수도 있겠다. 하지만 나는 여태껏 말도 안 되는 일들을 모두 이뤄 냈다. 자본금 1,000만 원도 없이 5억대의 학원사업을 일궜으며, 열두 살 차이 나는 매우 똑똑한 미국인과 결혼했고, 매주 일요일 마라톤을 하고 있다. 앞으로 백세시대를 살기 위해서는 50대 후반의 삶도 매우 중요하다. 말도 안 된다고 포기하기보다는 말도 안 되는 일들을 성취하면서 멋지게 살기를 선택하려 한다.

　또한 나의 책을 낸다는 말도 안 되는 일을 해낼 수 있었던 것은 나의 꿈을 이루도록 우주가 도와준다고 믿었기 때문이다. 우주는 반드시 해낼 수 있게 도움을 줄 사람을 내게 보내 주었다. 그분이 바로 한책협의 김도사님이시다. 김도사님은 책을 낼 수 있게 나를 격려해 주시고 방법을 알려 주신다. 이런 식으로 여태껏 상상했던 버킷리스트들이 많이 이루어졌다. 따라서 나의 비서가 내 앞에 나타나 나의 일들을 멋지게 도와줄 거라 믿는다. 우주님이 반드시 보내 줄 것이기 때문이다.

4

벤츠, 벤틀리, 람보르기니
풀 옵션 색깔별로 돌아가며 타기

나는 운전을 못한다. 포기를 모르는 내가 포기한 것 하나가 운전이다. 운전면허시험장에서 감독관이 내게 건네준 조용한 조언을 듣고 난 그 순간 포기했다. "제가 선생님을 위해서 말씀드리는 건데, 운전을 안 하시는 게 오래 사실 수 있을 것 같습니다." 나하고 관계없는 사람의 조언에 그 순간 진심이 느껴졌다. 그래서 나는 지금껏 운전을 못한다.

하지만 놀이공원에서의 범퍼카 실력은 끝내준다. 스피드와 승부욕이 한껏 발휘된다. 목숨에 대한 위협이 없는 놀이공원에서의 운전은 항상 즐겁다. 운전을 못하는 나의 정말 간절한 버킷리스트 중하나는 벤츠, 벤틀리, 페라리, 람보르기니 등을 풀 옵션을 선택하고 색깔별로 돌아가며 타기다.

운전을 못해도 차는 반드시 멋진 것으로 타고 싶다. 학원사업을 자본도 없이 시작해 운영하는 동안 나는 마음대로 돈을 쓰지 못했다. 10년 동안 현대 차를 정말 질리도록 탔다. 그랬던 내 인생에 이제 때는 왔다. 나는 반드시 벤츠, 벤틀리, 페라리, 람보르기니를 탈 것이다. 나는 선명하게 꿈의 지도를 만들고 매일 상상하고 있다.

이 차들에 대한 나의 애정은 내가 속해 있는 한책협의 김도사님을 만나면서 시작되었다. 한책협에 들어서면 노란 빛깔의 멋진 람보르기니를 옆에 세우고 찍으신 김도사님의 사진이 있다. 분당까지 지하철을 세 번 갈아타고 들어선 곳에 세워져 있던 그 사진은 너무나 멋져 보였다. 세상을 다 가진 것 같은 김도사님의 미소와 아름다운 차의 모습은 운전을 못하는 나를 강하게 끌어당겼다. '그래! 나도 갖고야 말겠어!'라며 꿈의 지도에 그 사진을 붙이고 바라보고 또 바라본다.

나는 학원사업을 13년 동안 하고 있다. 학원을 하는 많은 원장님들은 교육에 몸담고 있어서인지 돈에 관해 매우 겸손하신 분들이 많다. 그래서 교육비를 연체하는 학부모님에게 쉽게 재촉을 하지도 못한다. 이를 이용해서 학원을 돌아다니며 교육비를 내지 않는 어머님을 경험한 적이 있다. 이때 나는 너무나 화가 나고 교육사업에 회의를 느꼈다. 그리고 행복하지 않았다.

그 후로 나는 일주일 이상 교육비를 결제하지 않은 경우 사무적인 문자를 바로 보내 드린다. 고의가 아닌 바빠서 결제 기간을 잊은 경우가 대부분인지라 학부모님들은 바로바로 교육비를 보내 주신다. 교육비의 누락이 거의 없다 보니 나는 교육에 몰입할 수 있게 되었다. 나는 교육 사업도 사업 중의 하나라고 생각한다. 그러니만큼 손실을 보면 안 된다. 이익을 남겨서 행복해야 한다. 그리고 인생을 즐겁게 살아야 한다. 안락하고 스타일이 멋진 차는 내 인생을 행복하게 해 줄 것이다.

나의 행복은 밝은 에너지가 되어 좋은 일을 하게 만들어 준다. 이 지구별에 내가 다시 태어나서 또 이런 행복을 누릴 수 있을 건지는 잘 모르겠다. 그래서 이번 이 지구별에서 내가 나에게 줄 행복들은 다 누리고 갈 계획이다.

나의 시댁이 있는 미국의 플로리다에는 1,000억대 거부들이 많이 살고 있다. 그들은 벤츠, 벤틀리, 람보르기니, 페라리를 돌아가며 탄다. 거기에다 개인비행기로 여행을 다니기도 한다. 한국에서는 개인비행기를 두기가 힘들다. 그래서 나는 개인비행기를 뺀 벤츠, 벤틀리, 람보르기니, 페라리에 풀 옵션을 장착하고 색깔별로 돌아가며 탈 것이다.

나는 주위 사람들에게 나의 꿈을 말하고 꿈의 지도를 그렸다. 그렇기 때문에 내 주변 사람들은 나의 꿈을 알고 있으며 곧 그렇게 될 거라고 믿고 있다. 초등학생인 아들이 나중에 운전할 때 갖고 싶은 차도 람보르기니였다.

내 아들은 유대인 아빠를 두어서 경제에 관한 관심과 생각이 남다르다. 아들은 미국에 여름과 겨울마다 간다. 그리고 거기에서 부유한 사람들의 생활을 직접 봐 왔다. 때문에 어른이 되어서 그러한 생활수준으로 살기를 원한다. 그래서 매사에 최선을 다한다.

학교 수업에서도 최선을 다하며 배움을 대하니 아이의 담임 선생님께서 칭찬을 많이 하신다. "제가 교사생활을 하면서 가르침의 보람을 느끼게 해 주는 아이입니다. 적극적으로 배우고 모르는 것을 질문하기를 주저하지 않아요!" 이러한 칭찬은 미국에서도 마찬가지다. 미국 플로리다 학교의 담임 선생님은 "한국 아이들은 모두 이렇게 귀여운가요? 기회가 되면 한국에 꼭 가 보고 싶어요! 한국이 많이 궁금합니다."라고 칭찬해 주신다.

현재 모델과 배우 생활을 학업과 함께 열심히 하고 있는 내 아들은 후에 람보르기니를 구입해서 멋지게 살 거라 당연히 믿고 있다.

꿈을 가진 사람은 시간을 낭비하지 않는다. 하지만 꿈을 가지지 않은 사람, 꿈을 왜 가져야 하는지도 생각해 보지 않은 사람들이 우리 주변에는 많다. 분명 이룰 수 있는데 지레 포기하고 그 삶의 기준에 맞추어 인생을 대충대충 산다. 이 아름다운 지구별에 사는 당신과 나는 매우 특별한 사람들이다. 그런 만큼 우리 모두 부자로 살아야 한다. 그리고 행복해야 한다. 내게 주어진 하루하루에 감사하며 시간을 계획해 최선을 다해야 한다.

부자들은 모두 의식이 특별하다. 남들이 하지 않는 자기계발에 최선을 다한다. 자고 싶은 새벽에 일어나 독서를 하며 꿈을 키운다. 부자들은 건강에도 관심이 높다. 내가 참여하는 마라톤 동호회에는 의사와 사업가가 많다. 그들은 마음만 먹으면 좋은 음식을 마음껏 먹을 수 있지만 건강을 위해서 그러지 않는다. 집에서 편안하게 소파에 누워 TV 리모컨을 돌릴 수 있지만 밖으로 나와 42.195킬로미터를 뛰며 땀을 흘린다.

당신도 부자가 되고 싶은가? 그렇다면 평범한 사람이 하지 않는 부자들의 사고를 해야 한다. 당신도 멋진 페라리를 갖고 싶은가? 그렇다면 꿈의 지도를 선명하게 만들어 상상하면 된다. 상상은 행동하게 하는 힘이다.

행동은 우리를 변화시킨다. 변화된 사람은 페라리, 벤츠, 람보르기니, 벤틀리를 마음만 먹으면 충분히 가질 수 있다. 이 글을 쓰는 지금 나의 옆에는 꿈의 지도가 나를 힘차게 응원해 주고 있다.

에듀테이너, 1인 창업으로
월 1억 이상 수익 자동 발생시키기

나는 13년 경력의 영어학원장이다. 처음에는 아파트의 한 공간에서 공부방을 시작했다. 미국인 남편 저스틴은 영문학교수 취업을 예정하고 한국에 들어왔다. 그때 당시 나는 임신한 몸으로 대학교수 인터뷰에 함께 갔다. 김포에서 꽤 멀리 떨어진 그 대학은 학교 내의 교수전용 아파트에서 가족과 함께 살 수 있다고 했다. 좋은 조건이었지만 우리는 선택하지 않았다. 먼저 아파트가 너무 좁았다. 미국에서 부유하게 자란 남편은 한국의 좁은 공간을 처음에는 힘들어했다. 13년이 지난 지금은 미국보다 한국을 더 편해하지만.

그렇게 교수직을 거부한 남편은 공교육 기관에서 영어를 가르치고 나는 집에서 또는 방문수업 과외를 했다. 눈 오는 날 만삭의 몸으로 김포에서 일산까지 방문수업을 하러 간 적도 있다. 미끄러지면 매우 위험할 텐데 왜 그리 일을 놓지 않고 살았는지. 지금 생각하면 추억이다. 하지만 그때는 돈이 아쉬웠다.

남편의 시댁은 부유했지만 한국과 달리 결혼할 때 집을 사 주진 않으셨다. 그래서 우리는 월세로 신혼생활을 시작했다. 이제 곧 아이도 생기니 내 소유의 아파트가 있어야 할 것 같아 마음이 조급했다. 그래서 경매를 공부했다. 네이버 카페에 들어가서 강의를 신청했다. 그리고 스터디모임에도 참여했다. 그러곤 겁도 없이 경매를 직접 해 보았다.

나는 전문가의 도움도 청하지 않고 임신한 몸으로 경매 신청을 하기 위해 법원을 혼자 갔다. 그리고 배운 대로 1원 단위까지 정성껏 기재했다. 그리고 낙찰이 되었다. 내 집이 생겼다. 며칠 동안 붕붕 떠다니는 듯 행복했다. 낙찰이 되면 경매 대출이 쉽게 나오는 만큼 그 대출을 받을 생각이었다.

하지만 곧 상황을 판단하게 되었다. 그 아파트는 유치권이라는 전문용어가 함께 붙어 있어서 나 같은 비전문가가 접근해서는 안 될 아파트였다. 나는 눈앞이 깜깜했다. 그때도 남편은 나를 질책하지 않았다. 잘될 거라고 격려해 주었다. 하지만 남편은 시댁에 도움을 청하지는 않았다. 그러한 남편을 나도 원망할 수가 없었다.

그 후로 어찌 되었건 수입을 늘려야만 했다. 네이버 카페에 공부방을 소개하고 최선을 다해 아이들을 가르치니 주변에서 소개가 많이 들어왔다. 아이들이 많아져 아파트 한 채를 통째로 월세로 얻었다. 그리고 더 아이들이 많아져 학원을 오픈할 생각을 하게 되었다. 그 당시 가지고 있던 여유자금은 1,000만 원! 1,000만 원을 가지고 학원을 오픈하겠다는 순진한 생각을 한 것이다. 나는 그 돈을 보증금으로 장기동 신도시에 학원을 계약했다.

나는 집기들을 하나도 새로 사지 않았다. 공부방에서 쓰던 것을 사용하고 수업을 시작했다. 〈신디샘〉이라는 브랜드를 만들고 열심히 아이들을 가르쳤다. 아이들이 또 많아지니 공간이 좁다고 느껴졌다. 그때 나는 또 상상의 힘을 빌려 간절히 옆 공간을 계약할 수 있기를 바랐다. 보증금조차 없었으면서 그 공간에서 아이들이 뛰어놀고 롤 플레이를 하는 이미지를 선명하게 그렸다.

그러던 어느 날 그 상가 주인이 내게 제시했다. "나는 신디샘이 나의 공간을 쓰길 원해요! 내게 여유자금이 있으니 빌려줄게요. 계약합시다!" 그렇게 돈도 없이 나는 임대주의 투자금으로 공간을 확대할 수 있었다.

2019년 현재의 나는 100평의 어학원과 수학학원을 운영하고 있다. 13년을 하다 보니 〈신디샘〉이란 브랜드가 많이 알려졌다. 하지만 돈은 많이 모으지는 못했다. 사업 투자금을 빌려서 시작했기 때문에 매달 원금과 이자가 나간다. 김포 신도시라서 임대료도 매우 비싸다. 매월 임대료와 빌린 돈을 갚고 나면 아이들은 많아도 내게 들어오는 돈은 그리 많지가 않다.

지금의 나는 월 1억의 수입을 꿈꾸고 있다. 월 1억이란 큰 숫자를 상상하게 하고 실현 가능하게 만들어 주는 것이 바로 책 쓰기다. 성공해야 책을 쓰는 것이 아니라 책을 써야 성공한다. 매월 같은 일을 하면서 월 1억을 꿈꿀 수는 없다. 그런 만큼 나는 책을 쓰는 작가를 선택했다. 한책협은 이러한 책 쓰기를 꿈꾸는 사람들의 꿈을 실현시켜 주는 곳이다. 내가 이곳을 알기 전에 꿈꾸어 왔던 부자 되기, 멋진 차 타기, 크루즈여행 하기 등을 먼저 이룬 사람들이 많이 있는 곳이다.

나는 책을 쓰고 있다. 따라서 나는 성공할 것이다. 그리고 부자가 될 것이고 멋진 차를 탈 것이다. 크루즈여행을 마음먹는 대로 예약해 좋은 사람들과 멋진 시간을 보낼 것이다.

구체적으로 상상하고 소망하라. 이미 내 안에서 모든 것은 이루어졌다!

PART

11

스포츠센터
설립하고
인생 즐기기

· 서정미 ·

서정미 승리문구 대표, 동기부여 메신저

20년 이상 문구점을 운영하면서 엄마들과 아이들을 많이 보았다. 엄마들도 처음이라 서툴고 아이들도 다 다르기 때문에 힘들어하는 모습을 보면서 두 아이를 키운 경험담을 나누고자 육아를 주제로 한 개인저서를 집필 중이다. 서로 이해하고 소통하는 엄마와 아이들이 많기를 바라며 행복을 나누는 동기부여가가 되고 싶다.

여수 밤바다가 보이는
멋진 곳에 스포츠센터 짓기

"여수 밤바다 이 조명에 담긴 아름다운 얘기가 있어.

네게 들려주고파. 전활 걸어 뭐 하고 있냐고.

나는 지금 여수 밤바다 여수 밤바다

아~아~아~ 아~아~아~아~"

나는 버스커 버스커의 노래 '여수 밤바다'를 무척 좋아힌다. 라디오에서 '여수 밤바다'가 나오면 흥얼흥얼 따라 부르게 된다. 들으면 들을수록 감미롭고 달달하고 너무 좋다. 장범준과 가족들이 어느 프로에 나온 적이 있다. 예쁘게 사는 모습도 너무 좋았고 아이들의 이름이 '조아'와 '하다'였다. 노래만 잘 부르는 줄 알았는데 아이들 이름까지 어쩜 저렇게 예쁘게 지었을까? 그때부터 장범준을 더 좋아하게 되었다.

    친구들과 여수로 1박 2일 여행을 갔다. 노래로만 좋아하다 직접 가서 보고는 더 좋아하게 되었다. 여수는 게장이 유명하다. 그래서 맛집을 검색해 게장 전문 식당에 들어갔다. 사람들이 많이 있었다. 드디어 게장이 나왔다. 게장 외에 알이 꽉 찬 꽃게로 담근 꽃게 게장도 맛있었다. 그리고 여수하면 갓김치가 유명하다. 갓김치도 먹어 봤는데 왜 사람들이 갓김치하면 여수를 떠올리는지 알 것 같았다.

    그렇게 점심을 먹고 해상케이블카를 타러 갔다. 다도해의 전망과 여수 밤바다를 즐기는 방법으로 여수 해상케이블카가 있다. 1.5킬로미터의 국내 첫 해상케이블카다. 여수 해상케이블카는 돌산공원과 자산공원을 잇는 구간이다. 짜릿한 스릴은 물론 여수 앞바다를 관망하기에 정말 환상적이다. 낮 시간에 타게 되어 멀리 다도해와 이순신 공원, 거북선대교, 자만벽화마을까지 볼 수 있었다. 일반 또는 투명 바닥의 크리스털 케이지를 골라 타는 재미가 있다. 아찔함을 즐길 여유가 있는 사람은 크리스털 케이지를 통해 발아래 파란 바다를 짜릿짜릿 즐기면 된다. 그리고 시원한 바람을 맞으며 반대편으로 갈 수 있는 여수엑스포 스카이 플라이는 잊지 못할 경험이다.

    여수에는 세계적인 해양생물을 만날 수 있는 해양생태관인 아쿠아 플라넷이 있다. 벨루가(흰고래) 3남매를 볼 수 있고, 바이칼물범, 수달, 펭귄 등의 피딩을 직접 볼 수 있다. 거대한 메인 수조에서 진행되는 피딩과 마린걸스 공연도 멋있다. 대형 수조가 보이는 카페에서 커피를 마시며 잠시 휴식을 취하는 것도 좋다.

여수는 밤바다만 예쁜 게 아니었다. 여수의 돌산도와 육지를 연결해 주는 다리가 돌산대교다. 그런데 케이블카가 지나가는 거북선대교가 생기기 전에는 유일한 다리였다고 한다. 서쪽의 팔각정이나 동쪽의 돌산대교준공기념탑 쪽에서 보면 돌산대교의 전망이 더 좋다. 색색으로 바뀌는 조명 덕에 무척 예쁘다. 거북선을 모티브로 한 유람선도 지나간다. 뒤쪽으로 보이는 장군도에도 조명이 설치되어 있다. 멀리 거북선대교도 보이고, 케이블카도 보인다. 이순신대교와 목도대교에서 바라보는 여수화학단지 야경은 정말 멋지다.

하멜등대는 수별공원에 있는 무인등대다. 광양과 여수 항구를 오가는 배들을 위한 등대다. 하멜등대는 네덜란드인 하멜의 이름을 따서 지어진 등대다. 하멜은 조선시대에 있었던 인물이다. 일본으로 가는 도중 태풍을 만나 제주도에 도착했고, 여수로 와 10년이 넘도록 살았다고 한다. 이곳에서는 그에 관한 전시품을 관람할 수 있다. 이곳은 야경이 정말 아름답다.

이른 아침 오동도를 가기 위해 움직였다. 한려해상국립공원에 속한 오동도는 섬 전체에 퍼져 있는 3,000여 그루의 동백나무에서 1월부터 꽃이 피기 시작한다. 그렇게 3월이면 오동도는 붉은 섬이 된다. 768미터의 방파제 끝까지 걸어가려면 10분 정도 소요된다. 하지만 동백열차가 오동도까지 운행한다.

오동도 주변엔 유람선 선착장과 모터보트를 타는 곳도 있다. 해상 관광을 즐기려는 사람들이 모여드는 곳이다. 빨간 동백나무 숲은 멀리서 바라보면 오동잎처럼 보인다. 오동나무가 빽빽이 들어서 있다 해서 오동도라 불리는 이곳은 동백섬으로 유명한 여수의 상징이다. 한국의 아름다운 길 100선에 선정된 바 있을 만큼 운치가 있다.

오동도 입구에 도착하니 날씨가 너무 좋다. 오동도로 걸어 들어갔다. 이 오동도에선 예쁜 파스텔 톤 색을 자주 볼 수 있다. 드디어 오동도에 입성했다. 진짜 귀한 햇살을 만났다. 사람이 없는 이른 아침에 간 건 진짜 잘한 일이었다. 탁 트인 바다를 볼 수 있는 용굴, 오동도에서 해돋이가 가장 잘 보이는 해돋이 전망대, 여수항과 광양 항을 드나드는 선박의 길잡이를 해 주던 25미터의 오동도 등대, 연인들이 선호하는 아름다운 대나무숲길 시누대 터널. 그곳을 지나 오동도 정상에서 마을의 어르신들과 함께 마신 동백꽃 차는 정말 맛있었다.

오동도 안에는 여수시에서 빌려주는 자전거가 있다. 오동도 내에 있는 만큼 그냥 주차장의 자전거대여소에서 빌리면 된다. 오동도로 가는 길에 자전거를 타면서 느끼는 시원함은 이루 말로 할 수가 없다. 전망대에서 바라본 여수 전경, 오동도의 해안절벽이 자리한, 25미터의 등대가 있는 테마공원, 음악 분수대, 맨발 산책로

등이 떠오른다. 우리가 간 3월에는 온 섬에 동백꽃이 아름답게 피어 있었다.

여수는 이순신 장군과 거북선의 고장이다. 진남관 근처 고소동 낭마포차 언덕 쪽에는 여수 천사벽화골목이 위치한다. 진남관에서 고소동 언덕을 지나 여수해양공원에 이르는 길이는 1,004미터다. 그래서 '천사벽화골목'이라는 이름으로 불린다. 고소동은 여수에서 가장 오래된 자연 부락이다. 임진란 시 충무공 이순신 장군이 작전을 세웠던, 역사적으로도 의미 있는 지역이다.

천사벽화골목은 2012년 여수 엑스포를 계기로 여수시와 주민들이 함께 성금을 모아 만들었다고 한다. 이순신 장군, 엑스포(EXPO), 바다, 여수의 자연환경을 소재로 한 벽화가 조성되어 있다. 여수가 고향인 허영만 화백의 작품도 골목 속에 숨겨져 있다. 이번엔 고소대에서 오포대까지만 보고 왔다. 허영만 화백의 그림을 못 보고 그냥 와 아쉽다.

나는 여수가 너무 멀게 느껴졌다. 그래서 여수 밤바다가 그렇게 멋있다고 들었음에도 와 볼 생각을 못했다. 다른 곳의 야경을 생각하고 거기서 거기겠지, 라고 생각했었다. 하지만 이번 여행을 하면서 이렇게 아름다운 곳이 있다는 데 깜짝 놀랐다. 내가 찾던 곳이다. 좀 더 나이가 들면 여유를 가지고 조용하게 이곳에서 살고 싶다. 내가 좋아하는 책을 쓰면서 그렇게 살고 싶다. 여수는 나에게 그런 곳이 되었다.

서울의 야경도 멋있지만 여수에는 서울과는 비교가 안 되는 것이 있다. 서울의 야경은 화려한 조명 때문이라는 생각에 멋은 있지만 좋아하지는 않는다. 너무 바쁘게 치열하게 사는 사람들을 보면 숨이 막힌다. 하지만 여수는 달랐다. 야경이 아름답기도 했지만 거기서만 느낄 수 있는 여유가 있었다.

나는 지금 책을 쓰고 있다. 책을 쓰겠다고 우리 현중이와 얘기한 지 한 달도 안 되는 시간에 우연히 한책협을 알게 되었다. 그러곤 네이버 카페에 가입하고 카페 내용들을 읽다가 김도사님을 알게 되었다. 김도사님은 20년 동안 200권이 넘는 책을 집필하시고 900명 이상의 작가를 배출하셨다. 정말 깜짝 놀랐다. 어떻게 책 쓰기 코칭을 하기에 900명 이상의 작가를 배출할 수 있었을까? 궁금하기도 하고 나도 책을 쓰고 싶었기 때문에 한책협에 오게 되었다.

나는 개인저서를 반은 썼다. 혼자 했으면 절대 하지 못했을 일이다. 김도사님의 세심한 코칭을 받은 때문이다. 내가 생각했던 것보다 빨리 책을 완성하게 될 것 같다. 나는 베스트셀러 작가도 될 것이고 1인 창업을 해서 돈도 많이 벌 것이다. 그럼 나는 나의 꿈인 여수에 와서 스포츠센터를 지을 것이다. 이렇게 멋진 곳에 스포츠센터를 짓는 게 나의 꿈이다.

우리 현중이는 지금 스포츠과학과에 다니고 있다. 현중이의 꿈은 스포츠코치가 되는 것이다. 나는 어릴 때 스포츠센터를 차리고 싶었다. 지금은 그 꿈을 여기 멋있는 여수의 바다가 보이는 곳에서 이루고 싶다. 1층에는 뷔페식당이 들어오고, 2층에는 북 카페를 멋지게 꾸밀 것이고, 3층에는 헬스장을, 4층에는 수영장을, 5층에는 볼링장을, 6층에는 골프장을, 7층에는 찜질방을 만들 것이다.

운영은 우리 현중이와 함께 하고 싶다. 나는 나의 건물에서 책을 쓰고 운동을 할 것이다. 커피를 마시고 밥도 먹을 것이다. 그러면서 친구들이 오면 아름다운 여수를 여행시켜 줄 것이다. 그렇게 즐겁게 지낼 것이다.

캠핑카 타고
전국 일주하기

    1997년 처음으로 문구점을 운영하기 시작했다. 그리고 10년 동안 특별한 일이 없으면 주말에도 문을 열었다. 그때는 대형마트도 없고 인터넷 온라인 판매도 없었다. 때문에 평일보다 주말에 어른들과 함께 방문하는 아이들이 많았다. 아이들은 장난감 완구를 사러 방문했기 때문에 주말에 장사가 더 잘되었다. 그렇기 때문에 주말에 문을 닫을 수 없었다. 우리 아이들은 주말이면 목욕탕을 가는 게 주로 일이었다.

    친정도 당시 슈퍼를 했었다. 내가 엄마에게 문구점을 한다고 했을 때 엄마는 그런 말씀을 해 주셨다. 장사는 부지런해야 하고 손님과의 약속이니까 거의 문을 닫지 말아야 한다고. 나는 친정

슈퍼가 큰오빠 결혼식 날 처음으로 문을 닫았다는 사실도 그때 알았다. 우리는 일주일 동안 열심히 일했으니까 일요일에 아이들과 가고 싶은 곳 다닐 겸 쉬면 어떨까 생각한다. 그런데 내가 직접 장사를 해 보니 누가 뭐라 하는 것도 아닌데 쉴 수가 없었다. 일요일 하루 매출이 다른 날보다 더 잘 나오니 문을 닫을 수가 없었다.

그렇게 시간이 흐르고 주변에 대형마트가 처음 생겼다. 그때 나도 필요한 물건이 있어서 대형마트에 가 봤다. 그러면 없는 것 없이 다 있는 신세계였다. 남편은 일요일마다 조기축구를 했다. 축구를 끝내고 오면 오후에 아이들과 목욕탕에 가는 일이 반복되었다. 나는 아이들에게 많은 것을 보여 주고 싶은데 그러기가 쉽지 않았다. 그래서 오후에 가끔 남편에게 가게를 맡기고 아이들을 데리고 대형마트에 가는 게 즐거움이었다. 그때는 나에게 차가 없었다. 때문에 버스를 타고 대형마트에 갔다. 그곳에 500원을 넣으면 탈 수 있는, 음악이 나오는 자동차 모양의 놀이기구가 있었다. 대형마트에 가면 나는 아이들에게 꼭 그것을 태워 주었다. 점심으로 돈가스도 사 주고. 아이들은 그것만으로도 너무나 좋아하고 행복해했다.

슈퍼를 하기 전 나의 친정은 농사를 지었었다. 때문에 엄마와 함께 시장에 가서 맛있는 간식을 사 먹거나 장을 보는 일을 해 본

적이 없었다. 다른 아이들이 장날 엄마와 장 구경도 하고 옷도 하나씩 사서 입는 모습을 볼 때면 나중에 우리 아이들에게도 그런 추억을 많이 만들어 주고 싶다고 생각했었다. 그런데 나 또한 가게를 하면서 문을 닫으면 얼마가 손해인데, 라는 생각이 들었다. 때문에 아이들과 그런 소소한 즐거움을 갖지 못했다. 그래서 항상 마음 한곳에 아쉬움이 남았다. 아이들이 커 가면서 나는 아이들에게 많은 것을 보여 주고 싶다는 생각이 들었다.

여름휴가로 언니들과 파도리에 간 적이 있다. 어렵게 서로 시간을 맞추어 떠났다. 서해안에 있는 파도리라는 해수욕장에서 텐트를 치고 3박 4일 동안 놀았다. 나는 그때까지 해수욕장에 텐트를 가지고 놀러 가 본 일이 없었다. 잠깐 어디를 갔다 오기는 했어도 가게를 하다 보니 텐트를 가지고 멀리 가 본 적이 없었다. 그래서인지 지금도 그때 갔던 파도리를 잊을 수가 없다.

그때는 텐트를 가지고 가는 캠핑이 유행이었다. 그런데 문 닫고 어디를 가 보질 않아서 나에게는 텐트를 치고 며칠씩 논다는 것이 익숙하지 않았다. 우리 가족끼리 가 보지 않았음은 물론이다. 그때도 언니들 아니었으면 캠핑이라는 것을 더 늦게 경험하게 되었을지 모른다.

우리는 파도리에 도착해서 텐트를 치고 밥을 해 먹고 그렇게 하루를 보냈다. 우리 언니들은 집에서 살림만 하는 전업주부들인지라 야영을 자주 다녔다. 특히 큰언니는 처음 신혼살림을 차렸을 때 지방으로 형부가 돌아다니셨다. 아이들이 어릴 때 특히 바닷가 쪽으로 일을 하러 다녀서 일을 마치고 낚시를 하는 취미가 있었다.

그때도 형부가 배를 구해서 바다낚시를 나갔다. 나는 바다낚시가 처음이라 멀미를 하면 어쩌나 걱정했었다. 그런데 기우였다. 바다 위에서 하는 낚시는 처음이었는데 제법 고기를 낚았다. 낚시를 하면서 바다와 지평선만 쳐다보고 있어도 행복했다. 그러다 고기라도 잡히면 손맛이 죽여줬다. 신기했다. 그리고 너무 재미있었다. 그래서 여유가 되면 낚시를 취미로 해도 괜찮겠다는 생각을 했다. 왜 사람들이 낚시를 그렇게 좋아하는지 알게 되었다.

대신 작은언니는 멀미가 심해서 낚시도 못하고 배에서 계속 누워 있었다. 작은언니는 중학교 때 버스를 타고 통학했다. 그런데 그때도 멀미가 심해서 초등학교를 졸업하기 전까지는 어디를 가 본 적이 없었다. 나는 멀미를 하지 않아서 서울에 제사를 지내러 아빠를 따라다녔다. 아빠는 부산 이모가 해운대에서 살아 여름이면 한번씩 놀러 갈 때도 나만 데리고 갔다. 작은언니는 멀미가 심해서 데리고 가지 않았던 기억이 있다.

우리는 그렇게 배에서 낚시를 하면서 여러 가지 고기들을 잡았다. 기억에 남는 고기는 볼락이었다. 생김새는 못생기고 뼈는 억셌다. 하지만 칼집을 넣고 왕소금을 뿌리고 불에 구우면 너무 맛있었다. 그때 생선이 냄새도 없고 맛있다는 것을 알았다. 우리 현중이는 살을 발라 줘야 먹었고 우리 현철이는 볼락을 통째로 들고 발라 먹었다.

나는 가게를 오픈하고 10년쯤 지나 차를 샀다. 삶의 패턴이 바뀌어 주말이면 아이들을 밖으로 데리고 나가는 집들이 많았다. 그래서 나도 날씨가 좋으면 애들을 데리고 버스를 타고 대전 근교를 돌아다니기 시작했다. 보문산 전망대에서 대전 시내를 내려다보게 해 주었다. 뿌리공원에 데리고 가서 마음껏 잔디밭에서 공놀이를 하게 해 주었다. 그러다 하루는 지하철을 태워 주기 위해서 대전역에서 타고 둔산동 시청 앞에서 내렸다. 시청 앞의 깔끔한 공원에서 치킨을 사서 같이 먹었던 기억도 난다.

그렇게 주말이면 아이들을 데리고 버스를 타고 돌아다녔다. 그러다 집에 오면 해가 저물었다. 하루 종일 가게를 닫아야 함은 물론 너무 피곤했다. 돌아오는 길에 시간이 늦어지면 현철이는 차에서 잠들기도 했다. 현중이는 차에서 잠이 들어도 내리는 곳에 도착할 때쯤 이름을 두 번 정도 부르면 벌떡 일어났다. 하지만 현철이는 달랐다. 아무리 불러도 한번 잠들면 일어나지 않았다.

결국 현중이가 작은 몸으로 낑낑대며 짐을 들고 버스에서 내리고 나는 현철이를 등에 업고 집으로 왔다. 그러다 이렇게 하다가는 안 되겠다는 생각이 들어서 차를 사게 되었다. 그다음부터는 주말에 아이들과 안 가 본 동학사를 갔다 왔다. 판암동 식장산 전망대도 갔다 왔다. 만인산 휴양림도 갔다 왔다. 그렇게 해도 차로 이동하니까 얼마든지 오후 3~4시에 가게를 열 수 있었다.

지금 생각하면 그때 차를 구매하기를 정말 잘한 것 같다. 그 후로는 아이들에게 급한 일이 생기면 차를 타고 바로바로 해결해 줄 수 있었다. 그리고 차를 사게 된 이후로 좀 더 멀리 안 가 본 곳도 가 볼 수 있어 너무 좋았다. 그렇게 1박 2일로 놀러 가는 일도 생겼다. 그런데 그럴 때마다 숙박이 참 어려웠다. 갈 때마다 호텔이나 펜션에서 자면 좋았을 것이다. 하지만 그러기에는 너무 경비도 많이 들고 한 가족이 들어갈 방을 구하는 것도 쉽지 않았다. 그래서 즐겁게 떠났어도 돌아올 때는 가벼운 마음으로 돌아오지를 못했다.

아이들이 다 어렸을 때 캠핑을 자주 가고 싶었다. 하지만 꿈만 꾸고 다녀 보지를 못한 게 아쉽다. 지금은 아이들이 다 성장해 같이 보낼 시간이 많지 않기 때문이다.

나에게는 꿈이 생겼다. 캠핑카를 타고 전국을 일주하는 것이다. 대신 아이들에게 못 시켜 준 여행을 손자손녀가 태어나면 같이 주말마다 가고 싶다. 아이들이 더 자라면 친구들과 놀기 바쁘고 공부도 해야 한다고 같이 다닐 시간이 없을 것이다. 그래서 어릴 때 많이 데리고 다니면서 좋은 곳을 보여 주고 싶다. 지역의 맛집에 데리고 가서 맛있는 것을 사 주고 싶다. 그렇게 나의 노후를 아름답게 캠핑카와 함께하고 싶다.

거기에 한 가지 더 보태고 싶은 게 있다. 책을 쓰고 베스트셀러 작가가 되어 전국에서 강연 요청이 빗발치면 나는 나의 애마 캠핑카를 끌고 강연을 하러 가고 싶다. 여행을 위해 집 나가면 개고생을 한다고들 한다. 나가는 순간부터 짐을 싸야 하고 호텔에 가서 짐을 풀었다가 다시 집으로 돌아올 때는 짐을 싸야 하기 때문이다. 그리고 집에 와서는 또 짐을 다시 풀어야 하기 때문이다.

여행은 떠나는 순간부터 집에 돌아오는 순간까지 즐거워야 한다. 그런데 때로는 이런 부분 때문에 사람들은 쉽게 떠나지 못하는 것 같다. 그래서 나는 나의 스케줄이 잡히면 언제든 떠날 준비가 되어 있는 그런 인생을 살고 싶다. 나에게는 하나의 이동하는 집이 생기는 것이다.

봄에는 꽃 축제가 열리는 곳으로 캠핑카를 타고 가서 꽃구경을 한다. 여름에는 바닷가 근처에 캠핑카를 세우고 해수욕장에서 수영한다. 겨울에는 산 밑에 캠핑카를 세우고 등산을 한다. 그렇게 안 가 본 곳도 언제든 잠 걱정 없이 출발하는 순간부터 돌아오는 순간까지 최대한 즐기고 싶다. 여유롭게 책도 읽고 책도 쓰면서 그렇게 살고 싶다.

그리고 캠핑카로 전국을 여행하다가 더 멀리 떠나고 싶으면 크루즈여행을 할 것이다. 크루즈는 잠자리 걱정도 하지 않아도 되고 먹는 것도 해결이 다 된다고 한다. 거기에다 배 안에 즐길 거리도 엄청 많아서 심심할 틈이 없다고 한다. 전국일주를 하고 크루즈여행도 떠날 것이다. 그것도 참 좋을 것 같다.

PART

12

영포자들에게
실전영어
전수하기

· 김종환 ·

김종환 특성화고 교사, 자기계발 작가

영남대학교 전기공학과 및 한국방송통신대학교 영문학과를 졸업하고 산본공업고등학교에 재직 중이다. 중소기업청의 중기청특성화고등학교사업 학교 운영담당자로 활동하였으며, 관련 사업의 운영방법 강연자로 활동했다. 또한 경기도교육청 혁신 연수원에 영어초보자과정 연수 강사로 활동했으며, 작가이자 자기계발 코치로 교사 및 청소년들에게 미래를 설계해 주는 멘토로 활동하고 있다. 현재 '입이 트이기 시작하는 영어공부법'을 주제로 개인저서를 집필 중이다.

영어를 간절히 잘하고 싶은
영포자 돕는 코칭하기

영어 때문에 울어 본 적이 있는가?

영어 때문에 자존감이 올라갔던 일은 있는가?

대한민국 사람들에게 이렇게 질문하면 거의 울다시피 하는 사람이 많을 것이다. 나는 심지어 영어를 들으면 머리가 아프다는 국어 교사도 만난 적이 있다. 나는 울어 본 적도 있고, 자존감이 올라간 적도 있었다. 심지어는 영어로 꿈을 여섯 번이나 꾸었다.

나는 영어로 인해 자존감이 완전히 구겨지고 거의 실의에 빠진 적이 있었다. 영어를 잘 못했던 것은 외우려고만 달려들었던 탓이다. 중·고등학교 때는 대구 안지랑 산골에 살아서 학원에 갈 돈도, 시간도 없었다. 혼자 교과서와 참고서를 보고 해석을 무작정 외웠다. 하지만 외우는 것은 오래가지 못했다. 지금 산본공업고등학교 교사로 근무하면서 영어에 대한 질문을 받으면 나는 외우지 말 것을 권장한다. 그 이유는 뒤에 다시 설명하고자 한다.

나의 중·고등학교 시절의 환경은 최악이었다. 판자촌처럼 지어진 집에 화장실도 없었다. 6가구 정도가 쭉 늘어서 있고 그 끝에 화장실이 하나 있었다. 아침마다 화장실 앞에서 줄을 서서 차례를 기다리는 것은 아주 흔한 일이었다. 당시 나는 취직해서 돈을 벌고 싶은 열아홉 살 풋내기였을 뿐이다. 영어책을 살 형편도 못 되어서 빌려서 봤다.

한번은 난방용 연탄가스에 중독되어 화장실을 가다가 쓰러진 적도 있다. 이웃 사람들이 도와주지 않았다면 나는 지금 이 글을 쓰고 있지 못할 것이다. 이웃 사람들은 의식을 찾게 나를 두드리고 이름을 불러 댔다. 그리고 김칫국물을 먹이면서 의식이 회복되도록 도왔다.

당시 나는 두부를 만들어 시장에 내다 파는 어머니를 도와야 했다. 당연히 집에는 수도가 없었다. 200미터쯤 떨어진 우물에서 어깨 양쪽에 매다는 물지게로 두부 만들 물을 채워 놓아야 했다. 4남매의 맏아들인 나의 첫째 임무였다.

싱싱한 두부를 만들어 시장에서 팔기 위해 우리 가족은 새벽 3시부터 콩을 맷돌의 구멍에 넣고, 맷돌의 어이에 쇠막대기를 걸어서 돌렸다. 동생은 맷돌에 불린 콩을 넣고, 나는 맷돌을 돌렸다. 콩물을 끓이고 두부를 만드는 전문 작업은 부모님이 하셨다. 그렇게 5년을 했다. 그때 새벽에 일어나던 습관이 나를 지금의 새벽인간으로 만들었다.

그러다 공고를 졸업하고 상신브레이크 변전실에 취직했다. 변전실은 고압 2만 2,900볼트의 전기가 들어오는 곳이다. 담당자 외에는 출입이 금지된 지역이다. 나는 변전실의 기계를 잘 관리하는 일을 보조했다. 그 당시 가끔 현장의 프레스 기계의 제어함이 고장나면 기초 전기 지식을 이용해 수리해 내기도 했다.

그렇게 신임을 얻었다. 그리고 1년이 지나서 야간 대학교를 다니게 되면 한 시간 일찍 퇴근할 수 있다는 확신이 생겼다. 그런 확신을 안고 체력검사를 친 그날부터 죽어라고 연합고사(지금의 수능) 공부를 했다. 책은 전부 인문계를 졸업한 회사의 직원들의 것을 얻어서 썼다. 내가 산 것은 시험을 분석하기 위해 산《학원》이라는 잡지 한 권이었다.

그렇게 3개월 동안 집에 가지 않고, 변전실 작업대에서 새벽 1시까지 책을 봤다. 한 달이 지나자 코피가 마구 나기 시작했다. 목을 뒤로 젖히면 목으로 코피가 넘어 갔다. 약국에 갔더니 간에 좋다는 '우루사'처럼 생긴 지혈제를 몇 개 처방해 줬다. 그것을 먹으면서 이겨냈다. 그런 나를 보고 가끔 직원들은 "고등고시를 공부하느냐?"라고 묻곤 했다. 나는 시간을 아끼기 위해 "네."라고 대답하며 대화를 사정없이 잘라 버렸다. 나의 최고의 재산은 악과 깡다구뿐이었다. 월급은 어머니께 드렸다. 그렇게 모은 상당의 돈이 나중에 나의 입학금으로 쓰였다.

150점 정도의 낮은 성적이었지만 대학에 합격했다. 회사에서 써준 추천서가 많은 작용을 했다. 총점을 높이기 위해 영어는 거의 포기했었다.

하지만 영어에 대한 미련을 버리지 못했다. 대학교 4학년이 되었을 때 SDA학원을 다녔다. 원어민과 하는 수업은 나를 환희에 빠지게 만들었다. 하지만 2개월간 공부하고 돈이 없어서 그만두었다. 그리고 여러 회사의 입사시험에 응시했다. 대기업 입사시험은 영어에서 완전 패배했다. 지문을 읽는 것도 힘들었다.

결국은 졸업하고 지금의 부산에 있는 대양전기㈜에 취직했다. 그 당시 김재율 과장 밑에서 선박용 기자재 설계 업무를 맡았다. 선박용 기자재 설계는 세계의 다양한 선급의 기준에 맞추어야 한다. 보험회사의 선급의 기준은 영어로 되어 있다. 부족한 영어실력에도 사전을 갖고 찾으면 뜻을 대충 알 수 있었다.

한번은 내 자리의 전화가 울렸다. 상대방이 일본말을 하는데 알아들을 수가 없어서 영어로 해 달라고 요청했다. 하지만 영어도 알아들을 수 없었다. 귀를 쫑긋 세우고 집중해서 들었지만 도무지 이해하기 힘들었다. 그쪽에서 "가키다" 어쩌고 말하길래 '가키다'가 어디냐고 물을 정도였다. 그때 김 과장님이 내 옆으로 와서 전화기를 넘겨 달라고 했다. 과장님은 업무에 관련된 영어와 일본어에 능통했다.

전화 내용은 일본에 있는 관련 회사의 직원이 회사를 방문하기 전에 연락을 한 것이었다. 나는 정말 부끄러워 얼굴이 빨개졌다. 쥐구멍이라도 찾고 싶은 마음이었다. 아마 깡다구가 없었더라면 회사를 그만두거나 자살했을지도 모른다.

이래선 안 되겠다 싶었다. 영어실력을 올려야겠다는 각오를 하고 '잉글리시900'을 한 세트 구매했다. 처음으로 자기계발에 거금을 투자한 것이다. 월급이 30만 원 정도였는데, 한 세트의 값이 10만 원 정도 했다.

그렇게 3년 근무한 후 몸값을 높여서 중견기업에 과장대리로 옮겼다. 하지만 설계 업무상 영어를 하지 못하면 업무가 거의 불가능했다. 선박용 영어단어를 공책에 정리해서 시간 날 때마다 보고 외웠다. 외우는 것에 자신이 없던 나에게 신기한 일이 일어났다. 외운 단어가 기억에서 지워지지 않았다.

영어를 완성한 지금 생각하면 실전에서 사용했기 때문인 것 같다. 영어는 언어다. 외우는 데는 한계가 있다. 실전에서 사용해야 영어실력이 늘고 자연스럽게 대화가 가능하다.

나의 영어 자존감이 처음으로 한 단계 올라간 사건이 있었다. 설계부 부장님이 아침에 출근하면서 부산호텔에서 에버그린 컨테이너 선박회사의 부사장님을 모시고 오라고 했다. 나는 다음 날 아침 호텔 로비에서 에버그린 선사의 부사장을 만났다. 에버그린은 지금 대만에서 초대형 컨테이너 사업을 하는 선박회사다.

나는 에버그린 부사장에게 간단히 나의 소개를 했다. 그러곤 나의 승용차에 모시고 회사로 향했다. 회사는 부산의 영도에 있었다. 운전하면서 가는 순간, 시내의 복잡한 길보다 바닷가의 절경이 어우러진 영도의 송도 방향이 좋겠다는 생각이 들었다. 나는 그쪽으로 운전하면서 영도 섬의 아름다움을 간단히 에버그린 부사장에게 설명했다. 짧은 영어실력이지만 대화가 가능했다.

그날 영어 몇 마디 잘해서 신뢰를 얻은 덕분에 점심에 최고급 요리를 먹을 수 있었다. 에버그린 부사장이 김 대리도 같이 점심을 먹자고 회사 관계자에게 얘기했던 것이다. 그렇게 영도의 송도에 있는 목장원에서 최고급 스테이크와 후식을 먹었던 것이다. 유리창 너머로 넘실대는 바다를 보면서 먹는 점심은 환상적이었다.

한 번 올라간 나의 자존감은 이제 멈추지 않았다. 하지만 혼자서 하는 영어공부에는 한계가 있었다. 미국 드라마 혹은 뉴스는 전혀 들리지 않았다. 대부분의 영어 잘하는 사람들이 미국 드라마를 거의 알아듣지 못하면서 아닌 척한다. 하지만 몇 마디 질문하면 금

방 들통이 난다.

나는 최근에 한국방송통신대학교 영문학과를 졸업했다. 까다롭기로 소문난 방통대 영문학과에서 올 A학점을 받은 동기들도 영어회화가 안 된다. 사실 토익점수가 990점으로 만점인데 미국인과 대화하기를 어려워한다. 문제는 실전을 위한 훈련이 아닌 시험점수를 얻기 위한 공부를 했기 때문이다.

나는 이것을 3년 전부터 깨달았다. 실전을 위한 훈련을 해야 하는데 할 곳이 없다. 원어민 일대일 훈련을 한다는 것은 특별한 경우가 아니면 불가능한 것이 현실이다.

문제를 해결하기 위해 나는 나의 깡다구를 발동시켰다. 서점에 가서 책을 마구 뒤지기 시작했다. 도서관에서 영어책을 찾기도 했다. 그 결과 한국의 전문가 3명을 만나 전수를 받았다. 그 3명의 전문가는 최재봉, 윤재성, 제임스 류 선생님이다.

그런데 각 전문가가 영어의 한쪽만을 전문적으로 보는 것이 안타까웠다. 그래서 외국의 전문가를 찾았다. 그 결과 2명의 전문가를 만나서 전수를 받았다. 그들을 순서대로 나열하면 A. J. Hoge, Rachel 선생님이다.

이렇게 나는 영어의 전문가가 되었다. 그런데 자신감이 없어서 같은 학교의 5명의 교사, 3명의 학생들에게 전수하기 시작했다. 그리고 경기도교육청 교사연수에서 15시간에 끝나는 영어회화 기초를 강의했다. 28명의 교사들이 연수에 참석했다. 그들의 초롱초롱하던 눈빛을 지금도 잊을 수 없다. 전혀 어렵지 않고 쉽게 공부할 수 있었다는 고마움을 전해 받았다.

나의 재능을 찾아 준 분이 있다. 바로 한책협의 김도사님이다. 60년 동안 부모님은 물론 아무도 나의 장점을 찾아 주지 않았다. 오히려 영어를 해서 뭐 할래, 라며 나의 꿈에 찬물을 끼얹었다. 하지만 한책협의 김도사님은 달랐다. 김도사님이 나에게 자기소개서를 요청하셔서 보내 드렸다. 나는 약 아홉 가지의 자랑거리를 자기소개서에 넣었다. 마라톤에서부터 등산을 거쳐 영어까지….

김도사님은 영어가 나의 장점이라고 했다. 나는 순간 정말 내가 영어에 대해 이야기하면 밤새도록 할 수 있다는 생각이 들었다. 내가 코칭 받은 방법으로 한책협에서는 각 분야의 실전 전문가가 올해 154명이 배출되었다. 김도사님은 항상 강조하신다. "성공해서 책을 쓰는 것이 아니라 책을 써야 성공한다."라고. 100% 맞는 말이다. 계속 성공해 나오는 작가가 그것을 증명한다.

나는 영어 전문가로 다시 태어나서 대한민국의 영포자를, 그것도 간절히 원하는 영포자만을 돕고 싶다. 영어를 쉽게…. 물론 시간을 투자해야 한다. 하지만 좌절은 결코 없다. 실전영어를 전수할 것이다.

나보다 영문학과를 먼저 졸업했고 토익점수도 800점이 넘는다

고 하는데 실전 기초영어를 배운다. 정말 안타까운 현실이다. 나는
이 현실을 타개하는 세상의 빛이 될 것이다.

아내와 일등석 타고
세계여행 하기

2014년 겨울에 처음으로 가족과 함께 중국 칭다오로 여행을 갔었다. 패키지여행보다 싼 경비로 가기 위해 호텔과 여행지를 두 달 전부터 물색했다. 중국어에 자신이 없는 나는 한국인이 운영하는 값싸고, 깨끗한 호텔을 찾았다. 여행경비를 절약하기 위해 몇 가지 대안을 찾았다. 첫째, 호텔에서는 아침 취사가 허락되지 않지만, 간단히 해 먹을 수 있는 작은 전기히터를 구입했다. 둘째, 평소에 등산을 즐겨했던 만큼 간단한 취사도구를 준비했다. 셋째, 여행지에서 꼭 둘러봐야 할 관광지를 몇 군데 정했다. 그때 인터넷 검색과 댓글에서 필요한 정보를 얻었다.

우리는 여행경비를 절약하기 위해 남들이 잘 가지 않는 겨울철인 1월을 선택했다. 칭다오가 맥주의 고장으로 유명한 곳이라는 것을 그때서야 알았다. 그래서 여름에는 칭다오 맥주 축제로 인해 경비가 많이 지출될 것으로 예상되었기 때문이다.

칭다오의 겨울은 서울의 기온과 비슷했던 것으로 기억난다. 딸아이 셋과 아내의 방한복을 준비했다. 나는 적당한 것이 없어서 인터넷으로 저렴한 것을 하나 구입했다. 처음으로 떠나는 가족여행이었다. 하지만 나는 긴장을 놓을 수가 없었다. 딸아이 셋의 아버지에 한 아내의 남편으로서의 책임감에 잠시도 가족에게서 눈을 뗄 수가 없었다. 여행의 준비에서부터 집에 돌아오는 순간까지 그랬다.

가족 전체가 떠나는 여행은 준비할 때부터 기분이 좋았다. 특히 고등학교를 갓 졸업한 막내가 제일 좋아했다. 입시 준비를 하느라 스트레스로 힘든 나날을 보냈지만 원하는 결과를 얻지 못해 자존감이 떨어진 상태였다. 하지만 해외여행을 상상하면서 신나했다. 함께 여행하는 동안 가족 간의 대화는 많아지는 게 당연하다. 서로 돕고 여행용품을 준비하는 과정에서 결속력은 더욱 강해지고 서로를 이해할 수 있는 시간이 되었다.

그렇게 해서 칭다오에 도착했다. 나는 식당을 찾기보다 골목을 훑으면서 저렴하게 먹을 만한 것을 찾았다. 가끔 버스를 타고 가까운 시장에 가서 식구들이 좋아하는 해산물을 사다가 호텔에서 몰래 살짝 익혀서 먹기도 했다. 냄새를 풍기는 조미료를 넣고 여유 있게 조리할 형편은 못 되었다.

칭다오 사람들은 친절하고 인정이 많았다. 지도를 들고 손짓하며 관광지로 가는 방향을 물으면 친절히 가리켜 주었다. 한번은 버스에서 잔돈이 없어서 당황한 적이 있다. 그때 친절하게 잔돈을 바꾸어 준 현지인 승객도 있었다. 항상 감사한 생각으로 살아온 나였다. 그런 만큼 그 긍정의 힘으로 인해 도움을 받은 것으로 느껴졌다. 공항에서 치약과 로션을 소지품 가방에 넣어 오다가 검색대를 통과할 수 없어 버린 적도 있었다. 나와 아내는 처음으로 간 짠돌이 해외여행에서 딸 셋을 데리고 갈피를 못 잡고 헤맸다.

2019년 1월에는 베트남 하노이를 갔다. 이번에도 막내딸이 할인 항공권을 인터넷 검색을 통해 구입했다. 그런데 체류 기간이 18일이었다. 문제가 생겼다. 베트남은 15일간은 무비자이지만 18일간은 비자가 있어야 했다. 1인당 10만 원 하는 비자 비용을 지출하면, 할인 항공권의 의미가 없어지는 것이었다.

그래서 나는 여러 방법으로 비자 신청을 검색했다. 그러다 알게 된 것이 현지 비자를 신청하면 1인당 초청장 9,000원에 현지의 비자 발행 비용 2만 5,000원이면 된다는 것이었다. 합하면 3만 4,000원으로 60% 저렴하게 비자를 취득할 수 있다는 것을 알았다. 나도 막내딸도 영어 사용이 가능해서 믿는 구석은 있었다. 하지만 한 번도 경험해 본 적이 없어서 불안했다. 다행히 하노이의 입국 심사장에서 30분 정도 기다리고 비자를 받았다. 1인당 25달러를 지불했다.

하노이 여행은 칭다오의 짠돌이 여행과 완전히 달랐다. 그동안 경제적으로 형편이 나아졌었다. 여행경비도 넉넉히 준비했다. 하노이는 물가도 쌌다. 하노이에 도착해 우리 가족은 숙소에 짐을 풀고 근처 맛집을 찾기 시작했다. 이번에는 출가한 딸 둘은 빼고 막내만 같이 가서 경비도 적게 들었다. 우리 부부와 막내 총 3명이 떠난 여행은 단출하고 돌아다니기도 편했다.

평일에는 주로 시내 밖으로 돌아다녔다. 한번은 하롱베이에 갔었다. 선상에서 점심을 먹고 맥주도 한 잔 했다. 오랜만에 여행지에서 여유 있게 시간을 보냈다. 막내딸은 칭다오의 깍쟁이 여행에 비하면 럭셔리 여행이라며 좋아했다. 바다에 떠 있는 아름다운 작은 바위섬들은 한 폭의 예술품과 같았다. 파노라마처럼 펼쳐진 풍경이 굉장했다. 그리고 플러스 맥주 한 잔. 우리는 부자가 된 것 같았다.

그동안 원하지 않는 대학에 그냥 다니다가 졸업한 막내딸의 자존감이 높아진 계기도 되었다. 베트남의 하노이 여행은 중국의 칭다오에 갔을 때의 상황과 완전히 반대가 되어 있었다. 내가 가족의 안전을 챙길 필요가 없어졌다. 왜냐하면 막내딸이 모든 것을 챙겨주었기 때문이다.

주말에는 시내를 천천히 여유 있게 걸어 다니면서 하노이의 끼엠지구의 호수 주변에서 놀았다. 호수 주변의 식당에서 점심을 먹으며 내가 완전히 부자가 된 듯했다. 중국에 갔을 때와 비교하면 진짜 부자가 된 것이다.

저녁에는 끼엠지구 호주 주변에서 길거리 공연을 볼 수 있었다. 공연은 베트남이 공산주의 국가라는 것을 완전히 잊어버리게 만들었다. 활기찬 현지인들과 관광객이 어우러진 공연도 있었다. 댄스를 좋아하는 딸아이에게 같이 어울리면 어떻겠냐고 내가 제안할 정도였다.

그러다 이번에는 딸아이 셋이서 60회 생일 기념으로 여행비를 준다면서 하와이를 갔다 오라고 했다. 베트남으로 여행을 가면서 5시간 동안 비행기를 타는 것이 힘들었다. 그런데 하와이는 직항을 선택하더라도 8시간 정도를 가야 한다. 나와 아내는 비행시간 동안 이코노미석에서 견디기 힘들 거라는 생각을 했다. 차선책으로 그냥 동남아에 가야겠다고 했다. 하지만 멋있게 하와이에 한번 꼭 가고 싶다. 그동안 나를 만나서 고생한 아내의 손을 잡고 재미있는 추억을 만들고 싶다.

아내는 나를 만나서 무척 고생했다. 5남매가 있는, 겨우 살 만한 형편의 집안에 시집왔다. 그것도 아직 직장도 구하지 못한, 대학교 4학년 졸업 직전인 1월 11일에 나 김종환과 결혼식을 올렸다. 나의 막내 고모님의 소개와 장모님의 강력한 권고로 지금의 아내는 겁도 없이 나와 혼인을 했다. 결혼 후 나는 중소기업 몇 군데에서 설계 업무를 했다. IMF 때는 직장을 나와 보습학원 강사도 했다. 나이 마흔세 살에 중등교사 임용고시에 합격해서 큰 걱정은 없지만 경제적인 여유 또한 없다.

그래서 나는 항상 경제적 자유를 이루려는 욕망을 갖고 있었다. 부자가 되고 싶어 목이 탄다. 하지만 나의 주변에 나를 응원하는 사람은 없다. 심지어 나의 아내도 잘못하다가 지금 아파트의 융자금에 오히려 빚까지 지게 될까 봐 반대한다. 단, 부동산 경매는 찬성이다. 아내는 부동산 전문가이기 때문이다.

아내는 3년간 고생해 어려운 부동산 공인중개사 시험에 합격했다. 강남의 부동산에서 1년 이상 경력을 쌓았다. 판교의 부동산에서 공인중개사 자격으로 상가와 아파트를 계약했었다. 그리고 또 새로운 자격증 시험에 도전하고 있다. 그래서 나는 아내가 믿음직하고 사랑스럽다. 호강은 못 시켜 줘도 둘이서 제대로 여행 한번 가고 싶다.

그러한 나에게 희망을 준 것이 한책협이다. 부동산 경매, 주식투자, 그리고 내가 좋아하는 영어책 쓰기 등의 책을 보다가 한책협의 대표, 김도사님을 알았다. 전에는 이런 곳이 있는지도 몰랐다. 가끔 수내역에서 한책협을 여러 번 지나쳤다. 하지만 그때 나는 준비가 되어 있지 않아서 몰랐다.

지금은 한책협의 김도사님의 코칭을 받으며 책 쓰기를 훈련하고 있다. 한책협은 단순히 책을 쓰기만 하는 곳이 아니다. 김도사님은 "성공해서 책을 쓰는 것이 아니라 책을 써야 성공한다."라고 강조하신다. 20여 년간 산전수전을 다 겪으면서 책 쓰기의 도사가 되었다. 그리고 100억 부자가 되었다. 그 경험과 노하우를 오롯이 전수해 주신다.

하지만 단순한 노하우가 아니다. 자신도 모르는 작가들의 장점을 찾아 책의 제목을 코칭한다. 낮은 자존감을 높이기 위해 자신감을 상승시키는 책을 소개하고 읽도록 코칭한다. 그리고 1인 창업까지 연결해서 코칭하므로 3일에 한 권씩 계약이 이루어진다. 출판사와의 계약, 책 출판, 이런 성공담이 매일 카페에 올라온다. 30억 빚을 지고 인동초처럼 끈기 있게 살아온 작가에게도 책을 쓰고 강연가로 성장하는 방법을 제시하고 코칭하기 때문이다.

한책협의 김도사님을 가장 신뢰하게 된 계기가 있었다. 첫 번째의 사명 "목숨 걸고 코칭한다."를 알고부터다. 책을 쓰고 계속 1인 창업으로 연결되어 월 1,000만 원 이상의 수입을 올리는 작가님들을 본다. 나에게도 책을 쓰면서 많은 변화가 일어났다.

첫째, 전에는 이상한 것을 하면 걱정하던 아내는 내가 책을 쓰면서 더 이해심 많고 순해졌다고 한다. 둘째, 나는 나 자신의 삶을 주도적으로 살 수 있는 지혜를 얻었다. 사실 나의 기준으로는 그동안 주도적인 삶을 살고 있다고 생각했다. 산본공업고등학교에서 학생들을 한국석유공사, 공무원 등에 합격하도록 지도하는 자존감 높은 교사로 살고 있었기 때문이다. 하지만 마음의 한구석이 허전하긴 했었다.

이제는 내가 진짜 내 삶의 주인공이 되었다. 한책협을 만나고 예수님처럼 부활한 것이다. 나의 영혼에 충실하게 살아갈 나 자신을 찾았으니까! 나의 경험과 노하우를 책으로 펴내 세상에 알릴 것이다. 사람들이 나와 같은 어려움을 되풀이하지 않도록 책으로 풀어내고 세상으로 나아갈 수 있게 할 것이다. 그리고 1인 창업에 성공하고 아내와 함께 일등석을 타고 세계여행을 다닐 것이다. 편안하고 럭셔리하게. 그동안 고생한 아내에게 고마움을 전할 수 있게 되어 한없이 기쁘다.

PART
13

경제적 자유
누리는
억만장자 되기

· 허지윤 ·

허지윤 유치원 교사, 자기계발 작가

유아교육을 전공하고 현재 유치원 교사 겸 아동교육 사업을 하면서 아이들을 통해 미래를 꿈꾸고 있다. 우주에서는 모든 것이 가능하다는 생각에 따라 잠재의식으로 가능성을 열어 주는 일을 하고 있다.

최면과 잠재의식으로
미인 되기

현실에서 도피하고 싶은 사람들이 대부분일 것이다. 나 또한 마찬가지였다. 가장 행복해야 했던 20대 시절. 성적에 맞춰 들어간 대학은 흥미를 느끼지 못했다. 난 동기들과 다르게 심리학을 파고들었다. 그렇다고 학위에 도움이 되고자 전공 서적에 파묻혀 열정적으로 공부했던 것은 아니다. 그저 암울한 현실을 외면하고 싶었던 것 같다.

그러다가 우연히 대학 친구의 전도로 교회에 나가게 되었다. 목마름에 젖어 있던 나는 하나님, 신이 있다는 사실을 알게 되었다. 지금까지의 나의 인생을 하나님이 위로해 주시고 어루만져 주신다는 느낌에 새로 태어난 기분이었다. 대학을 졸업하고도 주일은 물론 철야예배를 하러 왕복 4시간이 넘는 거리를 다니며 정말 뜨겁게 신앙생활을 했다. 하지만 내 신앙에는 난관이 많았다.

'왜 교회를 빠지면 죄책감이 들지? 휴일엔 좀 쉬면서 세상구경하고 싶은데…'

'난 죄를 짓지 않았는데 왜 자꾸 죄인 취급을 하지?'

'하나님을 믿지 않으면 왜 지옥에 보낸다고 하시지? 우리를 사랑한다면서…'

'왜 부자는 나쁜 거지?'

'이 성경 말씀은 다 뭐람.'

어린 마음에, 또 뜨거웠던 나름의 열정 때문에 나는 호기심과 궁금증으로 질문 아닌 질문을 했다. 그것을 억압하려는 목사님께 대들었던 적도 있다. 목사님은 확고한 대답 대신 나를 이상한 아이 취급만 할 뿐이었다.

'도를 아십니까?' 같은 뒷골목의 은밀한 교회도 별반 다르지 않았다. 그곳 또한 명쾌한 답을 제시해 주지 않았다.

'이게 이단이라는 건가?' 어느 순간 나는 내가 무서워졌다. 매스컴에 나오는 이상한 교회들과 몸과 돈을 헌납하는 사이코 집단들에 두려움을 느꼈다.

'잠자코 있어야 하는구나.'

난 다름이 두려웠다. 보통 사람들과 같음을 인정받고 그냥 안정되게 살아가야 한다고 생각했다. 호기심과 궁금증은 나날이 커져 갔지만 안 그런 척하며 살아갔다.

시간이 지나고 나를 속이며 살아오던 어느 날 책방에서 《네빌 고다드》라는 신비한 책을 발견했다. 또다시 가슴에서 무언가 움직이는 것만 같았다. 나는 "이거다!" 하며 바로 가슴에 품고 읽어 내려갔다.

책을 읽고 성경에서 말하는 하나님이 곧 나라는 사실을 알게 된 후 감사의 눈물과 "맞아, 맞아." 하는 감탄사만 연달아 낼 뿐이었다. '내가 곧 그것이다'라는 짧지만 강렬한 메시지는 진리였다. 하지만 사실 쉬운 일은 아니었다. 말은 참 쉬웠다. 잠과 같은 기분으로 해야 한다니… 그러다가 잠들기 일쑤였다. 나는 직장에, 돈에, 사람에, 또 녹록지 않은 결혼생활에 힘이 들었다.

나를 이상하게 보는 사람들 때문에, 또다시 혼자가 되어야 하다는 두려움에 포기해야만 했다. 세상과 또다시 타협하며 책을 책장 한쪽에 미뤄 두었다.

또다시 몇 년이 지나고 반복되는 일상에 지쳐 버릴 때쯤 최면 이라는 것에 관심을 갖게 되었다. 한때 유행했던 〈화성인 바이러스〉라는 프로그램이 있다. 다양하고 특이한 사람들, 꼭 화성에서 살 것만 같은 사람들의 이야기를 담은 프로그램이었다.

10년 동안 이를 닦지 않은 사람, 한 끼에 1만 칼로리를 먹어도 40킬로그램대를 유지하는 여자, 맵고 짜고 신 음식을 즐기는 특이한 식성의 사람들…. 그러던 어느 날 최면으로 삶을 바꾼 한 여자가 나왔다. 평범한 외모에 여리여리한 인상이 나쁘지 않았다. '참 별사람이 다 있구나'라고 생각하며 가벼운 마음으로 시청했다. 하지만 보면 볼수록 웃기지만 우습지는 않았다.

의심이 많던 다른 MC들과는 달리 '한번 믿어 보자'라고 하면서 한 MC가 최면을 했다. 살짝 맛만 보아도 기침이 날 정도로 매운 후추우유로 최면을 할 모양이었다. 역시 다른 MC들은 의심의 눈초리로 비웃고 조롱 아닌 조롱을 했다.

도전한 MC는 눈을 감고 나른한 상태에서 '이건 맛있는 초코우유다'라고 잠깐 그녀의 암시를 받았다. 그런 후 눈을 뜨고 몽롱한 상태에서 그는 숟가락으로 후추우유를 떠먹어 보았다. 그러더니 컵째 모두 마시고 맛있다고까지 했다. 옆에서 지켜보던 사람들은 박장대소했다. 기겁을 하며 한 발짝 물러서기도 했다. 나도 개그 프로그램을 보듯 웃고 넘어갔지만 진심으로 신기했다.

최면이 《네빌 고다드》와 매우 흡사한 면이 많다는 것을 시간이 갈수록 느낀다. '나는 뉴욕대학에 갈 것이다'가 아닌 '난 이미 뉴욕 대학생이다. 수업이 끝난 후 벤츠에 앉아 핫도그를 먹는다', '나는 원래 40킬로그램대로 깃털같이 가볍다'라는 자기암시를 실제로 사용하고 있는 그녀를 보고 반가우면서 부럽기도 했다.

요즘 들어 최면에 관심을 가지는 사람이 많다. 정신이 뇌와 몸을 지배한다고 한다. 일 때문에 피곤해도 "날아갈 것 같아. 너무 많이 갔어." 하며 툭툭 털고 일어나는 자기암시. 이유 없이 우울한 날에도 "오늘 이상하게 기분이 좋네." 하는 일상의 흔한 자기암시처럼 말이다.

최면을 하는 사람들이 공통적으로 하는 말이 있다. 상황이 그렇지 않아도 일단 말로 내뱉으라는 것이다. 말 또한 중요한 역할을 한다는 것이다. 나는 이 말에 전적으로 동의한다.

선생님 시절 아이들과 수업 중 실험을 한 적이 있다. '바른말의 중요성'을 알려 주려고 했던 실험이었다. 흔히 배운 사람들에게서 사회과학이라고 멸시받았던 《물은 살아 있다》라는 책을 인용했다.

흰쌀밥을 넣은 2개의 유리그릇의 한쪽에는 좋은 말, 한쪽에는 나쁜 말을 몇 주간 해 준다. 같은 공간에, 같은 유리그릇으로 환경을 동일하게 한 후 한쪽에는 '사랑해, 고마워, 아름다워, 멋져' 등을 말하고, 한쪽에는 '싫어, 짜증나, 더러워' 등의 말을 해 주는 것이다.

아이들은 조금은 장난스럽게 실험했다. 하지만 나는 진지하게 실험할 수밖에 없었다. 말의 힘이라는 것을 믿고 싶었으니까. 그런데 얼마 후 정말 곰팡이가 다르게 폈다. 좋은 말을 해 주었던 밥에는 흰색과 노란색의 곰팡이가 조금씩 생기기 시작했다. 나쁜 말을 한 밥에는 어두운 청록색 곰팡이가 뒤덮었다.

아이들은 눈에 보이는 결과물에만 감탄했다. 하지만 나는 그러지만은 않았다. 파동이라는 것이 존재하는구나. 나는 말이 곧 생각이라는 것을 알았다. 난 생각이 파동에 밀접한 영향을 끼친다는 사실에 놀라지 않을 수 없었다. 수업은 종료했지만 난 뭔가 다시 시작하고 싶었다.

말에는 정말 힘이 있다. 분명히 잠재의식은 살아 있다. 나는 '왜 안 되지, 안 되지'가 아닌 '어떻게 하면 되지'로 말을 바꾸었다. '이미 나는 그것이다'라는 진리로 말을 바꾸기 시작했다.

'이젠 든든하다.'

'이젠 혼자가 아니다.'

《네빌 고다드》를 만나고 반가워했던 20대 시절. 그때는 두려웠지만 이제는 아니다. 내가 특이한 것이 아니라 특별한 것임을 알게 되었다. 도와주는 사람들이 있고 네빌링의 세상을 이해하는 사람들이 존재한다는 사실만으로도 감사하다. 돌고 돌아서 만난 인연들이다. 하지만 언젠간 만나게 될 것이라는 확신이 있었기 때문에 이렇게 소중한 만남이 있게 된 것 같다.

《네빌 고다드》의 잠재의식을 내 것으로 만들고, 예전의 나를 죽이고 다시 태어나는 내가 기대된다.

'그냥 해 보자!'라는 정신으로
도전하고 성장하는 삶 살기

'오늘은 무슨 일이 일어날까?' 설렘과 기대로 이부자리에서 일어난다. 예전엔 '5분만 더 자고 싶다. 일어나기 싫은데. 출근하기 싫다'라는 생각이 꼬리에 꼬리를 물었다. 그렇게 갖은 핑계를 대며 일어나지 않으려고만 애썼다. 하지만 이젠 일단 '일어나 보자'라며 단순하게 엉덩이를 뗀다. 그러다 보면 몸이 기억하듯이 화장실에 가서 이를 닦고 세수를 한다. 몸이 기억하고 알아서 한다.

'사람은 쉽게 변하지 않는다', '사람은 고쳐 쓰는 게 아니다.' 사람이 쉽게 변하지 못하도록 애를 쓰는 말들이 세상엔 즐비하다. 하지만 인간의 뇌는 확실히 변한다. 뇌의 가소성이라고 들어봤을 것이다. 《생각하지 않는 사람들》에서 뇌는 우리가 사고하는 대로 바뀐다고 했다. 특히 성인의 뇌는 단순히 변하는 정도가 아니라 매우 잘 변한다고 저자는 말한다. 즉, 뇌는 환경에 적응하기 위해 끊임없이 변한다는 것이다. 우리가 돌도끼를 사용하면 돌도끼에 딱 알맞은 뇌로, 인터넷을 사용하면 인터넷에 딱 알맞은 뇌로 변한다는 것이다.

나 또한 주변 환경에 대처하는 능력이 전보다 매우 높아졌다. 바로 위의 말을 믿고 난 후 부터다.

시골에서 자란 탓에 항상 의기소침하고 주눅이 든 그냥 여린 소녀로만 컸다. 더군다나 부모님과 떨어져 편찮으신 할머니와 자란 탓에 누군가를 늘 돌봐야 하고 보살펴 드려야 한다는 압박감에 내가 없는 나로 자랐다. 착한 아이로 낙인찍히고 신데렐라 콤플렉스에 걸려 타인에게 맞추기만 하는, 인형이나 다름없는 삶을 살아왔다. 이렇다 할 사춘기 없이, 나조차도 착한 아이인 줄로만 착각하며 10대는 그렇게 지나갔다.

하지만 풍선효과라는 말이 있다. 어떤 문제를 억제하면 다른 문제가 터지게 마련이다. 사춘기를 제대로 잘 넘기지 못한 나에게 흔히 말하는 오춘기가 찾아왔다. 여기저기 방황하며 기웃거리는 비행 청소년 못지않게 오춘기 또한 파급효과는 대단했다.

등 떠밀려 어쩔 수 없이 출근하는 직장에서 사람들과 장난치며 어울리기도 했다. 하지만 항상 겉돌기만 할 뿐 속내를 드러내지 않는 우울한 사람. 그러다가 잘못 건드리기라도 하면 모든 것을 휩쓸고 지나가 버리는, 싸움닭으로 변하는 사이코… 이렇게 사춘기, 아니 오춘기를 보냈다. 그러다가 한 사람을 만나 혼인신고만 하고 그냥저냥 살았다. 결혼식도 없이. 외국에서 한국으로 팔려온 사람처럼. 아니 그보다 더한 우울한 날이 시작되었다.

여름엔 한없이 덥고 겨울엔 한없이 추운 월세 20만 원의 옥상원룸이었지만 전의 생활보다는 낫다고 위로하며 참았다. 하지만 결국 도망쳐 나온 결혼생활은 지옥이나 다름없었다. 잠결에 목이 간지러워 불을 켜고 일어나 보면 온 방에 바퀴벌레가 기어 다녔다. 요리라도 할 때면 방문을 열어야 겨우 통풍이 되는, 곰팡이와 친구가 될 수밖에 없는 그런 집에서 살아야만 했다. 믿고 따랐던 사람에게서 느끼게 되는 모멸감과 수치심은 좌절감으로 나를 더 옥죄어 왔다. 마치 어린 시절부터 밧줄에 묶여 있던 아기 코끼리가 어른이 되어서도 벗어나지 못하는, 학습된 무력감처럼 말이다.

이런 나와는 달리 다정하게 남편과 장을 보는 친구를 만날 때면 100원, 200원을 깎다 못내 다시 내려놓는 나 자신이 초라해 몰래 숨기 일쑤였다. 동네 시골 아줌마로 변해 가는 내가 싫어 늘어나는 건 다툼뿐이었다. 안 먹고 안 사고 안 씻고, 아니 못 먹고, 못 사고, 못 씻으며 모은 돈으로 30평대 새 아파트로 이사를 가게 되었다. 이젠 살 만하나 싶었다.

하지만 나는 오춘기에서 벗어나질 못했다. 그와의 트러블은 더욱 심해져 갔다. 하루가 멀게 싸우다 헤어졌다를 반복했다. 만성으로 번진 과민성 대장증후군에, 천식에, 허리디스크에, 갖은 병까지 걸렸다. 상대방 또한 수치가 500이 넘는 당뇨에 걸리고 말았다. 이젠 몸이 아파 싸우는 것조차 서로 지쳐 버렸다. 그렇게 우린 헤어졌다. 꽃다운 20대, 30대 시절을 한쪽에 묻었다.

그러자 신기하게도 자연스럽게 천식도 고쳐지고 허리 통증도 고쳐졌다. 오히려 20대 때보다 더 건강해졌다. 정말 신기한 일이다. 정말 톡톡히 비행청소년 시절을 보낸 셈이다.

오춘기를 잘 넘기고 나는 드디어 성장기에 입성했다. 나에게 집중하는 시간이 길어질수록 내 안에 무언가 존재한다는 것을 느꼈다. 분명히 느꼈다. 내가 나로서 끝내기에는 뭔가 억울한 기분이 들었다. 개선이 필요했다. 망설이고 지체할 시간이 없었다. 머릿속에서 무언가 생각나면 바로 실천해야만 했다.

책 쓰기를 도와주신 김도사님의 어록 중 "내가 급한 게 아니라 당신들이 느린 거다."라는 말씀이 있다. 과연 천재이신 듯하다. 어느 한곳에 집중하지 못하고 산만한 내가 성인 ADHD(주의력 결핍 과잉 행동장애)는 아닌가? 늘 죄책감에 시달렸는데, 역시 모든 인간은 특별하다.

일단 부딪쳐 보면 상황에 대처할 수 있는 능력들이 인간들에게는 샘솟는다. 난 이 느낌이 무척 좋다. 내가 몰랐던 나 자신을 발견하는 기분이랄까? 전엔 머리를 쥐어짜며 시작하기도 전에 지레 겁부터 먹었다. 그렇게 탁상공론만 했던 전과는 달리 생각지도 못한 상황들이 눈앞에 펼쳐지면 이를 해결하든 즐기든 그 순간들에 몰입하게 된다. 결과는 상관없다. 그 자체를 즐기면 되니까….

그런데 한 가지 단점이 생겼다. 단 한순간도 가만히 있질 못하겠다는 것이다. 집에서 잠시 휴식이라도 취하려고 할 때면 나 혼자 상상의 나래를 펼친다. 몸이 편하니 온갖 잡념들이 스멀스멀 올라온다. 온전히 좋은 상상은 아니다. 이건 이럴까 저럴까 계산기를 두드리고 혼자 북치고 장구 치고 한다. 그런 날이면 다크서클이 온 얼굴을 휘감는다. 오히려 몸으로 일할 때보다 더 피곤하다. 그래서 요즘 명상을 배워 볼 참이다. 어떻게 보면 또 하나 아이디어가 생겨난 참이다.

다시 한 번 말하지만 일단 나를 던져야 한다. 그렇게 던져 보면 알아서 하게 되어 있다. 내가 모르는 내가 불쑥 나타나 문제를 해결하고 있는 것을 나중에서야 발견한다.

하지만 나를 던질 그곳이 어딘지는 고민해 볼 필요는 있다. 대나무 숲에선 대나무 향이 배어나고 화장실에선 화장실 냄새가 배어나게 마련이다. 환경을 무시해서는 안 된다.

《리얼리티 트랜서핑》에서는 집단적 무의식의 중요성을 강조한다. 책에 나온 일화다. 방 안에는 여러 시계들이 걸려 있다. 벽에 걸린 시계들의 시계추는 한 방향으로 똑같이 움직인다. 째깍째깍. 마치 하나가 된 듯 일정하다. 그런 방 안에 추의 움직임이 다른 시계 하나를 걸어 둔다. 그 시계는 왕따가 된 듯 혼자만 다르게 움직인다. 하지만 얼마 후, 다르게 움직였던 시계의 시계추는 약속이나 한 듯 다른 것들과 같은 방향으로 동시에 움직이기 시작한다. 이제 방 안의 시계들은 하나가 된 듯 모두 같은 방향, 같은 속도로 움직인다.

우리가 어느 집단에 소속되었다고 해 보자. 소속된 그곳에서는 자유를 잃고 좋든 싫든 눈에 보이지 않는 규칙과 약속을 지켜야 한다. 집단 속 파동을 거스르기란 쉬운 일이 아니다. 그러니 신중하게 선택할 필요는 있다. 파동에 맞춰서 부정적인 에너지에 동조할 것인지 긍정적인 에너지에 동조할 것인지는 자유다.

내가 살기엔 이 도시가 너무 좁다. 이젠 나를 어디에 던져 볼까 생각 중이다. 무모한 도전이라고 생각해도 좋다. '도전하지 않는 건 내가 나 자신을 모르는 것과 같다.' 나는 나 자신을 찾고 싶다.

'그렇게 살고 싶다. 이루고 싶다. 나의 목표다.' 말해 놓고 실천하지 않는 건 그저 꿈꾸고 있는 것일 뿐이다. 나는 내가 의도한 대로 살아갈 것이다. 소망은 그저 이루어질 수 있도록 바라기만 할 뿐이지만 의도는 그냥 하는 것이다. '커피를 마시는 게 소원이야'가 아닌, 그냥 물을 데우고 커피를 타서 마시면 된다. 그냥 한다. 아무 생각 없이 그냥 한다.

결과에서 출발하라고 했다. 이상이 실현된 관점에서 생각하라고 한다. 작가가 목표라면 자꾸 작가가 되는 것에 생각을 두지 말고 작가가 된 나의 모습을 상상하라고 했다. 사인을 하는 모습, 베스트셀러가 되어 내 책이 팔리고 있는 모습, 강연을 하고 있는 모습을 말이다. 이상이 실현되는 것은 오직 결말의 관점에서 생각할 때뿐이다.

오늘도 나는 결말에 나를 던져 본다. 그냥 한다.

부자가 되어 부자 사업가들과
일주일에 한 번 모임 갖기

난 100억 자산가다. 또 잊고 있었다. 내가 100억 부자라는 사실을…. 한 유튜버는 집 앞 슈퍼에 갈 때도 '아! 맞아. 나 100억 자산가지?!'라며 잊고 있었던 기억을 상기하면서 여유롭게 장을 본다고 한다. 내가 100억 부자 마인드를 갖게 된 건 그리 오래전 일이 아니다.

'내가? 100억?' 헛웃음을 지었다. 하지만 진짜 100억 자산가라고 생각하니 굽었던 어깨가 펴졌다. 매일 조아리기만 했던 상사에게 당당하고 현실적인 조언까지 하게 되었다. 특히 상사를 향해 "아. 네. 할게요."라며 수용적이기만 했던 말투와 행동들이 "네, 그럼 한번 해 보겠습니다."라고 능동적으로 바뀌게 되었다. 소심하고 지질했던 나로선 정말 놀라지 않을 수 없는 혁명이었다.

사실 부자의 길이 쉽지만은 않다. 세계적인 백만장자, 천만장자, 아니 이젠 억만장자들이 다수 존재한다. 그런데 왜 어렵다고만 생각할까? 그들의 화려한 주변 환경과 범접할 수 없는 의식들에 맞설 수 없기 때문일 것이다. 나 또한 그렇게만 생각했다.

지금도 방이 좁아서 책상 대신 화장대에서 글을 쓰고 있는 나. 쌀쌀해진 날씨 탓에 다시 꺼낸 구멍 난 잠옷. 하지만 난 눈을 돌린다. 의식을 돌린다. 사실 지금도 그런 과정 중이다. 그런데 쉽지만은 않다. 그렇다고 결코 어렵지만도 않다.

'나 부자인데?! 당장이라도 실크 잠옷 사러 갈 수 있는데?!'

'나 부자인데?! 그냥 확 큰 집으로 이사할까?'

지금도 현실과 이상의 괴리를 좁혀 가는 과정에 봉착하고 있는 건 사실이다. 하지만 상관없다. 난 이미 부자의 길을 선택했고 이미 부의 추월차선에 들어섰다.

얼마 전까지만 해도 혼자 밥 먹고 혼자 차 마시는 것은 상상도 못했다. 특히 한국 사회에서는 더욱 어렵다. 남들의 시선이 왜 그리 중요한지….

세상은 거울이다. 거울은 깨지면 그만이지만 거울 앞에 선 나를 바꾸면 거울에 비친 나도 변한다. 내가 생각하는 내가 다른 사람이 보는 나라는 것을 알고 있다.

'난 사업가야. 투자가야. 난 100억 자산가야. 어디에 투자를 좀

해 볼까?'

'숲세권'이 중요할까? '역세권'이 중요할까?

부자 마인드로 길을 걷다 보니 남들 신경 쓸 시간조차 없다. 움직여야 한다. 발도 움직이고 머리도 움직이고 가슴 또한 움직여야 한다.

성공하기 위해선 어느 정도 운이 필요하다고 믿는다. 어느 자산가의 일화다. 전에는 자신의 운이 좋은지 안 좋은지 볼 수 있는 혜안이 없어 재 보고 계산기 두드려 보고 아니다 싶으면 모두 거절했다고 한다. 하지만 거절했던 일들이 대박이 터지고 나서야 자신의 운명 줄이었다는 것을 알았다고 한다.

그 후 그에게 들어오는 제안들은 될 수 있는 한 모두 수용한다고 한다. 어디에서 운이 터질지 몰라 다수의 파이프라인을 만든 것이다. 그렇다고 무리한 투자에 감 떨어지기만을 기다리는 것은 아니다. 수용할 수 있는 범위 내에서 진을 친다는 것이다.

나 또한 파이프라인을 구축하고 있다. 지금은 책 쓰기, 경매투자, 운명학 파이프라인을 만들고 있다.

공부로 끝나선 안 된다. 반드시 수입 창출이 있어야 한다. 죽기 전까지 공부의 끈을 놓아선 안 된다. 하지만 살아 있는 공부를 해야 한다. 실천할 수 있는 공부를 해야 한다. 배웠으면 돈을 벌고 익혔으면 성과를 내라는 말이다. 진리일수록 단순하고 쉽고 빠르다.

시간이 길어지면 퇴화되기 때문이다.

돈을 버는 것은 예술이다. 예술은 다른 사람들이 이미 했던 것을 창의적으로, 다른 차원으로 표현하는 것이다. 이미 했던 것은 행위예술이다. 예술을 해야 한다. 특별해야 한다. 나만의 방법으로 돈을 벌어야 한다. 그러니 머리 굴리지 말고 일단 아이디어가 생각나면 부닥쳐 봐야 한다. 이거다 싶으면 두둑한 배짱을 갖고 크게 투자할 수 있어야 한다. 단 지혜롭게, 실패해도 크게 개의치 않는다는 배짱으로 실천해야 한다. 할 수 없는 이유가 아닌 할 수 있는 이유를 택해야 한다.

어느 휴일 날. 그날따라 무슨 생각이었는지 지나치기만 했던 한 '아우디' 매장을 들렀다. 슬리퍼에 이틀 동안이나 머리를 감지 않아 대충 모자로 가리고 무작정 들어섰다. 하지만 큰 용기가 필요했다.

'딜러들이 뭐라고 할까? 돈이 없는데 들키기라도 하면 어쩌지.'

하지만 곧 눈을 돌렸다. 의식을 돌렸다.

'에잇! 까짓것! 바탕화면에 띄어 놓기만 했던 '아우디 a5 카브리올레(오픈카)'만 보고 나오자.'

그렇게 그냥 단순한 마음으로 들어갔다.

딜러들이 마중을 나오고 전시되어 있는 차를 열심히 설명해 준다. 하지만 이미 첫 마음을 빼앗겨 버린 탓에 '카브리올레'를 보여 줄 수 없느냐고 물어봤다. 딜러들은 흠칫 놀라며 당황한 기색이 역력했다. 혹시 하시는 일이 무엇이냐는 질문에 나도 모르게 그냥 작은 사업을 한다고 했다. 그때부터였을까? 나도 모르게 또다시 허리가 곧아지고 턱이 들려지고 사업가 마인드가 생겨났다. 아니, 이미 난 사업가였다.

사업의 '사'자도 잘 모르지만 금수저든 재산을 물려받았든 이미 난 돈이 두둑한 사업가다. 어쩔 것이냐? 통장을 보여 달라고 할 텐가? 시승까지 해 보고 명함을 건네받으며 올해 안에 구입하고 싶다고 하면서 매장에서 나온다. 아니, 적어도 그땐 정말 그럴 작정이었다.

딜러가 커피 한 잔을 건네주며 조심스레 물어본다. 왜 가격을 물어보지 않느냐고…. 그러게. 그러고 보니 가격을 물어보지 않았다. 나는 "사실 대충 알아보고 왔어요." 하며 여유롭게 웃는다. 내가 생각해도 압권이다. 딜러는 내가 허세인지 진짜 부자인지 헷갈려 했을 거다. 며칠간 다른 차를 권유해서 이를 거절하느라 고생했지만 확실한 건 그때부터 달라졌다는 거다. 올해 안에 이 차를 구입한다고!

부자들은 가치에 따라 돈을 사용한다고 한다. 역시 배울 점이 많다. 그래서 요즘엔 가격표를 보지 않고 물건을 고르려고 한다. 저렴한 것만 사고 비싼 것은 감히 쳐다보지 않았던 습관들이 개선되어지고 있다. 기준점을 다르게 잡으니 결정장애였던 내가 오히려 쉽고 빠르게 선택할 수 있게 되었다. 비싼 것만 고른다는 것이 아니다. 가치를 고른다는 것이다. 비싸서 가치가 높을 수 있고 반대로 저렴해도 가치가 높을 수 있다.

워런 버핏의 한 일화다. 한 누인이 워런 버핏과 골프를 치면서 내기를 제안했다.

"이번 당신의 홀인원에 1만 달러를 걸겠소. 당신은 2달러를 거시오."

"저는 확률이 낮은 도박은 하지 않습니다."

"그깟 2달러를 갖고 뭘 그러시오?"

"2달러를 함부로 쓰는 사람은 1만 달러도 함부로 쓸 수 있습니다. 이길 확률이 없는데 요행을 바라는 것은 투기꾼이지 투자자가 할 일이 아니요."

나는 가치가 없는 곳에는 단 한 푼도 사용하지 않는다는 그의 철학에 또 한 번 감탄했다. 그의 원칙 중 또 하나는 '첫째, 돈을 잃지 않는다. 둘째, 첫 번째 원칙을 잃지 않는다'다.

나 또한 얼마 전부터 나만의 원칙을 세웠다. 바로 투자 30배의 원칙. 돈을 잃는다는 두려움이 성공의 투자로 바뀌는 시간이었다.

만약 강의료가 600만 원이면 그것의 30배인 1억 8,000만 원의 소득이 있어야만 강의료를 신청하는 것이다. 과하다고 생각하나? 하지만 난 이렇게 원칙을 세우고 나니 돈을 사용하는데 있어 두려움이 없어졌다. 공부를 하고 싶지만 너무 비싸서 망설였던 내가 적극적으로 지갑을 열게 되었다. 계산할 때 망설였던 마인드가 투자가 될 것인지 소비가 될 것인지 따지는 마인드가 되면서 당당해질 수 있었다.

나만의 원칙을 세우자. 무리라고 생각해도 좋다. 움직일 수 있는 원동력만 생긴다면….

부동산 투자로
경제적인 자유를 누리고 아우디 타기

"돈이 돈을 번다."

"돈 버는 것은 쉽고 재밌고 단순하다."

"잠을 자고 있는 동안에도 돈을 벌 수 있어야 한다. 그러지 않으면 죽은 인생과 같다."

화장대에 붙인 포스트잇 글귀를 주문 외우듯 중얼거리며 방문을 나선다. "너 요즘 도대체 뭐 하고 다니니? 누군 돈 벌기 싫어서 그래?" 전과는 달리 항상 붕 떠 있는 내 모습에 부모님은 기다렸다는 듯 잔소리를 하신다. 오늘은 평소와 다르게 언성이 높아진다.

이혼을 하고 부모님과 함께 지낸 지도 1년이 다 되어 간다. 결혼생활 끝을 위로해 주는 건 위자료뿐이었다. 내 모든 것이 송두리째 날아가고 남은 거라곤 작은 원룸 전셋값 정도가 전부였다. 하지만 나는 그것이 하나 남은 마지막 희망 줄이라 생각했다. 그런 피 같은 돈을 엉뚱한 곳에 쓰고 있지는 않은지 부모님이 걱정하시는 건 당연하다. 은행에 넣어도 될까 말까인데 펑펑 쓰고 다니는 건 아닌지 불안해하실 만도 하다.

나도 이 돈이 너무나도 소중하다. 지금까지 고생한 결과물이라 생각하면 내 품 안에서만 간직하고 싶다. 은행이 보관해 주는 것만으로도 감사해야 했다. 이자도 준다고 하니 더할 나위 없다. 하지만 과연 은행에만 넣어 둔다고 안전한 걸까? 이자가 정말 고마운 걸까?

은행에는 사실 돈이 없다. 가상화폐 그 이상 이하도 아니다. 책 《거시 경제학》에서는 은행이 생겨난 일화를 다룬다. 16세기 영국에서는 금을 소유하고 있는 사람들이 다수 존재했다. 그들은 이 소중한 금을 안전하게 보관해 줄 수 있는 누군가를 찾는다. 그는 바로 세공업자였다. 세공업자는 금을 안전하게 보관해 주겠다고 약속하며 보관증을 준다. 물론 보관료도 받는다. 그렇게 시간이 지날수록 그의 금 보유량은 늘어난다.

그런데 거기에서 그는 새로운 사실을 깨닫는다. 금 주인들이 그 많은 금들을 한꺼번에 찾아가지 않는다는 것이다. 그래서 그는 이 금을 재치 있게 사용한다. 금을 필요로 하는 사람들에게 빌려주고 대신 이자를 받는 시스템을 만든 것이다.

얼마 후 그 이자는 상상도 못하게 불어난다. 점차 금을 맡긴 사람들의 의심 또한 늘어나기 시작한다. 하지만 세공업자는 또다시 재치를 발휘한다. 맡긴 금으로 대출을 할 수 있게 해 주면 이자를 나눠 주겠다고 말이다. 금 주인들은 흔쾌히 세공업자의 제안을 받아들인다. 세공업자 또한 걱정이 없다. 예금이자보다 대출이자가 더 많았으니까…. 가지고 있는 금보다 10배가 많은 보관증을 발생시키고 세공업자가 은행가로 변신하는 순간이다. 이렇게 은행은 맡긴 돈의 10%만 보유하고 대출로 먹고사는 셈이다.

한 달에 최저임금만 받는 나로서는 어떻게 하면 더 절약하며 살까? 아등바등했다. 안 쓰고 안 먹는 것만이 미덕인 줄로 알았다. 돈에 대해 인색해지니 사람들에게 또한 인색해졌다. 거지나 다름없었다. 돈을 아낄 생각만 하고 벌 생각은 하지 못했다.

무지가 곧 죄다. 난 죄를 지은 셈이다. 자본주의 사회에서 이런 사실을 모른다는 것이 곧 죄다. 몰라서든 어떻든 무지로 인해 죄를 지은 셈이다. 이 사실을 안 이상 10원도 허투루 쓰고 싶지 않았다. 은행에 맡기며 내 돈을 함부로 쓰게 하고 싶지 않았다. 어떻게 하면 돈이 돈을 벌 수 있는 시스템을 만들지 고민했다. 그러던 어느 날 귀가 열리니 레버리지 효과라는 말이 들리게 되었다. 대출을 역이용하라고? 말도 안 돼.

다른 사람들도 마찬가지겠지만 나는 특히 집에 대한 소유욕이 크다. 장녀라서 그런지 몰라도 집이 있어야 안정감을 느낀다. 신혼 생활을 바퀴벌레 득실거리던 단칸방에서 시작했다. 하지만 다가올 아파트 입주 날만 기다리며 참고 견뎠다. 몇 년을 고생해 드디어 30평이 넘는 아파트에 입주했다.

주위에선 넓은 집은 청소하기만 힘들지 뭐가 좋으냐고 했다. 하지만 난 청소하는 일이 세상에서 가장 행복했다. 눅눅한 곰팡이 대신 따뜻한 햇빛이, 바퀴벌레가 바글대는 수납장 대신 깔끔하게 정리된 그릇들이…. 그런 집을 청소할 수 있어서 오히려 감사했다. 정말 꿈만 같았다. 하루에도 쓸고 닦고 열두 번씩 청소했다.

하지만 만 2년도 안 되어서 난 그 집을 나와야만 했다. 결혼생활이 깨져 버린 것이다. 모든 것을 참았던 게 독이 된 셈이다. 내 명의가 아니라는 이유만으로 그 집에서 나와야만 했다. 그땐 참 지혜롭지 못했다. 화장품과 옷가지만 챙겨 비참하게 그 집에서 나왔다.

다시 부모님과 살아야만 했다. 1층이라 커튼도 마음대로 못 치고 임대아파트라 여기저기 낡은 곳이 눈에 들어왔다. 하지만 버거운 형편에 작은방을 내주신 것만으로도 감지덕지였다. 그래서일까? 전에 살았던 곳이 눈에 더 아른거렸다. 한여름 밤의 꿈만 같았던 그 집. 나도 그런 집에서 행복한 가정을 꾸리고 싶었는데…. 모든 게 물거품이 된 것만 같았다. 그 후 참 우습게도 나의 취미생활은 구경하는 집, 모델하우스 관람으로 변해 있었다. 비록 꿈이지만 구경하는 것만으로도 행복했다.

얼마 후 근처에 1군 브랜드인 포스코 아파트가 건설될 예정이라 했다. 그러곤 모델하우스가 오픈되었다. 서울 시세로는 반값도 안 되는 금액이다. 하지만 내가 살고 있는 강원도 원주에서는 제2의 강남이라 할 정도의 큰 금액의 아파트였다. 그 가격은 원주권에서는 아직 시기상조라 오히려 욕을 얻어먹어야만 했다. 하지만 나는 무슨 생각에서인지 모델하우스를 구경한 후 내 목숨과도 같은 위 자료를 사용했다. 복수해 주고 싶은 생각으로 덜컥 계약한 것일 수도 있다. 하지만 그냥 너무 좋았다. 나도 내 명의로 된 아파트가 생겼다는 사실에 행복하기만 했다.

얼마 후 프리미엄을 받을 목적으로 비슷한 금액에 한 채 더 분양을 받았다. 하지만 부모님 입장에서는 기가 찰 노릇이었다. 욕먹고 있는 아파트를, 아직 잔금 마련도 안 되는 시점에서 그것도 두 채씩이나 분양을 받다니… 폭발하실 만도 하다. 하지만 성인인 나로선 언제까지나 부모님 곁에 머물 수는 없는 노릇이었다.

그때부터였다. 이젠 정말 본격적으로 돈을 벌어야 한다는 생각이 들었다. 월급으로는 어림도 없는 일이었다. 막상 저지르긴 했지만 기존의 나로선 답이 없었다. 어떻게 해야 돈을 벌까? 노동으로는 한계가 많다는 것을 느꼈다. 돈이 돈을 버는 시스템을 구축해야 한다고 느꼈다. 그 많은 돈을 벌 수 있는 방법은 돈이 나를 위해 일하게 하는 것이라고 생각했다. 고민하고 찾아보고 알아보았다.

그러다가 부동산 경매가 있다는 것을 알았다. 아니 전부터 존재했지만 무지가 눈을 가렸을 거다. 그러다가 또 우연히 《대한민국 경매 투자》라는 책을 발견했다. 돈이 없을수록 경매를 하라는 말에 단숨에 읽어 내려갔다. 나는 지체할 수 없었다. 바로 저자에게 도움을 요청해야만 했다. 저자가 계신 곳이 분당인지라 가까운 거리는 아니지만 일단 달려갔다.

그런데 그곳에서는 경매수업 말고도 색다른 강의를 하고 있었다. 또한 분위기는 지금까지 내가 살아왔던 곳과는 차원이 달랐다. 의식이 보통 사람들과 다른, 꼭 외계인들 같았다. 그렇게 우연히 경매수업 말고 다른 강의를 듣게 되었다. 나의 기존의 틀이 깨지는 순간이었다. 4차원에서 살고 있던 내가 5차원 공간에 들어가 숨 쉬는 느낌이었다.

그렇게 나의 계획에는 없었지만 우연을 가장한 필연으로 이 강의를 신청하게 되었다. 강의를 들으면 들을수록 상상이 곧 현실이 될 수 있음을 확신하게 되었다. 경제적인 자유를 얻어 부를 누리며 살 수 있음을 느꼈다. 전에 그렇게 꿈꾸었던 궁궐 같은 집을 마련하고 다시 행복하게 청소하는 내가 될 수 있음을 믿게 되었다. 믿는 것이 보는 것임을 깨닫게 되었다. 부동산 경매에 돛을 단 셈이다.

아니, 집채만 한 엔진을 단 셈이다.

'난 올해가 가기 전 부동산 투자로 경제적인 자유를 누리며 아우디로 임장(현장조사)을 다니겠다'라는 목표를 세웠다. 이젠 믿었으니 보이기만 하면 된다.

5

월봉 1억을 받는
능력 있는 여자 되기

'일, 십, 백, 천, 만, 십만, 백만… 억이면 도대체 '0'이 몇 개야?'
월급이 들어오면 곧바로 빠져나가는 세금과 카드 값으로 인해 천
단위는 생소하기 그지없다. 연봉 1억 원도 감지덕지일 판에, 월봉이
1 억 원이라니…. 제정신이란 말인가? 그렇다. 난 미쳤다. 미치지 않
고서는 세상을 살아가기 어렵다. 미쳐야 산다. 이성적으로 살아가
다간 오히려 고난과 역경을 당하기 더 쉽다. 감성적으로 사는 것이
쉽다.

공무원, 교사, 의사, 변호사…. 이른바 이성적인 사람들의 직업
이다. 난 이성적이지 않다. 똑똑하지도 않다. 암기도 잘하지 못한다.
이해력도 상당히 떨어진다. 숫자에도 약해서 암산도 잘 못한다. 임
용고시에도 네 번이나 낙방했다. 어렸을 때 검사했던 아이큐도 두

자리였다. 아마 97 정도였을 거다. 고맙게도 돌고래보다는 낫다고
친구가 위로해 줬다.

아주 잠깐 은행에서 일한 적이 있다. 은행의 꽃! 창구에서 예금
과 적금을 도와주는 직원이었다. 똑똑해 보이는 모습에 매력을 느
꼈다고 할까? 하지만 암산도 잘 못하는 나는 은행 일이 내 적성이
아님을 뒤늦게 알았다. 4시에 문을 닫고 정산하는 시간, 그때부터
본격적인 업무가 시작된다. 100원이라도 맞지 않으면 밤을 새워서
라도 찾아야 한다. 그러지 않으면 자신의 돈으로 메꿔야 한다. 피해
주는 것이 죽기보다 싫었던 나는 100원, 1,000원을 내 돈으로 채
워 넣기 일쑤였다. 아니, 일상이 되었다. 오히려 딱 맞아떨어지는 날
이면 축하인사까지 받았다.

그렇게 하루하루를 살얼음판을 걷듯이 지냈다. 그렇게 3개월
정도 되었을까? 그날따라 느낌이 좋지 않았다. 정산을 하고 엔터를
눌렀다. 아… 우려했던 일이 터졌다. 60만 원이 빈다. '어디에서 잘
못된 걸까?' 몇 번을 계산했다. 현금 보관실에 있는 돈다발을 일일
이 다시 세어 보았다. 그래도 '60'의 6자도 보이지 않았다. 직원들과
팀장님, 주임님까지 도와주셨다. 이런 민폐가 없다. 죽을 것만 같았
다. 늦은 밤이 될 때까지 찾지 못하고 결국 내 돈으로 메꿨다. 다음
날 나는 사직서를 냈다. 난 그곳과 다른 인격체임을 몸소 느꼈다.

나의 타고난 재능이 무엇인지 알기 전까지 안정적인 직장, 은행원, 공무원은 선망의 대상 이었다. 얼마나 멋진가? 똑똑해 보이고 도시적이며 세련된 이미지의 매력적인 모습. 내가 가지고 있지 않은 것을 가지고 있다는 자체가 부러움 그 차제였다.

하지만 동료 선생님의 질책으로 나는 조금씩 바뀌었다. 동료 선생님은 내가 누군가를 부러워할 때 다른 누군가 너를 부러워하고 있다고 했다. 너를 부러워하고 있는 사람들이 분명 존재하는데 왜 자꾸 엉뚱한 곳을 보고 있느냐고 했다.

어느 드라마의 한 장면이 생각난다. 연예인 지망생인, 열정이 넘치는 여자 주인공이 있다. 그녀는 고등학생 신분으로 연예인 기획사 사기를 당할 뻔한다. 다행히 평소 선망의 대상이었던 톱스타에게 도움을 받고 사기를 면하게 된다. 주인공은 "저는 커서 꼭 언니처럼 될 거예요."라고 당돌하고 저돌적으로 말한다. 그 말에 톱스타는 대답한다. "나처럼 되고 싶니? 나처럼 되는 건 쉬워. 남들이 너처럼 되고 싶게 만드는 게 어렵지."

'나도 누군가에게 도움이 될 수 있을까?' 겸손을 위장한 교만 덩어리 그 자체다. '안 된다'라고 할 때 '해야 한다'라고 생각 자체를 바꿔야 한다. '어떻게 하면 누군가에게 도움이 될 수 있을까'로 질문 자체를 바꿔야 한다. 사실 지금도 그러려고 노력하고 있는 중이다.

이성적으로 생각해서 성공하는 시대는 지났다. 이젠 감성적으로 성공하는 시대다. 돈을 많이 버는 직업일수록 머리를 많이 사용한다고 한다. 특히 감성적인 일이….

얼마 전부터 '스윙스'라는 랩 가수에게 흥미를 느끼고 있다. 욕 잘하는 그저 한낱 길거리 랩 가수였던 그였다. 하지만 감성적인 트렌드로 이미지를 바꾼 후 진정한 부의 길에 들어섰다. 그는 책을 무척 좋아하는 듯하다. 특히 자신을 움직이게 해 줄 수 있는 책을 소장하고 자랑한다. 나와 비슷한 친구가 있어서 반갑다. "문학이여 만세! 예술이여 만세!" 나도 함께 크게 외친다.

나는 예술을 좋아한다. 예술을 잘하려면 기존의 것을 색다른 방법으로 볼 수 있어야 한다. 독창성이 필요하다. 그러기 위해선 기존의 틀에서 벗어나야 한다. 고정관념들을 깨부수어야 한다.

선생님이었던 시절, 미술관 견학이 참 많았다. 하지만 아이들과 시간 맞춰 관람하고 단체사진을 찍으려니 너무 벅찼다. 그럼에도 불구하고 나는 "어떤 느낌이 드니? 이거 보니까 어때?"라며 그들의 감성을 일깨워 주는 질문을 자주 했다. 그런데 그들의 표현은 감히 성스럽기까지 했다. 자주 그들에게서 배울 때가 많았다. 때 묻지 않고 순수하지만 오히려 그 순수함 속에서 100가지 언어들이 나온다. 선생님이란 직업은 가르치는 것이 아니라 그들의 표현을 지지해 주고 잃지 않도록 도와줘야 하는 것이었다. 하지만 현실은 그렇지 못했다는 게 아쉬울 뿐이다.

예술을 이해하려면 순수함은 기본인 것 같다. 순수함 속에서 독창성, 창의성이 뿜어져 나온다. 보기만 해도 치유가 되고, 행복해지고, 에너지를 받을 수 있는 그런 작품. 생각만 해도 짜릿하지 않은가? 누군가 나의 작품을 보고 만지고 냄새만 맡았는데 치유가 되다니…. 그럴 경우 나 또한 치유가 된다. 누군가 나로 인해 건강해지고 성장해 가는 체험을 한다면 정말 천국에 있는 기분일 것 같다. 신이 된 느낌일 것 같다.

부자들의 최고 경지는 미술, 그림이라고 한다. 생각해 보라. 한 점에 몇 백, 몇 천, 아니 몇 억까지 경매로 팔리는 그림들이 있다. 과연 이성적으로 판단할 수 있는 일인가? 감히 말하지만 예술은 신의 경지에 오른 사람들만이 이해할 수 있다. 예술은 아무나 못한다. 예술을 할 수 있는 자격은 따로 있다. 그 자격은 단순하다. 월급만 바라보는 틀에 박힌 눈을 과감히 버리는 것이다. 대신 열린 눈을 가지는 것이다.

새장에서 과감히 나오자. 나는 월봉 1억, 아니 그 이상을 받을 능력이 있는 여자라는 사실을 명심하자.

신은 인간에게 모든 것을 나누어 주셨다. 신은 우리가 잘되기를 바라신다. 신은 세상이라는 곳에 멋들어지고 고급스러운 음식들을 내려 주셨다. 우리는 그런 고급스러운 호텔 뷔페에서 맛있는 것을 골라 먹으면 된다. 아직 한 번도 맛보지 못한 생소한 요리들을 맛볼 때다. 머뭇거리기만 할 순 없다. 언제까지 떠먹여 주길 바라는가? 우린 자격이 충분히 있다. 맛볼 자유가 충분히 있다.

나는 세상을 향해 눈을 돌린다. 월 1억을 담을 수 있는 낡아 빠진 새장은 너무 좁다. 돈이 널려 있는 세상을 향해 날아갈 것이다. 나는 널려 있는 많은 돈들을 그저 줍기만 하면 된다. 인류에게 눈을 돌린다. 주인을 찾고 있는 돈들을 나는 그저 가져갈 뿐이다. 바로 나라는 세상에서 말이다. 나라는 인류를 개척해서 월봉 1억을 받는, 능력 있는 여자로 다시 태어날 것이다.

PART
14

선한 영향력으로
주변 사람들을
도우며
수익 창출하기

· 이은주 ·

이은주 유치원 교사, 에니어그램 상담사, 청소년 멘토, 유치원 행복교실 운영, 자기계발 작가, 동기부여가

유아교육학 석사로, 새뜸유치원에서 교사로 재직 중이다. 유치원 신규교사, 전국우수교사, 유치원1급정교사 자격연수과정 출강을 하였으며, 에니어그램 상담사로 활동 중이다. 20여 년 동안 300여 명의 학부모와 아이들을 만나 상담을 했다. 유치원 행복교실을 통해 학급 운영에 어려움을 겪거나 더 행복한 학급을 운영하기 위한 멘토 역할을 하고 있다. 저서로는 《유치원 학급운영 어떻게 할까?》가 있으며, 현재 '우리 아이 문제 행동 들여다 보기'를 주제로 개인저서를 집필 중이다.

유치원 교사로서
12권 저서 쓰기

고등학교 시절 너는 무엇을 하고 싶니? 꿈이 뭐야? 라는 질문을 받았다. 그때 나는 마냥 친구들이랑 노는 것만 좋아했다. 그래서 미래에 대한 아무런 준비가 없었다. 때문에 그 어떤 대답도 할 수 없었다.

수능시험 성적을 토대로 친구들은 이 대학 저 대학에 들어갔다. 하지만 나는 간 대학도 없고 무엇을 해야 할지도 모를 막막함에 아주 많이 두려웠다. 졸업식이 끝난 후 답답했던 나는 집에서 가까운 절에서 합숙했다. 그렇게 일주일 동안 밥 먹는 시간을 제외하고는 적어도 하루 종일 3,000배 정도의 절을 했다.

첫째 날 절을 할 때는 내가 살아온 인생이 필름처럼 지나가면서 하염없이 눈물이 흘렀다. 부모님께서는 우리 가족을 위해 저렇게 열심히 사시는데…. 나는 아무 생각 없이 돈만 펑펑 쓰고. 고등학생이 해야 할 공부는 하지 않았다, 라는 죄책감이 너무나도 컸다. 이틀 3일 쉬지 않고 절을 하자 점점 다리가 딱딱하게 굳었다. 그렇게 마비가 올 정도로 통증이 심했다. 하지만 나는 이 고통을 내가 잘못 살아온 삶에 대한 참회의 기도라고 생각했다. 다리가 구부려지지 않을 때는 손을 바닥에 먼저 살짝 대며 겨우겨우 일어나 기도했다.

3일 동안 기도할 때는 얼마나 많이 울었던지 두 눈이 계속 빨갛게 퉁퉁 부어 있었다. 다리는 걸어 다니기가 힘들 정도여서 어기적거리며 걸었다. 지금은 그렇게 기도를 못할 것 같다. 그런데 그때는 앞으로 살아갈 날에 대한 두려움을 떨치고 무엇을 하고 싶은지 또 무엇을 해야 하는지에 대한 답을 찾고 싶었다. 그러기 위해 새벽 5시부터 밤 9시까지 거의 13시간가량을 기도한 것 같다.

그렇게 기도하며 내 삶의 고민에 대한 답을 찾았다. 나보다 어렵고 힘든 다른 사람을 돕는 삶을 살자, 였다. 그래서 재수할 때는 특수교육학과를 목표로 공부했다. 그런데 초·중·고를 다니면서 한 번도 공부를 해 보지 않았던 내가 갑자기 좋은 성적을 내기란 무리였다. 그러다 난 엄마의 권유로 유아교육과에 진학했다. 하지만 나는 특수교육에 대한 미련을 버리지 못했다,

1년을 유아교육학을 공부하다가 난 휴학했다. 그런 후 장애복지

시설에서 영아전담장애돌봄 교사 일을 했다. 이 시설에 있는 아이들의 실제 나이는 세 살부터 열세 살이었다. 하지만 나이보다 더 어려 보이는 아이들이 많았다. 하루 종일 누워만 있으니 아이들의 피부는 아주 하얀 우윳빛이었다. 팔과 다리는 잎이 떨어진 나뭇가지처럼 아주 앙상했다. 말을 할 수도 걸어 다닐 수도 없는 아이들이었다. 아이들에게 하루 세끼 밥 먹이고, 씻기고, 대소변 처리하는 것 외에는 내가 할 수 있는 게 없었다.

이때 내가 배우고 있는 유아교육에 특수교육을 접목해 장애를 가진 아이들에게 더 많은 도움을 줄 수 있다면 좋을 것 같다는 생각이 들었다. 그래서 다시 복학해서 유아교육과를 졸업했다. 그러곤 곧바로 방송통신대학교에서 학사를 취득했다. 그리고 몇 년 후 유치원교사 임용고시에 합격했다. 그 후 특수교육과 유아교육을 통합해 운영하는 특수유치원으로 발령이 났다.

유치원 교사로 일하면서 특수 아이들과 일반 아이들을 통합해 지도하는 것은 너무나도 흥미로웠다. 일반 아이들은 특수 아이들과 함께 지내면서 특수 아이들의 힘든 점을 도와주기도 하고 함께 뛰어놀았다. 편견 없이 너무나도 사이좋게 지냈다.

내가 만난 아이들 중 일반 유아로 입학했으나 또래 유아들과 비교할 때 발달의 속도가 느린 유아들도 있었다. 그 부모와 대화해 보면 아이가 장애가 아니라 좀 느린 것이다. 그러니 기다리면 좋아질 거라고 말씀하시는 분들도 있었다.

특수로 입학한 아이는 특수교사, 일반교사가 함께 공동 지도한다. 그리고 문제가 있는 부분을 수정 보완해 더 빨리 성장할 수 있도록 도와준다. 만 3세 특수 유아로 입학한 민혁이가 있다. 그 아이는 기저귀를 차고 기어 다녔다. 그런데 꾸준한 지도 후 대소변 처리도 스스로 하고, 혼자서 걸어 다니게 되었다. 또한 승민이는 언어장애를 갖고 입학해 말을 한마디도 하지 않았다. 하지만 유치원을 졸업할 때는 문장을 말하는 등 언어능력이 매우 발달하게 되었다.

특수유치원에서의 5년 동안 느낀 것은 부모의 선택에 따라 아이의 발달 속도가 다르게 된다는 것이다. 그런 만큼 아이의 발달수준에 맞는 적절한 교육은 필수다.

임용고시를 공부하기 전에는 시골 초등학교 병설유치원에서 5년정도 근무했다. 그때 만났던 아이들 중 부모가 함께 아이를 키워 온가정도 있었다. 하지만 부모의 이혼으로 인해 조부모의 손에 크는 아이들도 있었다. 그 밖에 엄마가 베트남 사람인 다문화 가족 등 다양한 가족 구조를 만날 수 있었다.

아이들의 인원수가 적을 때는 5명, 많을 때는 15명 정도로 소인수 학급이었다. 아이들과 아침마다 즐겁게 체조하고 노래도 부르고동화도 들려주며 가족처럼 지냈다. 부모님들도 나를 조카를 대하듯 아주 친근하게 대해 주셨다. 내가 주는 사랑을 아이들과 부모들에게서 온전히 2배로 받는 듯한 기분이 들었다. 그럴 정도로 하루 하루 감사하며 지냈다.

특수유치원에서 5년을 근무하고 난 후 섬에서 근무하고 싶다는 생각이 들었다. 그래서 쾌속선을 타고 1시간 거리인 섬에서 두 딸과 함께 2년 동안 근무했다.

섬은 아이들의 놀 거리가 아주 많은 곳이었다. 유치원 바로 앞에 바다가 펼쳐져 있고 조금만 걸어가면 산이 있었다. 유치원 바로 옆에는 동사무소, 보건소 등 아이들이 눈으로 보고 체험할 수 있는 곳들이 즐비했다. 봄에는 쑥을 캐서 쑥버무리를 해 먹었다. 여름에는 오디를 따다가 우유에 갈아서 오디 우유를 만들어 먹기도 했다. 바다에 가서 수영도 했다. 가을에는 감을 따다가 말려서 곶 감을 만들어 먹었다. 그러면서 산으로 들로 산책하며 주워 온 여러 가지 자연물로 다양한 놀 거리를 만들기도 했다. 겨울에는 눈사람 만들기, 눈싸움놀이 등 다양한 놀이를 했다.

또한 육지의 삶을 동경하기도 하는 섬 아이들을 위해 월미도 놀이공원과 인천투어를 1박 2일로 하기도 했다. 섬에서의 2년은 개 인적으로 힘든 일들도 있었다. 하지만 우리 반 아이들과는 너무나 도 행복하고 즐겁게 보냈던 시간이었다.

시골에서 5년, 섬에서 5년을 근무하면서 나는 순박하고 순진하 게 살았던 것 같다. 그러다가 단설유치원으로 발령 났다. 단설유치원은 아이들도 많고 규모도 컸다. 또한 교사가 해야 할 업무들도 분업화되어 있었다. 그러다 보니 내가 해야 할 업무를 잘 못하게 되면 전체 교사들이 곤경에 빠지니까 아주 잘해야 한다는 스트레스가 많았다. 혼자 일할 때는 1시간 만에 끝낼 일을 2시간을 끙끙거리면서도 마무리를 못하기도 했다. 그러다 전체 시스템을 이해하면서 점점 익숙해졌다.

시골에서 적은 인원을 지도하는 것과 단설유치원에서 많은 인원을 지도하는 것은 너무나도 달랐다. 경력이 많음에도 어떻게 지도하는 것이 올바른 것인지 애매하고 어려울 때도 많았다. 나이도 많고 경력도 많은데 잘 못하는 것 같아서 창피하고 부끄러워 좌절할 때도 많았다. 하지만 나는 혼자 끙끙 앓기보다 동년배 선생님들에게 고민을 토로했다. 그러자 많은 조언을 통해 좀 더 많이 개선할 수 있었다.

가장 많이 힘들었을 때는 살고 있던 곳에서 지역으로 이사 오고 많은 업무를 해야 하는 상황에서 아이들을 맡았을 때였다. 가족들도 새로운 지역에 적응하며 스트레스가 쌓여 있었다. 나 또한 유치원과 가족을 함께 챙기는 것은 버거웠다. 게다가 우리 반에는 산만하고 공격적인 아이들이 많았다. 그렇게 내 얘기를 듣지 않고 문제행동을 많이 하다 보니 학부모들의 민원도 많았다.

나는 많은 고민을 하며 탈출구를 찾기 위해 노력했다. 그렇게 많은 책을 읽고 각종 연수를 아주 많이 들었다. 그중 가장 감명 깊게 받은 연수는 정유진 선생님의 연수였다. 정유진 선생님은 온빛초등학교에서 근무하는 교사셨다. 그러면서 《초등학급운영시스템》, 《지니샘의 행복교실 만들기》 등의 여러 저서를 집필하셨다. 또한 EBS 〈선생님이 달라졌어요〉의 자문위원이었다. 나는 나의 고민을 선생님에게 얘기했다. 선생님은 깊이 공감하시고 나의 마음을 이해해 주셨다. 그러면서 선생님은 나에게 유치원 학급운영을 위한 책을 만들었으면 좋겠다고 조언해 주셨다.

그러던 참에 우연찮게 학급운영을 고민하는 여러 선생님들을 만나게 되었다. 그리고 연구회를 조직해 1년 동안 운영하게 되었다. 이 운영진들은 행복한 학급운영을 위한 노하우를 신규 선생님들에게 알려 주는 일들을 했다. 이렇게 1년을 운영한 결과를 학급을 보다 잘 운영해서 교사도 아이들도 그리고 학부모도 만족할 수 있는 책으로 내자고 의견을 모았다.

나는 정유진 선생님께 초등학급운영시스템과 같은 맥락으로 유치원의 학급운영시스템을 구축하는 데 필요한 책을 발간하고 싶다고 전화했다. 정유진 선생님은 우리가 책을 쓰는 데 흔쾌히 많은 도움을 주셨다.

그러나 유치원 학급운영과 관련된 실제적인 운영 팁이 들어 있는 책을 찾기가 어려웠다. 또한 유치원과 초등은 연령별로 들어가야 할 부분들이 좀 다른 분들이 많았다. 그래서 10명과 함께 아주 많은 고민을 하고 많은 책들과 논문을 찾아보았다. 우리는 이 부분들에 첫발을 딛기로 결심하고 2018년 8월 《유치원 학급운영 어떻게 할까?》라는 책을 출간했다. 이 책에는 유아들의 일상생활 지도, 문제해결 지도 방법 등과 같은 실제적인 운영 팁이 많이 들어 있다.

이 책은 유치원 및 초등학교 저학년 선생님들에게서 큰 도움이 된다는 호평을 받았다. 그러면서 현재 4,000부 정도가 판매되었다. 이렇게 책이 세상에 나온 후 나는 더 큰 세상을 바라보게 되었다. 유치원 학급운영과 관련된 저서 외에도 미술놀이, 요리, 숲놀이 등 여러 가지 책들을 더 많이 써야겠다는 생각이 들었다.

책을 쓴다는 것은 말을 좀 더 구체적으로 정교화하는 것이다. 그렇기 때문에 나중에 힘든 수업에 봉착했을 때 내가 쓴 책들을 다시 찾아보면 더 큰 도움이 되기도 한다. 또한 교사들에게만 도움을 줄 것이 아니라 부모와 유아에게 직접적이고 구체적으로 도움을 주는 책을 집필하고자 한다.

이를 위해 내가 구상한 책은 약 12권 정도가 된다. 현재 부모교육 지도서를 집필하고 있다. 이 부모교육 지도서가 부모 및 아이들에게 큰 울림이 되길 바란다.

전국 및 해외 강연
여행 가기

여행 하면 떠오르는 것은 힐링, 여유, 모험 등등… 생각만 해도 설레고 기분이 좋다. 흔히들 여행은 함께 가고 싶은 사람, 시간 그리고 경제적 여유가 있어야지 갈 수 있다고 생각한다.

어릴 적 나는 온 가족과 함께 해수욕장, 부곡온천 등에 놀러 갔다. 해수욕장에서 큰언니는 모래찜질을 하며 누워 있었다. 그리고 나는 그 옆에서 모래성을 쌓으며 놀았던 기억이 난다.

부곡온천에서는 외국 사람들이 나오는 멋진 춤 공연을 보았다. 관광버스를 타고 돌아올 때 아버지와 친구분들은 신나는 뽕짝을 들으며 술을 마시고 흥에 겨워 춤을 추셨다. 그리고 나는 친구와 함께 마이크를 잡고 노래를 불렀다. 지금 그 모습들은 추억의 사진 한 장 속에 남아 있다.

가족과 함께하는 여행은 소중한 추억이 된다. 나는 아이를 키우면서 주말마다 박물관, 바다, 산 등 주변 곳곳을 가족들과 여행을 다녔다. 2011년도에 인천에서 박물관 이벤트가 열렸다. 그 이벤트는 안내 종이에 나와 있는 박물관을 다니면서 스탬프를 찍어 오면 선물을 주는 것이었다. 그때 이벤트 종이에 적혀 있던 박물관은 인천광역시립박물관, 부평역사박물관, 수도국산 달동네박물관, 강화역사박물관 등 25개 정도가 되었다.

나는 아이들과 이벤트 종이를 함께 살펴보면서 "이번에는 어디를 가 보면 좋을까?"라며 박물관 투어 경로를 함께 계획했다. 강화도에서는 강화역사박물관, 강화자연사박물관을 갔다가 소리체험박물관을 거쳐 옥토끼 우주센터를 다녀왔다. 아이들은 스탬프도장을 하나씩 채울 때마다 입가에 미소가 만발했다. 나아가 다른 박물관도 가 보자며 도전하기도 했다. 박물관에서의 다양한 체험을 너무나도 재미있어했음은 물론이다.

박물관에 가서 자세하게 무슨 토기인지 내가 설명해 준 적은 없었다. 그런데 초등학생이 된 큰아이가 "엄마, 우리 그때 박물관에서 보았던 민무늬토기가 책에 나왔어."라고 말했다. 둘째도 유치원에서 주말 이야기를 그리는데 그림 내용이 아주 풍부해졌다. 또한 자신이 다녔던 곳의 즐거웠던 경험을 유치원 선생님과 친구들 그리고 할머니에게 미주알고주알 들려주었다.

경제적 여유가 없어도 즐거운 여행이 있다. 대학에 다닐 때 친구에게 번개로 "우리 지금 부산에 놀러 갈까?"라고 말했다. 그러곤 서로 통하면 대구역으로 달려갔다. 그리고 부산으로 가는 비둘기 기차표를 구매했다. 비둘기 열차표는 몇 백 원 정도의 매우 저렴한 가격이었던 것으로 기억한다. 돈이 없는 대학생인 나에게는 안성맞춤인 열차 여행이었다. 역마다 다 섰던 비둘기 열차는 부산까지 4시간 정도 걸린 것 같다. 친구 영선이와 이야기도 하고 바깥 풍경도 살펴보며 가다 보면 4시간은 금세 지나갔다. 지겨운 줄 몰랐다.

부산에 도착한 우리는 광안리 해수욕장 바다를 바라보며 맥주 한 캔을 한 모금씩 여유롭게 마셨다. 귓가에 들리는 파도소리와 갈매기 소리 그리고 시원한 바다 내음을 맡으며 우리는 해변을 걸었다. 서로 아무 말을 하지 않아도 힐링이 되는 시간이었다.

돌아오는 기차에서도 좋았던 기억을 떠올리며 한참 이야기도 했다. 그리고 기차를 타고 내리는 사람들을 바라보며 세상 구경도 했다. 당일 코스여행이었지만 서로에게 너무나도 큰 힐링이 된 추억 여행이었다. 여행은 여행지보다 누구와 함께 가느냐가 중요하다. 경제적 여유가 없어도 충분히 여행은 할 수 있다.

시간적 여유가 없어도 가는 여행은 어떤가? 유치원에서 가장 많은 일을 하는 교무부장을 맡고 있을 때였다. 신설 유치원이다 보니 해야 할 일도 아주 많아서 시간적 여유가 없었다. 방학임에도 하루도 쉬지 못하고 근무해야 하는 불공정한 상황이었다. 그런데 하루도 쉬지 못하고 계속 나온다면 나 자신이 미쳐 버릴 것만 같았다. 그래서 미친 듯이 여행지를 검색하고 캄보디아로 가족과 함께 3박 4일 여행을 떠났다.

가족과 함께 가는 첫 해외여행이라 너무나도 설레고 기대도 많이 되었다. 큰아이는 사춘기여서 많이 날카로운 상황이었다. 그런데 여행을 다니면서 많은 대화를 하며 평소보다 더 많이 친해지는 계기가 되었다. 가족과 함께 좋은 추억을 간직할 수 있어서 감사했다. 또한 여행하는 시간만큼은 유치원 업무를 잊어버리고 살았던 것 같다. 그렇게 여행을 다녀오고 나니 시야가 훨씬 더 넓어졌다. 내 마음에 여유가 생기다 보니 업무에 좀 더 집중할 수 있는 계기가 되었다. 또한 사람들과의 관계도 다시 한 번 더 돌아보는 좋은 시간이 된 것 같다.

여행과 업무를 같이한다면 좋은 것일까? 놀지도 못하고 여행지에서 일만 하고 돌아온다면 슬플 수도 있을 것 같다. 나는 여행을 하면서 강연에 간 적이 있다. 남편에게 코칭 연수 제의가 들어와서 아이들과 함께 가족여행 겸 남편의 강의차 속초로 여행을 갔다. 우리가 호텔에 머무르고 있는 동한 남편은 강의를 했다. 남편이 강의하는 동안 아이들과 함께 속초 주변을 돌아다녔다. 하지만 아이들은 바다가 보이는 호텔 침대에서 뒹굴며 노는 것만으로도 매우 만족해했다.

남편의 강의가 끝난 후에는 함께 낙산사, 설악산 그리고 정동진과 동해 일대를 여행 다녔다. 남편도 가족과 함께 여행하면서 강의를 하니 너무 뿌듯해했다. 아이들 또한 아빠가 강의를 하면서 여행도 가니 아빠를 좀 더 존경의 눈빛으로 바라보았다. 나 또한 남편이 돈도 벌면서 여행도 온 것인 만큼 남편이 더 멋져 보였다. 이런 남편을 보며 나도 강연여행을 하고 싶다는 생각을 했다.

며칠 후 잠을 자다 나는 꿈을 꾸었다. 내가 많은 사람들 앞에서 화려하게 반짝이는 옷을 입고 당당하게 강연하고 있는 모습을 꿈속에서 보았다. 나의 강연을 듣는 사람들의 환호소리와 박수갈채가 이어졌다. 그들은 나에게 사인을 받으며 감사하다고 말했다. 그냥 개꿈인가? 생각하면서도 너무나 황홀하고 기분이 좋아지는 꿈이었다. 비록 잠을 자면서 꾼 꿈이었지만 나중에는 반드시 현실로 실현하리라는 꿈을 가졌다.

생각하면 실현된다고 했던가? 2018년 8월에 나온 《유치원 학급운영 어떻게 할까?》라는 책을 읽고 연구사님이 나에게 강의 의뢰를 하셨다. 강의 요청 내용은 '행복한 학급경영을 위한 문제해결 방법'이었다. 이틀간의 강의 일정이라 큰아이와 함께 친정을 거쳐 여행하는 마음으로 강의하고 올라왔다. 친정 부모님은 강의를 하러 지방에 온 나를 아주 뿌듯하게 바라보시며 자랑스러워하셨다.

시간, 사람, 경제력 등에 구애받지 않는 여행. 여행은 사람을 성장하게 하고 마음의 여유를 가지게 한다. 시간을 어떻게 짜느냐에 따라 강연여행은 의미 있고 행복했다. 내가 모르는 지역에서 강의하면 여러 가지 장점도 있었다. 강의하면서 친분이 생긴 선생님들과 대화를 나누면서 그 지역의 먹거리, 숙박 시설, 여행지 등에 대해 더 자세하게 들을 수 있었다.

지금 나는 3권의 책을 집필하고 있다. 부모교육, 그림책놀이, 나의 꿈과 관련된 책이다. 이 책들은 내가 실제로 겪었던 경험들을 소개하는 책이다. 삶의 지혜를 얻고자 하는 분들에게 유용한 책이다. 내가 쓴 책을 보고 나에게 강의 의뢰를 하거나 상담하고 싶은 분이 계신다면 언제든 달려가서 도와줄 준비가 되어 있다.

내가 아팠던 상처를 견디고 성장할 수 있었던 것도 나를 늘 지지해 주고 위로해 주었던 사람들 덕분이다. 내가 가지고 있는 달란트(명상, EFT 프렉티셔너, 교정치료, 애니어그램 상담사, 부모상담코칭 전문가, 학급운영 퍼실리테이터, NLP 프렉티셔너)를 활용해 자신의 성장 및 변화를 요청하는 많은 이들에게 도움을 주고 싶다. 선생님에게는 행복한 학급운영을 위한 구체적인 방법과 팁 그리고 선생님의 행복한 삶을 응원해 주고 싶다. 유치원 아이를 키우고 있는 부모님들에게는 자녀를 키울 때의 어려움을 공감하고 이해하며 함께 지혜롭게 해결하는 방법을 안내해 줄 것이다.

나를 걱정해 주시는 분들께서는 전국 강연여행만 하면 되지 무슨 세계 강연여행까지? 라는 말을 하기도 한다. 외국어를 잘해야 할 텐데… 라며 조언하시는 분들도 있다.

내가 세계 강연여행을 하고 싶은 이유는 한국분들이 외국에서 외롭고 어렵게 아이를 키우면서 힘들 때 도움을 주고 싶기 때문이다. 그래서 세계 강연여행을 하더라도 지금 당장은 한국말로 강의해도 크게 무리가 없을 것 같다는 생각이 든다. 우리 한국 사람들은 다른 나라 친구들과도 어울릴 것이다. 때문에 외국인 부모들에게도 자녀양육 방법을 알고 싶다면 알려 주어야 한다. 그래서 나는 영어와 중국어를 10년 안에 배워서 강의하며 전 세계 부모 및 교사를 응원하고 지지할 것이다.

나는 소망한다. 그리고 반드시 이룰 것이다.

10년 안에 100억
부자 되기

돈에 대해 욕심이 없던 시절이 있었다. 아버지는 시골에서 수의 사를 하셨다. 아버지는 동물을 치료하고 번 돈으로 부를 축적하셨 다. 엄마는 우리가 대구에서 공부할 수 있는 집도 하나 장만해 주 셨다. 부모님은 몸이 아프거나 바빠도 절대 택시를 타지 않는 등 근검절약하며 사셨다. 하지만 자식들에게 공부할 때 필요한 돈들은 늘 풍족하게 주셨다.

초등학교 6학년 때 대구로 유학을 왔다. 당시 주말에 시골집에 가면 부모님으로부터 5,000원씩 용돈을 받아 왔다. 그중 내가 쓰 는 돈이라고는 매일 하나씩 사 먹는 '오징어칩' 값이 전부였다. 주 말마다 아버지께서 용돈을 주시면 그 돈을 쓰지 않고 모아 두었다. 내가 어릴 적 아버지가 다치신 이후로는 부모님께 용돈을 받아서 함부로 쓰는 것이 미안한 마음이 들기도 했다.

대학을 다닐 때도 부모님께 돈을 받아서 쓰기보다는 아르바이트를 해서 용돈을 마련했다. 친구에게 학교 축제시기에 아르바이트 자리를 소개받았다. 그 당시 학교 축제에서 노는 것은 나에겐 큰 의미가 없었던 것 같다. 친구들은 김제동이 사회를 보고 인기 가수들이 나오는 축제에 놀러 가자고 권유했다. 그러나 나는 연예인을 보는 것에는 관심이 없었다.

나는 학교 축제를 뒤로하고 아르바이트 장소로 갔다. 나는 신축 아파트를 짓는 곳에서 아르바이트를 했다. 전기공들이 전구를 달기 쉽도록 전등 아래 놔두는 일이었다. 20층에서 1층까지 내려가며 화장실, 거실, 안방의 제자리에 전구들을 하나씩 두었다. 아파트 공사현장에서 체구가 조그마한 여학생이 돌아다니면서 전구를 옮기고 공사판 식당에서 밥을 먹으니 사람들이 신기하게 쳐다보기도 했다. 험상궂게 생긴 아저씨들이 쳐다보면 나는 무서워서 고개를 돌리기도 했다.

3일 동안 아르바이트를 하면서 10만 원을 받았다. 그때는 자장면이 500원 하던 시절이었다. 그랬으니 10만 원은 적지 않은 금액이었다. 나는 어렵게 아르바이트한 돈을 허투루 쓰는 것이 싫었다. 잘 모아 두었다가 책을 사는 데 사용했다.

그때 주로 《20대에 하지 않으면 안 될 50가지》와 같은 자기계 발 서적을 구입해 읽었다. 나의 미래에 대한 준비를 어떻게 계획할 것인가, 고민이 많았다. 친구들은 대학을 졸업하고 사립유치원에 이 력서를 내고 들어갔다. 나는 사립유치원과 병설유치원에 이력서를 냈다. 사립유치원에서 2월 중 15일을 근무하는 중간에 병설유치원 에서 근무하라는 연락이 왔다. 기간제 교사로 근무하면서 친구들 보다는 월급도 더 많고 풍족했다. 하지만 나는 또 다른 준비와 꿈 을 꾸었다. 사립유치원 교사나 기간제 교사만 해서는 미래를 보장 받을 수 없었다. 어떤 방법이 좋을까 고민하던 차에 남편을 만났다.

남편은 사법고시 공부를 하고 있었고 나는 기간제 교사였다. 우 린 둘 다 꿈은 있지만 현실에서는 궁핍했다. 그러다 아이를 가지게 되어 결혼했다. 아이 기저귀, 옷, 장난감 등 들어가는 돈들은 많은 데 저축할 돈은 없었다. 기간제 교사는 1년마다 계약하기 때문에 직장도 불안정했다. 그때 아이를 위해 임용고시 공부를 해야겠다 고 결심하고 1년 6개월 만에 합격했다. 임용고시에 합격하면 돈을 풍족하게 쓸 수 있을 거라고 생각했다. 하지만 물가는 점점 오르고 둘째도 태어나고 차도 바꿔야 하고 집도 사야 하는데 수입은 일정 했다. 그러니 미래에 대한 불안과 걱정은 늘 그대로였다.

그때 중국펀드를 알게 되었다. 펀드로 수익이 조금 나자 그 수 익금으로 아파트 전세금을 계약했다. 그리고 이자 수익이 조금 더 생겼는데 그 금액으로 주식에 투자했다. 주식에 대해 아무런 경험과 지식이 없던 나는 700만 원을 송두리째 날려 버렸다. 주변의 선생님들은 금, 주택, 주식 등으로 재테크를 많이 해서 부를 창출하곤 했다. 그런데 나는 왜 이렇게 돈이 없이 늘 쪼들리기만 하는지 한탄스러웠다.

세종시로 이사 와서도 궁핍한 삶은 계속되었다. 아이들 학원비, 생활비 등을 쓰고 나면 내 옷을 살 돈이 없었다. 큰아이가 "엄마는 왜 팬티에 구멍이 났는데 새것을 안 사?"라고 물었다. 나는 "구멍 난 팬티는 바깥으로 보이지 않으니까 그냥 입고 다녀도 괜찮다."라고 말했다. 그랬더니 큰아이가 "엄마, 내가 돈 벌면 엄마 팬티부터 사 줄게."라고 말했다. 고마움에 눈물이 핑 돌았다. 그러면서도 언제까지 이렇게 살아야 하나? 다른 방법은 없나? 고민은 늘 하고 있었다.

또한 내 정년은 62세이지만 이 직업을 평생 할 수 있는 것도 아니다. 준비를 해야겠다는 생각이 들었다. 무엇을 해야 할지 고민하던 중 사람들로부터 한의학 쪽으로 공부하면 내가 뭔가 잘할 것 같다는 이야기를 많이 듣게 되었다. 내가 생각해도 한의학 쪽에 관심도 많고 잘하는 것 같았다. 그러니 제2의 인생에서는 한의학을 전공해 보겠노라고 계획했다.

인생의 계획은 다 세웠으나 지금 현재는 너무나도 궁핍한데 이것을 어떻게 이겨 나가지? 고민할 때 책 쓰기를 만났다. 나는 책 쓰기를 통해 부를 창출할 수 있다는 생각은 하지 못했다. 하지만 한 책협의 김태광 대표님을 만난 이후로 내 모든 생각은 달라졌다.

김태광 대표님이 슬로건으로 내거는 "성공해야 책을 쓰는 것이 아니라 책을 써야 성공한다."라는 문구를 보면서 나는 자신감이 생겼다. 그러곤 책 쓰기에 도전하게 되었다. 한책협이 책 쓰기에만 도움을 주는 곳이었다면 내 인생은 더 이상 변하지 않았을 것이다. 나는 김도사님이 알려 주시는 의식 확장 책들을 읽으며 나의 부정적이었던 생각과 의식을 하나씩 바꿔 나가기 시작했다. 이제는 돈에 대한 불안, 미래에 대한 불안과 걱정을 쓰레기통에 던져 버렸다. 이제는 미래를 위한 준비를 하고 있다.

'나는 10년 안에 100억 부자가 되었다'라는 확신을 가지고 세상을 바라보았다. 내가 지금 펼칠 수 있는 이 달란트는 많은 사람들에게 선한 영향력을 준다. 내가 축척한 부를 나는 나와 내 주변의 사람들 그리고 인류의 평화를 위해서 사용할 것이다. 이러한 생각을 가지고 세상을 바라보니 내겐 더더욱 자신감이 생긴다. 긍정적인 말들로 사람들에게 도움이 되고 있다.

내가 "10년 안에 100억을 벌 것이다."라고 말하면 보통 주변 사람들은 10년 동안 10억만 벌어도 어마어마한 건데. 꿈이 정말 크다고 말한다.

그렇다. 나는 꿈도 크고 그 꿈을 이룰 수 있는 확신도 있고 행동으로 실천할 수 있는 힘도 있다. 내가 100억을 벌 수 있는 계획은 다음과 같다.

- 10년 동안 나는 많은 사람들에게 도움을 줄 수 있는 책을 20권 이상 쓸 것이다.
- 세계 강연여행을 다닐 것이다.
- 한의학을 공부하고 한의원을 개원해 몸과 마음이 아픈 사람들을 치료할 것이다.
- 건강힐링센터를 개원해 사람들의 몸과 마음을 건강하게 만들어 주는 데 도움을 줄 것이다.

이렇게 많은 수익을 올려서 하고 싶은 일은 다음과 같다.

- 우리 가족 및 내 주변 사람들 풍요롭게 지내기
- 부모님께 용돈 넉넉하게 드리기
- 부모님 집 새로 지어 드리기
- 가족들과 다 함께 크루즈여행 가기
- 멋진 승용차 구입하기
- 아늑하고 포근한 집 짓기
- 나에게 도움을 주신 분들께 보답하기

있다가도 없고 없다가도 있는 것이 돈이다. 돈 때문에 울고 웃으며 때론 돈을 싫어하기도 두려워하기도 했다. 하지만 우리에게 돈은 많은 혜택과 사랑을 줄 수 있는 고마운 존재다. 나는 선한 영향력으로 주변 사람들을 도우며 수익을 창출할 것이다. 또한 내 주변의 어려운 사람을 돕는 데 항상 크게 기여하며 살 것이다.

몸과 마음을 치유하는
한의사 되기

아주 작은 체구에 커다란 눈망울로 엄마만 똘망똘망 쳐다보는 아기가 태어났다. 모유를 주어도 숨이 이어질 정도만 먹고 몸을 버둥거리기만 했다. 이 아기는 새벽에 갑자기 검은 눈동자가 사라지면서 경련을 일으키기 시작했다. 다급해진 엄마는 아기를 안고 맨발로 달려가 동네 병원 문을 두드렸다.

"아기가 숨을 쉬지 않아요. 제발 우리 아기 좀 살려 주세요!"라고 외치는 소리를 듣고 의사선생님이 눈을 비비며 다급하게 병원 문을 열었다. 의사선생님은 아기를 천천히 눕히더니 감싸고 있던 포대기를 젖혔다. 그리고 난 후 의사는 주삿바늘로 아기의 열 손가락을 찔러서 피가 흘러나오게 했다. 아기의 손가락에서 새까만 피가 터져 나오자 아기는 울음을 터뜨리며 울기 시작했다. 아기의 건강이 안전해졌다는 것을 느끼자 엄마와 의사선생님은 안도의 한숨을 내쉬었다. 엄마는 아기의 뜨거운 몸을 열이 내리도록 찬 수건으로 닦아 주었다. 열이 내리자 아기는 언제 아팠느냐는 듯 새근새근 잠들었다.

잠이 든 아기를 바라보며 엄마는 걱정했다. '잘 먹지도 않는 약한 우리 아가. 이러다가 세상을 잘 살아갈 수 있을까.' 아기 엄마는 아기가 점점 건강해지는 모습을 보곤 아기가 태어난 지 백일이 되던 날 동사무소에 출생신고를 했다.

이렇게 약하디약하게 태어난 주인공이 바로 나다. 어릴 적 나는 늘 약하고 왜소했다. 초등학교에 들어갈 때 키 90센티미터, 몸무게 16킬로그램 정도 되었던 것으로 기억한다. 지금 다섯 살인 우리 반 아이들의 체구에 난 초등학교 1학년이 되었던 것이다. 초등학교 5학년 때의 몸무게가 20킬로그램, 고등학교 2학년 때가 36킬로그램이었다. 하지만 지금의 내 모습은 예전의 내 모습을 전혀 상상할 수 없을 정도로 통통하다. 고3때 살이 찌고 키가 크면서 사람의 형상이 갖춰졌다. 그전에는 사람들이 날 아주 불쌍하게 바라보았다. 왜냐하면 쇼윈도에 보이는 마네킹보다도 팔다리가 가늘었으니까.

키가 작고 바짝 마른 나는 학교에 다닐 때 반에서 늘 1번을 했다. 그 당시에는 키 크기의 순으로 아이들의 번호를 매겼기 때문이다. 나는 키와 몸무게가 반에서 가장 작게 나가는 아이였다. 어쩌다 나보다 좀 더 작은 아이가 우리 반에 들어오면 1번을 면했다고 속으로 얼마나 기뻐했던지. 도토리 키 재기임에도 내가 조금이라도 더 크면 하늘을 날 듯한 기분이었다.

키와 몸무게가 작게 나가는 것은 그나마 다행이었다. 문제는 툭하면 감기에 걸렸다는 것이나. 눈에는 나래끼가 나란히 줄을 서 있었다. 배가 아프고 비염도 심했다. 그만큼 병원에 가는 일들도 많았다.

잘 크지 않고 아픈 이유는 운동을 하지 않고 잘 먹지 않았기 때문이다. 내 나름대로는 열심히 먹는다고 먹었다. 그런데 주변 사람들은 내가 밥을 입안에서 목 뒤로 넘기지 않는다고 답답해했다. 그냥 꿀떡꿀떡 삼키면 되지 왜 그게 안 되냐며 송곳으로 뚫어 주고 싶다고 말하기도 했다.

아이의 건강이 걱정된 엄마는 매일 영양제, 한약, 몸에 좋은 음식들을 먹이기 시작했다. 멸치를 갈아서 밥 위에 올려주기도 했다. 그리고 한 번만 먹어도 살이 찐다는 한약을 세 번이나 달여서 먹이기도 했다. 그렇게 많이 먹은 한약 때문인지 나는 고3때 갑자기 10킬로그램이 쪘다. 살이 불룩 튀어나오며 터지는 신비한 경험을 했다.

어릴 적 많이 아팠던 아이들이 크면 건강해진다는 말들을 한다. 나도 어릴 때보다는 건강해진 편이다. 하지만 허리 디스크, 목 디스크, 잦은 감기, 편도선염, 비염, 구내염, 자가면역질환 등 여기저기 아픈 곳이 많았다. 아프고 약하다는 이야기를 듣기 싫어서 조금이라도 아프면 바로 병원에 가서 치료를 받았다. 또한 건강과 관련된 정보를 찾아보고 스스로 개선하기 위해 노력도 많이 했다.

건강에 관련된 정보를 찾아보고 관심을 가지게 된 이유는 한 가지가 더 있다. 세상에서 가장 존경하는 분인 아버지가 갑자기 쓰러지셨다. 아버지는 평소 술과 담배를 즐기셨고 늘 유쾌하셨다. 집에 가족이 모여 맛있는 요리를 함께 만들어 먹곤 했는데 그날은 오징어를 튀겨 먹었다. 그런데 아버지가 오징어를 한 개 집어 드시고 나서는 갑자기 쓰러지셨다.

그날 이후로 아버지는 거의 1년 동안 영남대학교종합병원에서 지냈다. 초등학교 3학년인 나와 작은언니 둘이서 집을 지켰다. 엄마는 1년 동안 아버지 병간호를 하셨다. 늘 건강해 보이셨던 아버지가 갑자기 쓰러져 우리 가족은 모두 큰 충격에 빠졌다. 하지만 서로 의지하고 위로하면서 힘든 위기를 잘 극복했다. 가족이 아프다는 것은 온 식구에게 슬픔인데 지혜롭게 잘 이겨 낸 것 같다. 감사하게도 아버지는 여전히 건강하게 잘 지내시고 있다.

동병상련이라는 말이 있듯 내가 아팠던 곳을 다른 사람이 아파하면 치료 방법을 아주 잘 알려 주었다. 섬에서 근무할 때는 주변에 널린 게 약초였다. 함께 근무했던 교감선생님이 약초에 대한 정보를 많이 알고 계셨다. 이른 새벽에 일어나 교감선생님의 설명을 들으며 여러 가지 약초를 채취해 발효액을 만들었다.

유치원에 다니던 아이 중 한 명의 어머니가 갑자기 쓰러져서 인천의 큰 병원에 몇 달 동안 입원해 계셨다. 그 어머니는 신장이 좋지 않아 투석을 하셨다. 내가 만든 발효액 중 싸리나무가 신장에 좋다고 하여 그 어머니께 드렸다. 그 어머니는 싸리나무 발효액을 매일 마셨다고 한다. 그 결과 신장투석을 하지 않아도 될 만큼 아주 많이 건강해지셨다.

유치원에서 근무할 때 체하거나 갑자기 근육이 뭉치면 우리 교실로 사람들이 찾아왔다. 다른 사람들이 만져 주는 것보다 내가 만져 주는 게 훨씬 효과가 빠르다는 소문이 돌았기 때문이다. 나와 아주 친하게 지내던 원감선생님이 교육청으로 발령이 나셨다. 그런데 과로했는지 갑자기 목이 돌아가지 않는다며 다급하게 연락해왔다. 나는 기쁜 마음으로 달려가 출장안마를 해 드렸다. 목과 어깨의 뭉친 근육들을 하나씩 풀고 스트레칭을 하고 나니 목이 돌아가기 시작했다.

연수를 갔다가 오랜만에 만난 선생님의 얼굴 표정이 좋지 않았다. 왜 그런지 물어보니 "임신을 했는데 몸살 기운이 있고 기침을 해요. 그런데 임신 중이라 약도 먹지 못하니 몸이 처지고 힘들어요."라고 말했다. 선생님의 손을 만져 보니 차가운 얼음 같았다. 지압점을 중심으로 만져 주었더니 선생님은 "몸이 점점 따뜻해지더니 땀이 나요. 신기하게도 기침이 나질 않네요."라고 말했다.

유치원 교실에서도 배가 아프다며 오는 아이들이 있다. 내가 '선생님 손은 약손'이라며 배를 살살 만져 주면 금세 나았다고 말하며 친구들과 뛰어논다. 진짜 아팠을 수도 있고 교사의 관심과 사랑을 받기 위해서인 경우도 있다.

절엘 갔는데 거기서 만난 신도분이 지팡이를 짚고 다니셨다. 교통사고로 인해 다리가 휘어져서 올바로 걸어 다닐 수가 없다고 하셨다. 나는 정유진 선생님께 배운 교정치료를 신도분께 몇 달간 열심히 해 드렸다. 척추를 바르게 해서 걷는 방법, 휘어진 다리를 돌려놓을 수 있도록 스트레칭하는 방법을 알려 드렸다. 몇 달 후 그분은 처음 만났을 때 들고 다니셨던 지팡이를 던져 버리셨다. 앞으로 더 교정치료를 해야 하지만 많이 좋아진 모습을 보고 아주 흐뭇했다.

남편은 내가 배우고 난 것을 바로 실습해 보는 마루타(?)다. 남편은 어깨에 석회가 차서 팔을 올리지 못할 때가 있었다. 나는 배웠던 CST, 카이로프래틱 등을 활용해 교정 및 마사지를 해 줌으로써 남편의 통증을 개선했다. 가족들은 내가 의사인 양 아프면 가장 먼저 나에게 전화해서 해결 방법을 물어본다.

명절이나 친척들 모임이면 아픈 사람들이 내 앞으로 모여든다. 나는 어깨와 허리가 불편했던 언니들에게 교정치료를 해 준다. 그렇게 해서 좋아지면 아주 기분이 좋고 뿌듯하다.

나의 별명은 흰민들레 샘이다. 내가 이 별명을 만든 이유는 흰민들레는 뿌리부터 꽃잎까지 모두 약재로 쓰이는 식물이기 때문이다. 흰민들레처럼 나를 필요로 하는 사람의 병을 낫게 하는 약이 되고 싶기 때문이다. 그래서 내가 만나는 사람들에게 건강 정보와 치료 요법을 알려 드린다. 그러면 사람들은 나에게 교사 말고 직업을 한의사로 바꾸어 보는 게 어떻겠냐고 종종 이야기하신다.

사실 나는 한의학 분야에 관심이 많다. 제2의 인생은 한의사로 살고 싶다는 생각을 하고 있다. 왜냐하면 지금 내가 알고 있는 정보들이 맞는지, 어떤 근거에서 나왔는지 제대로 알고 잘 치료해 드리고 싶기 때문이다.

한의사가 되기 위한 그 시작을 올해 한 걸음 내딛었다. 나는 경희사이버대학교 한방건강관리학과에 편입했다. 교수님들이 알려 주시는 한의학 지식을 열심히 배우고 익히고 있다. 공부를 해 보니 내가 너무 얕은 지식으로 사람들을 도와주었다는 것을 알게 되었다. 좀 더 알찬 지식과 정보로 아픈 사람들에게 도움을 주고 싶다.

지금은 사이버대학교를 다녀서 한의사 자격증이 나오지는 않는다. 기회가 되면 한의사 자격증이 나오는 공부를 꾸준히 할 것이다.

정식 한의사가 된 모습을 매일 떠올린다. 한의사가 되어 아픈 사람을 건강하게 치료해 주는 나의 모습을 상상할 때마다 나는 너무나도 흐뭇해진다.

나는 나의 제2의 인생을 위해 더 열심히 공부하고 달릴 것이다.

마음을 치유하는
힐링센터 3층 사옥 짓기

사람들 중에는 강철 멘털을 가진 사람도 있고 유리 멘털을 가진 사람도 있다. 나는 유리처럼 아주 얇고 쉽게 깨어지는 멘털을 가지고 있었다. 나는 항상 밝게 웃고 싹싹하다는 이야기를 많이 듣는다. 심장을 저격하는, 상처받는 이야기를 들었을 때 앞에서는 웃고 쉽게 넘어가는 척한다.

하지만 집에 가서는 상처받았던 말들을 밤새 되뇌며 울고 고민한다. 그러면서 '왜 그때 나는 이런 말을 못했을까' 생각하며 이불킥을 하던 게 바로 나였다. 팔랑귀인 나는 사람들이 하는 말에 많이 흔들렸다. 그래서 다른 사람의 한마디에 나의 기분은 천당과 지옥을 오락가락했다.

흔들리는 약한 멘털 때문에 가장 많이 피해를 보는 건 나의 가족들이었다. 내가 기분이 좋을 때면 모든 게 다 수용되었다. 하지만 내가 직장에서 불편한 상황에 맞닥뜨렸을 때는 온갖 짜증과 분노를 가족들에게 퍼부었던 것 같다.

학부모와 상담 시 나는 아이들을 일관성 있게 지도하라고 말한다. 그러면서 정작 나는 하루에도 열두 번 내 자녀들을 쥐락펴락했던 것 같다. 지금 돌이켜 생각해 보면 아이들에게 크게 화를 낼 일도 혼을 낼 일도 아니었는데 말이다. 지나고 보니 참으로 부끄럽다. 아이들에게 진심으로 사과하니 아이들도 받아들여 주었다. 그리고 나는 내 마음을 조금씩 잡아 가기 시작했다.

마음이 힘들 때 찾아가는 곳은 계룡산 갑사였다. 갑사 약사전에는 '몸과 마음을 치유하는 곳'이라는 글귀가 쓰여 있다. 약사전에 앉아 있으면 산골짜기에서 졸졸 흐르는 물소리와 지저귀는 새소리가 들린다. 이 자연의 소리를 조용히 들으면서 나는 마음을 다스리는 기도를 했다. 그러고 나면 아프고 속상했던 내 마음이 점점 평온해짐을 느꼈다.

이렇게 해도 컨트롤이 되지 않았던 시기가 1년 정도 있었다. 나의 멘털이 송두리째 날아가고 번아웃 되었다. 안간힘을 쓰며 일어나려고 애써도 일어날 힘조차 잃어버렸을 때가 있었다. 관리자, 동료 교사, 학부모, 반 아이들 그리고 가족들까지 모두가 나를 공격하는 것 같은 느낌을 받았다.

마음이 약해지니 스트레스가 극에 달했다. 해야 할 일은 산더미인데 무거운 바위를 들고 일하는 것처럼 부담감만 계속 커졌다. 일의 속도도 나지 않고 절망과 좌절만 가득했다. 일을 못하지 않았던 내가 '왜 이렇게 무기력해지고 일을 못하지?', '나만 못하나 봐' 하며 나 스스로를 맹렬하게 비난했다. 예전에 어떻게 했는지 기억도 나지 않고 그냥 바보가 된 것 같았다. 심한 우울감과 자괴감이 나를 감싸고 있었다. 이런 감정을 간직하다 보니 잠을 자다가도 다시 일어나 뜬눈으로 밤을 새우다 출근할 때도 많았다.

세상에 내가 왜 있는지 슬프기만 하고 무기력해진 나는 더욱더 힘이 없어졌다. 아파트 24층 베란다에서 1층 아래를 내려다보며 하염없이 울었다. 그리고 '여기서 뛰어내리면 어떻게 될까?', '내가 죽는다고 사람들이 속상하고 억울한 내 마음을 알까?'라는 생각들이 나를 혼란스럽게 했다. 우울증으로 자살하는 사람들의 마음이 이해가 갔다. 그러다가도 아침에 일어나서 가족들의 얼굴을 보면 미안한 마음이 컸다.

그렇게 힘든 마음을 다잡고 '새로운 아침에 다시 한 번 열심히 살아 보자!'라고 외치며 출근했다. 하지만 막상 직장에 가면 다시 기운이 빠지고 아무것도 할 수 없는 공황상태가 되었다.

마음이 아프면 몸이 아프다는 말이 있다. 몸이 아프기 시작했다. 가슴이 조여 오며 나의 심장을 손으로 쥐어짜서 조르는 듯한 느낌이 들었다. 답답하고 숨을 쉴 수 없는 고통을 느꼈다. 병원에 갔더니 심장에는 아무런 문제가 없다고 했다.

예전에 다 나았던 허리디스크, 목 디스크가 도져 일어나기도 걷기도 어려웠다. 눈의 다래끼, 입안의 구내염과 사타구니와 겨드랑이 등의 염증을 나의 몸속에 달고 살아가고 있었다. 어떻게든 살아 보기 위해 퇴근 후에는 매일 한의원에 갔다. 한의원에서 침을 맞고 한약을 먹으며 버티다시피 살았다. 월급의 3분의 1을 아마 병원비로 충당했던 것 같다.

힘들 때는 나의 아픔과 상처만 가장 크게 느껴졌다. 하지만 내겐 내가 어떤 상태라도 한결같이 아침마다 나를 포근하게 안아 주는 아이가 있었다. 그 아이가 어느 날 '엄마 사랑해요. 저를 낳아 주시고 키워 주셔서 감사합니다'라고 쓴 손편지를 머리맡에 둔 것을 보았다.

사랑하는 아이의 편지를 보며 혼자서 소리 내어 펑펑 울었다. 사랑하는 내 아이에게 너무나도 미안하고 고마웠다. 멘털이 약해서 주변의 소리에 예민한 탓에 정말 중요한 가족을 잃을 뻔했다. 이제는 무조건 이겨 내야겠다고 결심하고 신경정신과 문을 두드렸다. 검사 결과 심각한 우울증과 공황장애 진단을 받았다. 사랑하는 가족을 위해서 이를 악물고 치료를 받았다. 그러면서 숙면을 취하게 되었다. 그러자 건강이 조금씩 호전되기 시작했다.

내 인생에 가장 큰 변화를 가져다준 것은 정유진 선생님과의 만남이다. 정유진 선생님을 통해 라이프 코칭을 배웠다. 라이프 코칭을 통해 좋은 인연들도 만나고 나의 인생을 새롭게 계획했다. 라이프 코칭에서는 에니어그램, EFT, NLP, 교정치료, 기억법, 습관화 등 삶에서의 다양한 지혜를 배우게 되었다.

에니어그램은 사람을 아홉 가지 성격유형으로 분류해 나 자신과 상대방의 성격을 이해하는 것이다. 에니어그램을 통해 '내 성격이 문제인가?'라고 생각하다 나와 비슷한 성격유형의 사람들도 있고 나와 다른 사람들도 있다는 것을 알게 되었다. 나 자신의 내면을 알고 이해하고 있는 그대로 받아들이고 사랑할 수 있게 되었다. '지피지기면 백전백승'이라고 내가 나를 알고 다른 사람의 성격을 바라보며 대인관계도 조금 더 편해졌다.

NLP로 다양한 기법을 실습해 보는 시간을 가졌다. 나의 과거 경험들 중 부정적인 것들과 긍정적인 것들이 있다. 다양한 세션을 하는 과정에서 나는 나의 모든 속내를 다 털어 내었다. 밑바닥에 있는 모든 속마음을 토해 내고 나니 아팠던 몸들이 조금씩 치유되기 시작했다. 나는 몸의 건강을 위해 매일 운동을 습관적으로 꾸준히 했다. 그리고 하루 일과 계획과 감사일기를 썼다. 매일 밴드에 습관화 일지(기상 및 취침 시간, 운동, 독서, 일과 계획, 감사일기)를 기록하며 공유했다. 벌써 2년째 우리는 누구보다 돈독해지고 의지하며 건강해졌다.

라이프 코칭을 통해 알게 된 명상을 보다 더 깊이 있게 알고 싶었다. 명상에 관한 책도 사서 읽는 등 각종 정보를 찾아보게 되었다. 2년 정도 명상을 공부하고 교실에서 아이들과 수업 명상을 했다. 지금은 경희사이버대학교의 한방건강관리학과에서 통합명상을 배우고 있다. 혼자 명상하고 공부하는 것보다 더 명확하고 깊이 있게 공부하게 되었다.

나의 멘털은 라이프 코칭과 나를 사랑해 주는 사람들로 인해 점점 더 강해졌다. 이제는 내 주변에 긍정적인 사람들과 긍정적인 일들이 다가오기 시작했다. 그리고 부정적인 일들은 그냥 스쳐 지나갔다. 앞으로 해야 할 일들을 생각하니 부정적인 감정에 휩싸일 시간조차 없었다. 나는 더 이상 약한 유리 멘털이 아닌 강철 멘털로 변해 가기 시작했다. 지금은 힘들고 어려운 사람들을 도와주는 일들을 많이 한다.

얼마 전에 만난 선생님이 동료 교사, 관리자와의 관계로 힘들다고 고통을 호소했다. 마음의 아픔으로 인해 병원 진료까지 받게 된 상황이었다. 그 선생님과 에니어그램 상담 및 NLP 기법으로 대화를 했다. 그분은 몇 번의 상담을 통해 몸과 마음이 건강해졌다고 하며 아주 고마워했다.

한방건강관리학과에서 공부하면서 교통사고로 인한 어깨통증으로 불면증과 사람이 가까이 다가오는 것을 두려워하시는 분을 만났다. 나는 NLP 기법으로 상담을 해 드렸고 그분은 어깨가 가벼워졌다고 하셨다. 그렇게 몸과 마음이 아픈 사람을 보면 도와주고 싶다. 건강이 회복되는 모습을 보면 너무나 기쁘다.

임용고시 공부를 하던 선생님이 1차 시험에 합격한 후 2차 시험에 대한 불안으로 공부에 전념하기 어려워했다. 나는 면접과 관련한 NLP 기법으로 세션을 했다. 그 이후로 그 선생님은 열심히 공부해 임용고시에 최종 합격했다. 선생님의 합격 소식을 듣고 너무나 기뻐 서로 얼싸안고 울었다.

나는 다른 사람의 몸과 마음이 건강할 수 있도록 꾸준히 노력하고 싶다. 그러기 위해서는 힐링센터를 건립하는 것이 필요하다. 힐링센터로 나를 찾아오는 이들을 치유해 드리고 싶은 꿈이 생겼기 때문이다. 힐링센터에는 명상, NLP, 뇌훈련, 에니어그램, 한의학 등의 다양한 프로그램을 둘 것이다. 위치는 계룡산 근처로 해서 그곳에 3층 사옥을 지을 것이다. 나를 찾아오는 사람들이 갑사를 갔다가 돌아오는 길에 들러 치유를 받게 할 것이다. 계룡산의 좋은 정기를 받아서 행복한 삶을 살 수 있도록 도와줄 것이다.

버킷리스트 21

초판 1쇄 인쇄 2019년 11월 25일
초판 1쇄 발행 2019년 11월 29일

지 은 이   **허 윤 김은정 다이애나 킴 이윤서 박은미 전인덕 박혜주**
          김민숙 김우창 신디샘 서정미 김종환 허지윤 이은주
펴 낸 이   **권동희**
펴 낸 곳   **위닝북스**
기   획   **김도사·권마담**
책임편집   **김진주**
디 자 인   **김하늘**
마 케 팅   **포민정**

출판등록   **제312-2012-000040호**
주   소   **경기도 성남시 분당구 백현로97 다운타운 2층 201호**
전   화   **070-4024-7286**
이 메 일   **no1_winningbooks@naver.com**
홈페이지   **www.wbooks.co.kr**

ⓒ위닝북스(저자와 맺은 특약에 따라 검인을 생략합니다)
ISBN 979-11-6415-047-2 (03190)

이 도서의 국립중앙도서관 출판도서목록(CIP)은 서지정보유통지원시스템
홈페이지(http://seoji.nl.go.kr)와 국가자료공동목록시스템(http://www.nl.go.
kr/kolisnet)에서 이용하실 수 있습니다.(CIP제어번호: CIP2019046034)

이 책은 저작권법에 따라 보호받는 저작물이므로 무단전재와 무단복제를
금지하며, 이 책 내용의 전부 또는 일부를 이용하려면 반드시 저작권자와
위닝북스의 서면동의를 받아야 합니다.

위닝북스는 독자 여러분의 책에 관한 아이디어와 원고 투고를 설레는
마음으로 기다리고 있습니다. 책으로 엮기를 원하는 아이디어가 있으신 분은
이메일 no1_winningbooks@naver.com으로 간단한 개요와 취지, 연락처
등을 보내주세요. 망설이지 말고 문을 두드리세요. 꿈이 이루어집니다.

※ 책값은 뒤표지에 있습니다.
※ 잘못 만들어진 책은 구입하신 서점에서 교환해 드립니다.